中国职业技术教育学会
智慧旅游职业教育专业委员会推荐用书

专家指导委员会主任/韩玉灵
总　主　编/康　年
副总主编/卓德保

|定制旅行管理与服务系列教材|

定制旅行媒体营销

王红国◎主编
程琪　乔原杰　徐璐　程小雨◎副主编

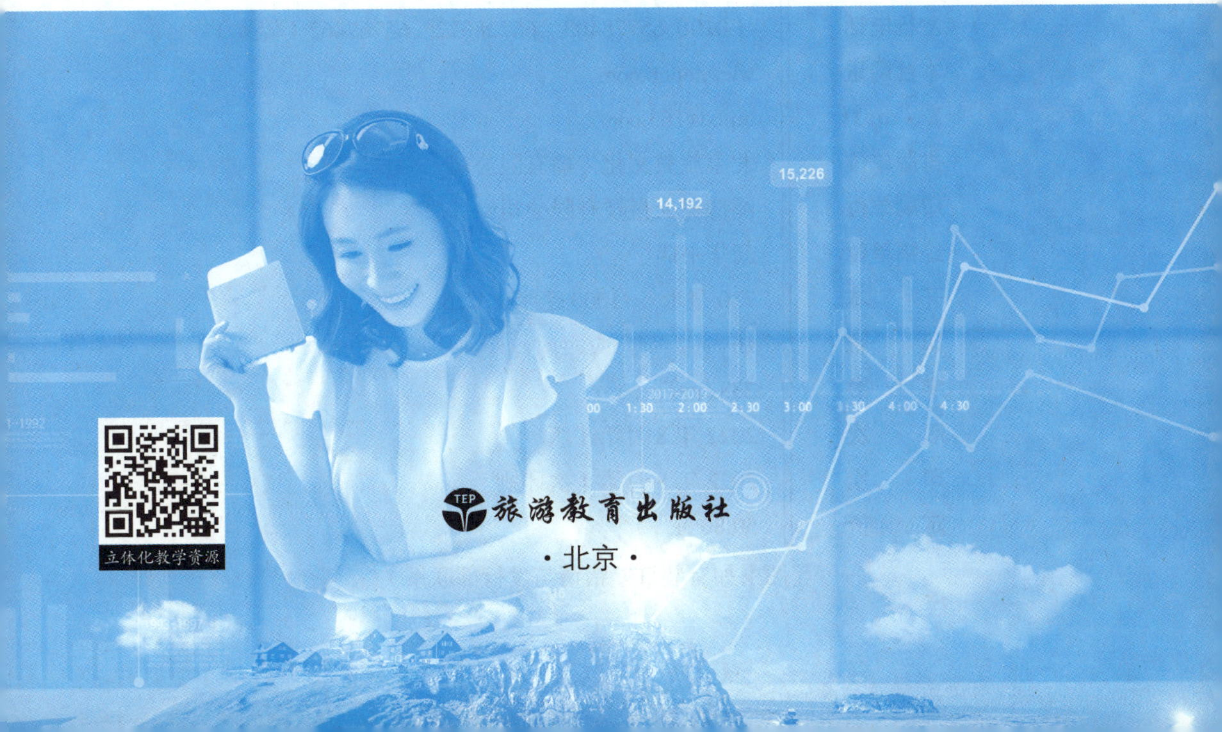

旅游教育出版社
·北京·

图书在版编目（CIP）数据

定制旅行媒体营销 / 王红国主编. -- 北京：旅游教育出版社，2022.8
定制旅行管理与服务系列教材
ISBN 978-7-5637-4456-5

Ⅰ. ①定… Ⅱ. ①王… Ⅲ. ①旅游业—网络营销—教材 Ⅳ. ①F590.82

中国版本图书馆CIP数据核字(2022)第125712号

定制旅行管理与服务系列教材
定制旅行媒体营销
王红国　主编

程琪　乔原杰　徐璐　程小雨　副主编

总策划	丁海秀
执行策划	施云峰
责任编辑	巨瑛梅
出版单位	旅游教育出版社
地　　址	北京市朝阳区定福庄南里1号
邮　　编	100024
发行电话	（010）65778403　65728372　65767462（传真）
本社网址	www.tepcb.com
E - mail	tepfx@163.com
排版单位	北京旅教文化传播有限公司
印刷单位	鸿博昊天科技有限公司
经销单位	新华书店
开　　本	710毫米 × 1000毫米　1/16
印　　张	16
字　　数	238千字
版　　次	2022年8月第1版
印　　次	2022年8月第1次印刷
定　　价	59.80元

（图书如有装订差错请与发行部联系）

定制旅行管理与服务系列教材
专家指导委员会、编委会

专家指导委员会

主　　任：韩玉灵

委　　员：杜兰晓　闫向军　魏　凯　丁海秀

编委会

总　主　编：康　年

副总主编：卓德保

执行总主编：王国栋　毛润泽

编　　委（按姓氏笔画顺序排列）：

万紫昕　山　杉　马　雯　王　婧　王亚娟　王红国　王芳菲
王取银　王育峰　王晓庆　邓　茜　邓莎莎　邓娟娟　石媚山
左瑞芳　龙　睿　白　凌　乔原杰　伍　欣　刘　青　刘开萌
刘文慧　刘晓杰　关　旭　孙露铭　李　好　李　娌　李　辉
李　淼　李　霞　李丛崚　李晓云　杨　璐　吴　筠　何　雨
沈　韵　沈园元　张　玉　张　宁　张　运　张　炎　张彩虹
张馨瑞　金慧慧　鱼珍妮　周洪波　施蓓琦　秦　娟　徐　璐
徐立娣　翁翎燕　郭军礼　戚丁钒　章郑程　康传德　韩国华
董丽苹　蒋永业　程　琪　程小雨　谢元博　熊　锦　禧　琳

《定制旅行媒体营销》
编委会

主　　编：王红国

副　主　编：程　琪　乔原杰　徐　璐　程小雨

编　　委：张　玉　孙露铭　马　雯　刘开萌　李丛崚

总序 PREFACE

随着人民群众对美好生活的品质化、便利化、定制化需求不断提升，我国逐步进入大众定制旅游时代。定制旅游是旅游业高质量发展的必然要求，是传统旅行业务的变革和更新，更是旅游产业的迭代与升级。近年来，我国定制旅游的市场规模快速增长，并呈现出大众化、个性化、技术化、体验化的发展趋势。

定制旅游的快速发展，对旅游市场的专业化能力提出了更高的要求，行业亟须旅行定制师、定制旅行管家等专门人才。为此，上海旅游高等专科学校在全国率先提出以快速、集中的微专业方式培养定制旅行专门人才。自2019年起，上海旅游高等专科学校与旅游行业头部企业携程集团合作开设定制旅行微专业，组建校企教学团队，研发课程体系和课程标准，出版教材，开发旅游定制师岗位标准和定制旅行服务技能与管理职业技能等级标准。2020年，以携程集团为申报主体、联合上海旅游高等专科学校等单位申报的"定制旅行管家服务职业技能等级证书"，成功入选教育部第四批"1+X"证书制度试点名单。2021年，教育部在《职业教育专业目录（2021）》中新增"定制旅行管理与服务"专业，上海旅游高等专科学校成功申报该专业，并于2022年首次招生。

新专业需要相应的教学资源做支撑，定制旅行管理与服务专业亟须一套与之相适应的专业系列教材。在教育部全国旅游职业教育教学指导委员会、旅游教育出版社的大力支持下，我们开始筹划全国首套定制旅行管理与服务系列教材的编写与出版工作。出版本系列教材的目的，一是科学引导定制旅行新业态的发展，为行业新兴岗位和业务标准提供相应的基础理论、知识体系和实践案例的支撑，促进我国旅游业高质量发展；二是对接行业需求，培养新型人才，为旅游类高职高专院校相关专业学生提供系统的专业教材，为从业者提供培训教材，更好地满足旅游产业发展对定制旅行专门人才的需求。

2021年6月，上海旅游高等专科学校和旅游教育出版社牵头组织了"定制旅行管理与服务"核心课程设置暨系列教材编写研讨会。来自全国30多家院校和10多家行业企业的近60名专家参加了研讨会。研讨会上，专家团队研讨了定制旅行管理与服务专业的核心课程设置，审定了该专业系列教材大纲，确定了教材编委会名单，并部署了教材编写的具体工作。系列教材编写团队历时一年多，完成了其中首批教材的编写，并将于2022年8月后陆续出版。

本套教材既可作为中高职旅游类专业教学用书，也可作为职业本科旅游类专业教学参考用书，同时可作为工具书供从事定制旅行管理与服务的企事业单位专业人员借鉴与参考。

作为全国第一套定制旅行管理与服务系列教材，书中难免存在缺陷与不足，恳请读者指正，我们将在再版过程中予以完善与修正。

总主编：

2022年8月

前言 FOREWORD

改革开放40余年以来，我国旅游业得到了快速的发展，旅游产业日趋完善，我国已经成为世界旅游大国。中经未来产业研究院发布的《2016—2020年中国旅游业发展前景与投资预测分析报告》显示，中国国内旅游、出境旅游人次和国内旅游消费、境外旅游消费均列世界第一。中国旅游研究院发布的《2019年旅游市场基本情况》显示，2019年旅游经济继续保持高于GDP增速的较快增长，旅游业对GDP的综合贡献为10.94万亿元，占GDP总量的11.05%；旅游直接就业2825万人，旅游直接和间接就业7987万人，占全国就业总人口的10.31%；2019年国内旅游人数突破60亿人次。中国旅游研究院联合马蜂窝旅行网和今日头条共同制作并发布的《全球自由行报告2016》显示，我国自由行游客达40亿人次，占比超九成。中国旅游研究院发布的《2020年旅游经济运行分析与2021年发展预测》报告预计，2021年国内旅游人数41亿人次，选择自由行的人数比例持续增加。随着旅游需求的高品质化、个性化，定制旅行迎来了良好的发展契机。

定制旅游区别于一般的跟团游和自由行，它以消费者为主导而不是以产品提供方为主导进行旅游行程的设计，因而受到广大消费者的喜爱。近些年来，随着中国经济的发展，人们生活水平的提高，同时伴随着互联网技术的普及，旅游产业也在不断地发展、升级，消费者对传统旅行社的大众化服务不满逐渐显现出来，定制化旅游随之越来越受到中国消费者，特别是广大的年轻消费者的认可。定制化旅游具有较强的灵活性，追求个性化，更加注重消费者的情感诉求与心灵体验。定制旅行可量身打造，做到"一人一案"，这样就可以提供更符合消费者需求的服务，使得消费者有更深度的旅行体验和美好感受。

5G时代来临，各类互联网媒体层出不穷，用户日益细分，互联网营销的技术和手段也不断推陈出新。尤其在微博、抖音、电商等各大平台兴起后，"90后""00后"纷纷加入互联网营销大军，他们热爱这个行业，并以新思维、新创意、新技术掀起互联网营销推广的一次次浪潮。定制化旅游营销只有跳出传统旅游的固定模式，利用移动互联网技术的同时学习先进的运营模式，提高服务，打通网络市场和线下市场的通道，才能提高用户体验，创造更大的市场价值。

定制旅行在我国刚刚起步，研究与发展的空间很大。当代旅行者更加注重自我感受和旅行体验。随着旅行者消费方式的改变，个性化旅游定制更加吸引消费者，使消费者在旅游活动中获得更多主动权，更能顺应时代发展潮流。在定制旅行营销中如何更好地直击用户需求、提升用户体验、达到营销目标，这是业界、学界等共同面临的重要任务。

本教材一共分为四大模块11个项目32个任务。教材从定制旅行媒体营销的用户分析出发，从用户思维的角度介绍了媒体营销的内容创作、传播媒介的选择，以及媒体营销的推广方式。本教材注重知识的衔接，采用模块化、项目任务分解的方式编写而成。我们期待通过本书的学习，定制旅行从业人员能更好地理解媒体营销思路，掌握媒体营销技术与手段，以及新技术环境下的定制旅行媒体营销的基本操作；能更好地洞察定制消费者，并能根据企业的营销目标灵活运用各类媒体营销，提升定制旅行的媒体营销水平，以及定制旅行产品的影响力与美誉度，从而提升定制旅行的行业竞争力。

本教材编写团队共10人，由高校教师与企业高管共同组成。本教材由上海旅游高等专科学校组织编写，上海旅游高等专科学校王红国担任主编，上海旅游高等专科学校程琪、吉林工商学院乔原杰、携程旅游学院徐璐、路书科技程小雨担任副主编，参与编写的还有上海旅游高等专科学校孙露铭、湖南商务职业技术学院张玉、太原旅游职业学院马雯、郑州旅游职业学院刘开萌、携程旅游学院李丛崚。具体编写分工如下：模块一，王红国、孙露铭；模块二，乔原杰；模块三，程琪；模块四，张玉、马雯、程小雨、刘开萌。王红国负责本教材大纲、章节、体例的设计和全书的统稿工作。

本教材在编写过程中参阅了大量书籍、报刊、网络等文献资料，携程旅游学院与路书科技在教材编写过程中从行业角度提供了实践资料与信息数据。本系列教材总编及相关人员为本教材的编写提供了宝贵建议，在此表示衷心感谢！

  因定制旅行媒体营销的理论与实践正处于探索阶段，本教材虽经反复修改、推敲，但难免有疏漏之处，恳请读者和同仁批评指正！

编者

2021 年 12 月

目录 CONTENTS

模块一　定制旅行用户分析 …………………………………………………… 1
　项目一　定制旅行用户定位 ………………………………………………… 4
　　任务一　定制旅行用户属性分析 ………………………………………… 4
　　任务二　定制旅行用户定位分析 ………………………………………… 12
　项目二　定制旅行用户画像 ………………………………………………… 22
　　任务一　理解用户画像的基本内涵 ……………………………………… 22
　　任务二　构建定制旅行用户画像 ………………………………………… 32

模块二　定制旅行营销传播媒体 …………………………………………… 41
　项目一　定制旅行传统媒体 ………………………………………………… 44
　　任务一　认识主要的传统媒体 …………………………………………… 44
　　任务二　了解传统媒体的营销 …………………………………………… 50
　项目二　定制旅行新媒体营销 ……………………………………………… 53
　　任务一　微信营销 ………………………………………………………… 53
　　任务二　直播营销 ………………………………………………………… 71
　　任务三　短视频营销 ……………………………………………………… 77
　　任务四　微博营销 ………………………………………………………… 83
　　任务五　小程序营销 ……………………………………………………… 95

— 1 —

模块三　定制旅行营销内容创作 ... 107
项目一　定制旅行内容创作原则和相关要求 ... 110
  任务一　定制旅行内容创作原则 ... 110
  任务二　定制旅行内容创作相关要求 ... 112
项目二　定制旅行内容创作技术 ... 115
  任务一　文案创意与写作 ... 115
  任务二　图片拍摄与处理 ... 121
  任务三　海报创意与设计 ... 141
  任务四　视频拍摄与制作 ... 148

模块四　定制旅行媒体营销实施 ... 157
项目一　定制旅行社群营销 ... 160
  任务一　理解社群营销 ... 160
  任务二　社群营销实施步骤 ... 166
  任务三　典型案例分析 ... 173
项目二　定制旅行事件营销 ... 176
  任务一　理解事件营销 ... 176
  任务二　事件营销实施步骤 ... 181
  任务三　典型案例分析 ... 188
项目三　定制旅行病毒营销 ... 192
  任务一　理解病毒营销 ... 192
  任务二　病毒营销实施步骤 ... 201
  任务三　典型案例分析 ... 206
项目四　定制旅行圈层营销 ... 209
  任务一　理解圈层营销 ... 209
  任务二　圈层营销实施步骤 ... 215
  任务三　典型案例分析 ... 218
项目五　定制旅行 KOL 营销 ... 220
  任务一　理解 KOL 营销 ... 220
  任务二　KOL 营销实施步骤 ... 230
  任务三　典型案例分析 ... 235

参考文献 ... 241

模块一
定制旅行用户分析

> **模块导读**
>
> 随着定制旅行不断向前发展，为了提供更优质的定制旅行产品、服务定制旅行客户，做好定制旅行用户分析将为定制旅行营销奠定坚实的基础。作为旅游类专业学生，我们应该与时俱进，不断学习定制旅行媒体营销技能与方法。本模块重点讲解定制旅行用户属性分析、定制旅行用户需求定位分析与用户定位统计方法、用户画像的基本内涵以及构建用户画像的方法与流程。重点培养学生定制旅行用户分析的基本能力，为后续的定制旅行媒体营销各模块的学习打下基础，提供保障。

思维导图

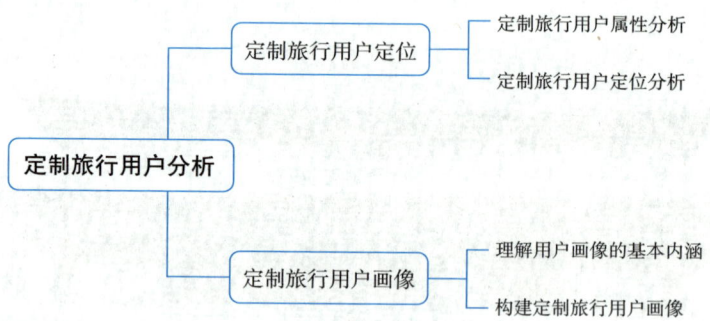

学习目标

（1）职业知识：掌握定制旅行用户属性分析的方式、用户定位的基本流程、用户画像的基本内涵以及构建用户画像的方法与流程。

（2）职业能力：能独立完成用户属性分析，会基本的统计方法，初步进行用户定位，能完成简单的用户画像构建，并能初步判定适合的定制产品类别。

（3）职业道德：在搜集整理数据以及做调研访谈时，要做好信息保护，尊重行业规范，树立企业良好的品质形象。

案例导入

临时决定的定制游

2021年7月16日傍晚，西安钟楼旁一酒店大堂的旅游产品推介架前，来自四川的吴女士正在驻足翻阅相关旅游线路资料。销售经理翟女士走向前，但并没有立即介绍产品，而是微笑地看着她，亲切地说："您好，女士，我是销售代表，您有任何问题可以随时找我。"之后礼貌地静候一旁。过了几分钟，吴女士拿着那些宣传页问道："这些是不是一定要按照你们提供的执行游程呢？"翟女士连忙说："您想怎样玩呢？我们可以提供一对一定制方案。这样，咱们坐下来，您跟我说说您的想法，咱慢慢决定。"吴女士被非常礼貌地招呼到酒店大堂的雅座间坐下来。她表示，不想跟团游，孩子小；希望时间更加自由，喜欢细品西安历史，让孩子受到更多教育……销售经理翟女士拿着本子一一记下了吴女士的需求，并圈出了吴女士重复提到的几个信息，比如不要跟团、让孩子感受历史等。一番交流下来，翟女士还知道了吴女士的其他信息：在四川某高中任教，旅游经历丰富，喜欢高端酒店，是华住会铂金会员，女儿马上进初中，这次在西安玩四天等。不到一个小时的谈话，她的本子上记了满满三页，让吴女士都有点儿佩服了。"西安四日专享游"，一份专为吴女士制定的旅游方案一个小时后递送到了她手上，吴女士看后很满意。该方案甚至还安排了吴女士并没有提到的观演，可把她女儿乐坏了。就这样，吴女士签下了这份定制游合同。尽管比预计花费多了些，但是四天下来，母女俩都很满意。

从这个案例中，我们看到了定制旅行的触发有时候也是很偶然的，甚至有点儿"随心所欲"。若想精准地向用户提供旅游产品和旅游服务，首先要了解用户需求，做好用户属性分析与用户定位，有了比较准确的用户画像后，我们才能更加有的放矢地进行精准营销。"产品的功能是满足需求"，定制旅行最核心目标就是让定制产品最大限度地满足用户需求。在模块一，我们将为大家介绍定制旅行用户分析，重点关注如何进行定制旅行用户定位和理解定制旅行用户画像。

项目一 定制旅行用户定位

 任务一 定制旅行用户属性分析

定制旅行是指以顾客需求为起点，为客户提供专享的、个性化的旅游服务全过程。它致力于满足用户个性化旅行需求，从产品设计、服务等方面为顾客量身定做的品质化的旅行服务。随着中国旅游产业的快速发展，传统的观光游已无法满足用户个性化需求。精品定制游迅速在竞争激烈的旅游市场中独树一帜，受到了用户的广泛认可和好评。

分析定制旅游的用户属性，可以定位目标群体为起始点，明确定制游产品的用户客群，如性别、年龄、性格等因素，针对不同消费者类别的喜好设计适宜的个性化产品。明确目标客群后，再分析用户的心理属性，通过对产品、营销渠道等对用户心理活动的影响研究，帮助企业吸引更多的用户群体。与此同时，用户的行为属性也不容忽视，研究消费中的决策行为，有助于企业引导消费者高度参与消费活动。

一、定制旅行目标群体定位分析

根据定制旅行客户群分类，可将目标客群分为 To C 端（To Customer，面向散客客群）与 To B 端（To Business，面向企业客群）。

（一）To C 端人口属性分析

旅行的定制源于用户需求。为了打造一款深入人心的旅行产品，需要细分用户客群，有针对性地分析用户的个人属性，即性别、年龄、职业、风格、价值观等，注重用户对目的地独特的视角和体验需求，从根源上把握人性需求，才能更好地使旅游产品发挥商业价值。

1. 性别

不同性别的用户，消费心理和显现的消费特征各不同，如男性和女性对于旅游动机、基础设施、目的地气候状况等方面的出行决策存在显著差异。

随着大数据与旅游企业的深度融合,各大企业对性别差异的用户消费行为及动机有了区别辨析,其中女性消费者群体占消费群体的一半以上,消费范围广,消费能力强,对企业的经营具有重大意义,所以产品研发应注重消费者的情感需求,从人性和人情的角度出发,拉近与消费者的距离。

2. 年龄

消费者客群年龄可以采用不同的划分方法,其中标准各不相同,目前尚没有一个统一的说法。根据商业的消费习惯,将旅游消费客群划分为四类客群,即少年、青年、中年、老年。据统计表明,定制旅行决策人一般年龄在22岁以上,定制游中20%是情侣、夫妻二人出行,这类消费者对个性化服务的需求明显高于其他人群。与此同时,"银发经济"潜力巨大,有42%的定制游用户出行含老人,其中29%出行有2位及以上的老人;出行老人年龄普遍偏大,60~69岁老人占55%,70岁以上的老人占34%。

儿童少年消费者客群:由0~14岁的消费者组成,消费市场将这类消费客群根据年龄特征分为儿童消费者客群(0~11岁)和少年消费者客群(11~14岁)。儿童的消费心理多受感情支配,尚没有独立的经济行为,购买行为以依赖型为主,受父母的影响较大;少年消费者具有半儿童半成人的特点,购买心理和行为常发生矛盾,但购买行为趋于稳定,从受家庭影响转向受社会的影响。

青年消费者客群:指15~35岁的消费客群。这一年龄阶段的人口基数大,具有独立购买能力且购买力强,注重情感、直觉的选择,冲动型消费多于计划性消费,因此他们也是新产品和时尚旅游产品的带头人和推广者。中国旅游研究院和携程联合发布的《2018中国在线发展大数据指数报告》数据显示,"80后""90后"已然成为中国旅游消费的中坚力量。

中年消费者客群:一般指36~60岁的消费客群。中年消费者是家庭消费的决策者,由于子女尚未独立,父母已步入老年,因此定制旅行更注重产品的实用性、便利性,消费行为计划性强,理性消费多于冲动消费。

老年消费者客群:指60岁以上的消费群体。随着人口老龄化不断发展,银发旅游市场成为全世界都关注的市场。老年人的生理、心理需求与成年人不同,他们已经成了一个具有独特需求的群体,爱好和兴趣不易改变,对品牌、商标的忠实性高。

3. 个性特征

消费者的个性是指个人心理活动稳定的心理倾向和心理特征的综合。个性倾向性表现在需要、动机、兴趣、爱好、态度、理想、信念和价值观等方面。个性心理由三部分组成,即气质、性格和能力。这些特征在消费者身上

都显现出不同的内容和表现，直接影响消费者的消费行为。

气质特征：气质是人生来具有的心理活动特征。它表现了心理活动的速度、强度和灵活性。不同的气质类型表现出不同的行为特点（见表1-1）。在定制旅游产品的过程中，定制师需要按照旅游者的气质及喜好来设计行程，以最大限度满足其需求。比如，多血质类型的消费者适合打卡网红特色游线，抑郁质类型的消费者适合休闲度假游线等。

表1-1 气质类型

气质类型	气质特点
多血质	反应迅速、有朝气、健谈机敏、适应能力强
黏液质	沉着冷静、踏实、灵活不足
胆汁质	精力旺盛、表里如一、刚强、易感情用事
抑郁质	有孤独感、不爱与人交往、动作深沉

性格特征：性格是指一个人对客观事物的态度和社会化的行为方式所表现出来的稳定倾向，是个性中最主要的心理特征。性格有不同的分类标准和原则，根据心理机能，可以将性格分为理智型、情绪型、意志型；根据心理活动倾向，可以分为内倾型、外倾型（见表1-2）。比如，理智型消费者在选择定制产品时的表现沉着，懂得权衡利弊，选择最优项。

表1-2 不同性格类型及消费特点

性格类型		消费特点
根据心理机能划分	理智型	权衡利弊，通过周密思考理智地做购买决定
根据心理机能划分	情绪型	购买行为带有浓重的感性色彩，容易受销售现场的各种因素影响，感情反应强烈
根据心理机能划分	意志型	目标明确，积极主动按自己的意图购买产品，购买决策果断、迅速
根据心理活动倾向划分	外倾型	外向，易受到广告宣传、他人购买行为及销售人员的影响，乐于与销售人员交流信息
根据心理活动倾向划分	内倾型	少言寡语，行动反应迟缓，内心活动丰富而不露声色，面部表情如一

消费能力：消费能力的差异，使消费者在消费过程中表现出不同的行为特点。从购买行为来看，可以将消费能力划分为以下四种类型（见表1-3）。

表 1-3 消费能力类型

性格类型	消费特点
成熟型	有长期的消费习惯与经验，有明确的购买目标，对产品的性能、价格、质量等信息非常熟悉
熟练型	在消费过程中有明确的购买目标，能准确地表达自己的购买需求，但决策过程易受销售的影响
平常型	有大致的购买目标，消费经验较少，了解产品程度不深，购买动机受销售及购物环境等因素影响
缺乏型	缺乏相关商品知识，没有购买和体验经验，易受广告宣传、销售等因素的影响，容易产生后悔心理；销售需实事求是地介绍产品，以满足其需求

由此可见，不同类型的消费者群体，消费喜好及消费习惯等方面都存在显著差异。例如，"80 后"偏好熟悉的旅游目的地，而"90 后"更喜欢冒险刺激和有文化特色的目的地。了解、分析目标客群年龄、性别、个性特征等方面的喜好，可以为企业提供明确的目标。总之，对消费者进行分类和细化，有助于企业根据旅游资源和市场潜力制定旅行产品，既能为消费者提供匹配需求的产品，也能降低运营风险。

（二）To B 端需求属性分析

企业客群的定制旅行产品需求，可分为企业的内部福利与企业的外部客户沟通需求。企业内部福利着重正规实用，外部客户沟通则需要制定符合企业形象的高品质产品。定制师应按客户需求设计对应的定制产品。To B 端口的定制旅行产品，一般包括团建旅游、MICE（会议、奖励旅行、大型企业会议、活动展览、节事活动）等。

团建旅游：通过户外拓展训练等方式激励团队，提升员工的团队精神和团队凝聚力。

会议（Meetings）：是指为组织、出席各类会议而进行的旅游。

奖励旅行（Incentives）：为了提高员工工作效率，将旅行作为奖励，激励员工完成工作目标的管理方法。

大型企业会议（Conferencing/Conventions）：大型展览会、交易会、招商会等，吸引大量游客前来洽谈贸易、旅游观光。

活动展览（Exhibitions/Expositions）：博览会、展示会、庙会、集市等临时展销市场。

节事活动（Event）：节日庆典、体育赛事、文艺演出等活动。

定制旅行目标客群定位

二、定制旅行用户心理属性分析

人的心理活动是行为的基础。对产品、营销渠道、营销场景等对用户心理活动的影响研究,有助于企业掌握不同用户心理现象之间的共性及外部行为的共同心理基础。

(一)消费心理与产品设计

产品的生命周期可分为四个阶段,即探索期、成长期、成熟期、衰退期,每个阶段用户表现出一定的共性和规律。企业需要根据产品的周期状态制定市场营销战略,因此需要研究用户在每个产品生命周期的心理状态及特点。

1. 探索期

该阶段是定制产品发展的初期阶段,行程设计尚不成熟,配套服务不够完善,产品设计还不够科学,质量和性能也不够稳定。大部分消费者对新产品不够了解,不愿意承担购买风险,希望依靠以往经验选购,不愿意改变消费习惯和消费方式。企业应大力宣传新产品,引导消费者尽快了解新产品的特点。

2. 成长期

这一阶段,产品在定制游市场上已拥有部分消费者,设计水平和配套服务日趋完善。与此同时,逐渐出现竞争对手,竞争局面开始形成。消费者经过上一阶段对产品的了解,购买愿望逐渐增强,购买量增加,但仍有不少消费者持犹豫、观望的消费心理,对新产品的安全和合理性仍存戒心。企业需调整宣传策略,推广社群营销等方式,进一步缓解部分消费者的疑虑;产品价格保持不变或适当降低,以争取更多的消费者。

3. 成熟期

这一阶段,产品已经定型,从设计到销售已经处于全面成熟时期,产品品质和性能已稳定,经济效益达到高峰,但也是同类产品竞争最激烈的阶段。消费者心理已从迟疑观望转为信任购买,从众消费心理和模仿消费行为表现明显。但由于竞争激烈,消费者对产品的品质、价格和配套服务等要求更高,因此企业应根据消费者的心理特点,进一步提升产品品质,细分市场,开发新型产品,以满足不同消费者的需求。同时,在价格策略上,运用心理定价法,吸引新老顾客。

4. 衰退期

这一阶段,产品逐渐老化,转为更新换代的时期。产品对于消费者而言不再具有吸引力;功能和特点不能满足大部分消费者的需求,市场范围不断缩小，销售量也继续下降。消费者在这一阶段持观望、期待的心理，期待新产品的出现，也希望特价销售当前产品。企业应注意市场新动向，不能急于淘汰现有产品，也不能随便降价促销，应在尽量延长现有产品生命周期的基础上，尽快推出新产品。

（二）消费心理与营销场景

销售渠道通常指产品销售渠道，是指产品从生产者转移到消费者手中所经的渠道。不同的营销场景给消费者的心理感受不同，营销人员需要辨别信息获得、购买、使用和处置情境中关键的社会环境和物质环境，做出行为、认知和情感上的反应。

1. 传统营销场景

传统商店环境分为商店外观和内部环境：商店外观包括店铺招牌、店门设计、橱窗、霓虹灯、标志等，内部环境包括内部设施、柜台布置、产品陈列、装饰风格、照明、音响等。各项因素综合构成了商店的整体环境，合理的氛围环境，可以营造与企业形象一致的销售氛围，吸引顾客。另外，优质的销售服务态度与服务质量等软件系统也能影响消费者的消费心理。

2. 新媒体营销场景

移动互联网的普及改变了人们的生活方式和消费行为，网络购物成为一种常态化的购买行为，而移动端消费已经成了网购的主流趋势。中国人民大学出版社出版的《消费者行为与行为（第五版）》将网络消费者分为以下四类（见表1-4）。

表1-4　网络消费者类型

消费者类型	消费心理
速度型	对企业和产品的变化敏感，注意信息的捕捉，追求快捷、方便的购物方式，决策果断
防范型	注重产品信息真伪的辨别，对品质服务和企业信用度要求高，如产品退还、配套服务等
能动型	更加注重商品知识的自我积累和提高，主动参与甚至支配整个交易，直接与企业沟通，表达要求、提出建议，影响企业经营决策
个性化	希望产品充分展现个性，实现自我价值，倾向购买符合自我需求的产品，满足个性化需求

（三）消费心理与营销服务

营销服务是企业为支持核心产品所提供的服务。企业的营销服务由售前、售中、售后构成。优质的服务可以提升产品的销量。在整个营销体系中，营销服务起到了越来越重要的作用。

1. 售前服务心理

售前服务是争取消费者的重要手段，对消费者的心理影响非常重要。售前服务需要引起消费者的注意，并通过售前广告、产品介绍、产品质检、售后好评等手段，帮助消费者认知并接受产品，使消费者对产品产生兴趣和购买欲望。因此，售前服务需要建立目标市场的服务档案，把握不同消费者的心理需要，有针对性地提供服务，利用咨询服务等手段消除消费者的戒备心理，最大限度地满足消费者的相关需求。同时，售前的产品质检也是保证售前服务质量的有效措施。

2. 售中服务心理

商品买卖过程直接或间接地为销售活动提供各种服务。因此，这一阶段的服务不但决定了交易成功与否，而且能使消费者享受服务行为，增强顾客的购买欲望，在买卖之间形成信任和融洽的氛围。售中服务包括介绍产品、参谋、提供服务与结账。了解消费者心理对售中服务至关重要，消费者是企业销售过程的核心因素，只有消费者满意，销售活动才算成功。因此，销售人员应热情且详细地介绍产品信息，帮助消费者决策，并提供有效服务，使消费者高兴而来、满意而归。

3. 售后服务心理

售后服务是指为已购产品的消费者提供的服务。企业竭力为消费者提供完美的售后服务，争取回头客，促进销售。售后服务一般通过知识性指导、咨询服务、解决消费者困难等方式，尽可能地为消费者提供方便。许多消费者挑选产品时，在其他条件相当的条件下，售后服务往往是决定交易是否成功的关键。优良的售后服务有助于提升客户满意度（Customer Satisfaction）。作为现代企业的一种经营手段，良好的售后服务能提升企业的市场竞争力，树立品牌服务形象。

案例 1-1

携程定制旅行营销服务的三阶段

市场运作是全方位地为消费者创造更优质的服务，包括售前、售中、售后各个环节上的服务运作。随着大众旅游时代的到来以及游客旅行经验的逐渐丰富，选择自由行和自助游的人越来越多，携程等线上旅行社也相继推出了新产品——定制旅行服务。

在售前服务方面，携程特别重视宣传工作，利用新媒体资源进行品牌宣传,通过大数据匹配到各层次的目标客群,实现品牌理念到娱乐碎片化传播的有效转换,将"按我的意思,才有意思"的产品理念传向短视频等营销渠道,使定制产品娱乐化、病毒式传播。

在售中服务方面,携程平台注重供应商品质的把控,平台有 6000 多位定制师根据用户需求,免费制定行程方案,并沟通确认行程的合理性。携程定制旅行网页上传了经典案例,行程、价格透明,并提供个性化服务和在线客服,为用户筛选行程提供便利。携程定制旅行售中服务旨在提供一站式品质旅行服务,为消费者省去了做攻略、规划游线等烦琐流程。

在售后服务方面,携程拥有较为完善的售后系统。携程推出放心游的售后保障,承诺消费者付款后不加价,供应商擅自更改订单需赔付消费者。如若消费者因特殊原因需退订行程,平台也有保障机制,将消费者的损失降到最低。与此同时,平台还设立了旅游预警机制和应急救助机制,以保障消费者的安全和权益。

【案例分析】

一个完整的销售流程应当包括售前、售中、售后服务三个部分。在当前定制旅行市场环境下,售中服务的产品品质被放在特别突出的位置。而实际上,在整个营销和销售系统中,售前服务是营销和销售之间的纽带,意义非凡,不可忽视。

三、定制旅行用户行为属性分析

消费者的决策行为绝不是一个简单的过程,如买房和买牙膏是两个不同的决策过程,它反映了两个层面,即参与购买活动的程度、决策程度。

参与购买活动的程度:描述了从高度到低度参与购买活动的集合。根据产品对消费者重要程度,可以将消费者分为高度参与型与低度参与型。如果消费者主动、深入地参与购买过程,可以称为高度参与型;如果消费者在购买过程中处于被动状态,参与程度不高,则可以称其为低度参与型。

决策程度:表示从决策到习惯的一个联系集合。根据消费者在购买产品过程中是否思考,可以将消费者分为思考型和不思考型。

以上两种情况交错形成了四种不同的购买方式(见图 1-1)。具体来说表现如下:有限决策是指消费者在低度参与购买的情况下进行的决策,即由于消费者对产品缺乏认知,在购买中经历的有限决策过程;复杂决策是指消费者对产品非常重视,愿意花时间了解产品特点,仔细分析、处理产品信息,运用特定的标准，如经济性、耐久性、售后服务等评估考察可选择的各类产品；习惯购买是指消费者始终如一地购买同一品牌的产品，不是因为消费者对该品牌忠诚，而是不愿意另花费时间和精力去寻购另一款替代品牌；品牌忠诚是指消费者对某一指定品牌满意和信任，当消费者进行重复选购时，据以往购买经验获取信息，筛选出的最满意的品牌。

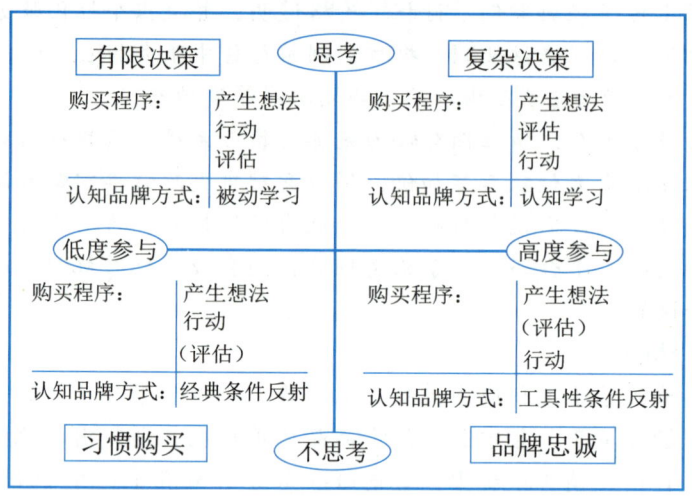

图 1-1　消费决策差异

任务二　定制旅行用户定位分析

一、定制旅行用户需求定位

需要是指个体由于缺乏某种生理或心理因素而产生内心紧张，从而与周围环境形成的某种不平衡状态。消费者的需要包含在人类的一般需要中，它直接表现为消费者对产品或服务形式的要求和期待。需要是人类行为的直接驱动力。因此，企业有必要深入研究消费者的需要、特征及变化趋势，以把握消费者心理和行为的内在规律。现实生活中，消费者的需要丰富多彩，但仍有规律可循，具体共性特征体现在以下几个方面。

（一）消费需要的多样性

由于消费者的民族传统、宗教信仰、文化程度、收入水平、个性特征、生活方式各不相同，消费者的价值观念和审美标准也不同，致使消费者的消费需要呈现多样性。例如，有人追求产品品质，有人追求产品实用性。消费者也常常对某一产品表达多方面的需要，如产品既要时尚、新颖，又要品质、实惠。

（二）消费需要的层次性

我们可以将消费需要分为若干个高低不同的层次。消费者的需要不是一成不变的，一般而言，消费者的需要是由低层次向高层次逐渐发展延伸的。例如，经济性短途定制旅行属于较低层次的需要，而深度品质定制旅行为高层次的需要。随着旅游的发展和人民生活水平的提高，消费者对定制旅行的细化分类和品质都将提出更高的要求。

（三）消费需要的周期性

随着时间的推移，消费者的需要呈现周期型特点。当消费者的需要得到满足后，短期内不会再产生需要，但一段时间后，已经消退的需要会重新出现，周而复始，呈现周期型特点。需要也会受其他因素的影响，在内容、形式上有所发展和提高。

（四）消费需要的伸缩性

消费者的需要受内外环境等诸多因素的影响和制约：内因可能是个人的支付能力、消费动机的强弱等，外因包含社会环境、产品价格、广告宣传、销售方式等方面的变化。以上这些因素对消费者的需要将产生促进或抑制作用，从而使消费需要呈现伸缩性。

（五）消费需要的可诱性

外部环境的改变或刺激称为诱因。诱因分为正面诱因和负面诱因。需要可以通过引导培养形成。外部环境对消费者的刺激过大或者过小，都会对消费者产生负面影响，抑制需要。因此，企业需要有效利用广告宣传等方式，引导消费者形成、改变或者增加购买产品的需要。

需求是人类行为的原动力，当一种需求得到满足后，消费者会产生新的需求，因此消费者的需求是无限发展的。在现实生活中，消费者的需求并非一直显现，企业需要对消费者的需求进行周密地监测与分析，即对消费者需求与市场购买行为的数据进行分析，从而引导产品与二者建立利益联系。

 知识链接 1-1

马斯洛需求层次理论

马斯洛认为，人的需要是有层次的，并且是以高层次的需要为导向的。

在他的需求层次结构当中,从基本的生理需要到最高层次的自我实现的需要,存在着阶梯式的过渡关系。高级需要比低级需要有更大的价值。只有高级需要满足了才能产生更令人满意的主观效果。

第一层次为生理上的需要。这是人类维持自身生存的最基本要求,包括饥、渴、衣、住、性的方面的要求。如果这些需要得不到满足,人类的生存就成了问题。从这个意义上说,生理需要是推动人们行动的强大的动力。马斯洛认为,只有这些最基本的需要得到满足后,其他的需要才能成为主导因素,而到了此时,这些已相对满足的需要也就不再起什么作用了。

第二层次为安全上的需要。这是人类要求保障自身安全、摆脱失业和丧失财产威胁、避免职业病的侵袭等方面的需要。当然,当这种需要一旦相对满足后,也就不再成为主导因素了。

第三层次为归属和爱的需要。这一层次的需要包括两个方面的内容。一是友爱的需要,即人人都需要伙伴之间、同事之间的关系融洽或保持友谊和忠诚;人人都希望得到爱情,希望爱别人,也渴望接受别人的爱。二是归属的需要,即人都有一种归属于一个群体的感情,希望成为群体中的一员,并相互关心和照顾。

第四层次为尊重的需要。尊重需要包括外界对自己的尊重和自己对自我的尊重,尤其是自己对自我的尊重即自尊,是基于个人实力、成就、优势等自身内在因素而形成的个人面对世界时的自信与自豪,而外界对自己的尊重则表现为由地位、声望、荣誉、威信等高度评价而获得的满足感和愉悦感。

第五层次为自我实现的需要。这是最高层次的需要,它是指实现个人理想、抱负以及发挥个人的能力到最大程度,完成与自己的能力相称的一切事情的需要。即自我实现的需要是指努力挖掘自己的潜力,使自己越来越成为自己所期望的人物。一个人在其他基本需要都得到满足以后,自我实现的需要便开始突出。

二、定制旅行用户定位统计方法

在商业经营中,企业注重与用户相关的三种核心数据,即用户属性、用户行为数据、用户交易数据。通过有效数据,可以精准判断出用户对产品的真实需求,帮助企业预判用户购买决策的真实行为。因此,企业需向用户靠拢,掌握用户数据是链接消费行为的重要环节。

（一）获取用户数据

只有采集到充足准确的数据，企业才能做出正确的数据分析和数据应用。数据可以分为一手数据和二手数据。

一手数据：原始数据，是指访谈、询问、问卷调查，或者亲身经历后获得的数据或资料。

二手数据：相对于一手数据而言，是指为其他目的已经收集好的统计数据。与一手数据相比，获取二手数据更便捷、成本低，但是不一定具备时效性，与研究的相关性差，数据的准确度也需要斟酌考虑。

（二）统计数据的图示与分析

统计图表是用于统计的重要工具，除去繁杂的文字叙述，用图示或表格可以反映事物的内在规律性和关联性，便于事物间的比较分析。从统计图表的结构外形上看，统计表由标题、标目（横标目、纵标目）、线条、数字及必要的文字说明和备注五部分构成。统计图示常用的种类如下：

数据表：当数据量较大、种类繁杂、无法用一两个图形来表示时，用数据表展示更直接。如图1-2所示。

排　名	目的地	百分比（%）
TOP1	苏　州	187
TOP2	南　京	146
TOP3	武夷山	141
TOP4	广　州	75
TOP5	珠　海	47
TOP6	长　春	47
TOP7	溧　阳	46
TOP8	重　庆	37
TOP9	黄　山	35
TOP10	成　都	33

图1-2　2019年元旦高铁游十大人气目的地

资料来源：《携程：2019元旦旅游消费和人气排行榜》

扇形统计图：一般反映单一指标的结构、构成等信息，突出整体与局部、相关变量对比之间的关系。饼图的数值可以为绝对值、百分比，或者两者同时体现。只展示某指标在某一时刻（静止状态下）的构成情况，可用于客户构成分析(人口属性等)、不同类型的顾客数量、不同类型产品的业绩构成分析等。如图 1-3 所示。

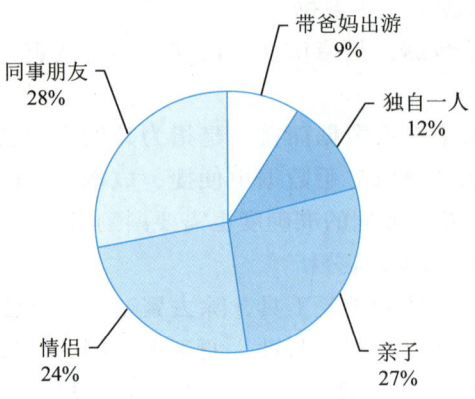

图 1-3　2019 年元旦出行游伴占比

资料来源:《携程:2019 元旦旅游消费和人气排行榜》

条形图:一般用宽度相同的条形反映数值大小。条形图非常直观。大多数数据均可以用条形图来体现。条形图分为垂直条形图和水平条形图。对于多个指标的多组数据的分析,可以使用簇状柱形图。条形图适用于展示时间维度的发展趋势,其中簇状柱形图应该应用于同一类型或者同一系列指标的类比。如图 1-4 所示。

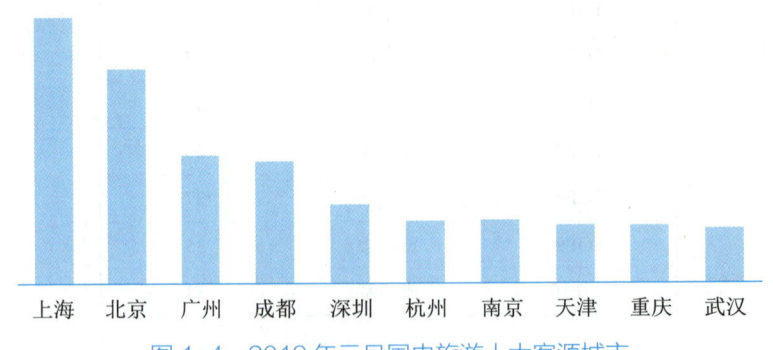

图 1-4　2019 年元旦国内旅游十大客源城市

资料来源:《携程:2019 元旦旅游消费和人气排行榜》

折线图:用线段的升降来表示统计指标的变化趋势,表示某一事物或现象的发展、变迁情况,适用于连续性变量。绘图时应注意横纵轴比例,因为比例不同,起伏不同,给人带来的印象也不同。如图 1-5 所示。

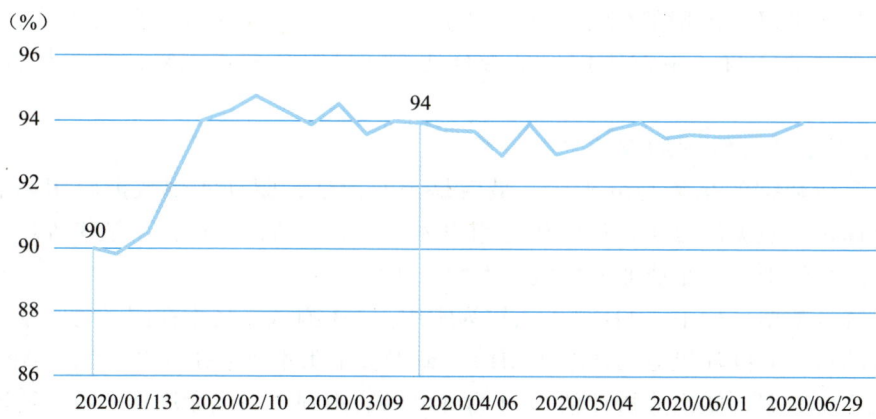

图1-5 2020年携程平台的订单显示预付类产品占比上升

资料来源：《谷歌＆携程：2020年亚太地区旅游行业消费者行为与态度研究报告》

组合图—线柱图：用来反映有关联的两个或三个类型不完全相同的指标，可以使用线柱图来表示。一般用于反映同一问题的两个不同角度，角度单位不同，采用两轴线—柱图，或者两个指标数值相差较大，也可以采用线柱图。如图1-6所示。

新冠疫情期间境内游兴趣增长显著

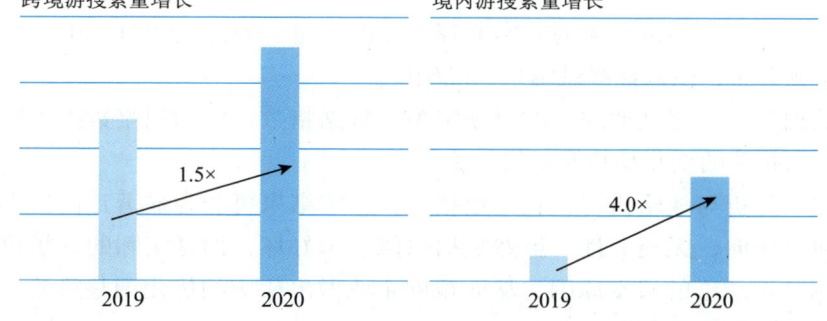

图1-6 2020年新冠疫情期间境内游兴趣增长数据

资料来源：《谷歌＆携程：2020年亚太地区旅游行业消费者行为与态度研究报告》

编制统计图表需要注意绘制的基本要求。首先，要突出重点，简单明了，一张图表只包括一个中心内容，表达一个主题；其次，要主谓分明，层次清楚，标题、标目等统计名称的安排需要层次清楚，符合专业逻辑；再次，要

数据真实准确，准确的统计是科学决策的基础；最后，要审查统计图表，确认标题是否正确，主谓语排列是否合适，标目组合是否重复，表线是否过密等。

（三）统计数据的应用

完成数据的采集与分析后，最后是企业评估，驱动实现数据应用环节。企业通过对数据的分析，调整优化用户体验细节、营销、运营、销售等环节，完善系统管理，使企业业务形成良性增长闭环。

统计数据分析中，AB 测试法较为常用。AB 测试法是指在同一时间维度，相似的目标客群随机运用两个（AB），或者多个版本（ABN）进行对比测试，收集用户数据，做出分析评估。AB 测试可以运用到产品生命周期的各个阶段，既可以用于产品优化，也可以提高转化率等。它的优势在于数据的真实性，通过用户的行为数据和业务数据，验证产品设计方案的合理性，最后分析评估，跟随用户喜好不断完善产品方案。AB 测试法可以分为以下五个步骤：

制定 AB 测试策略：AB 测试策略由提出策略、策略评估、制定策略三步组成。策略的定制需要梳理测试主题、测试方案、假设结论、操作难易程度等方面。只有经过周密科学的决策，后期实际操作才会事半功倍。

选择测试目标：数据分析中常用的 OSM 模型，即目标（Objective）、策略（Strategy）、度量（Measurement），拆解测试的宏大目标，对应到具体可落实的每个实施行为，并制定每一步行为的考核指标，以保证不偏离测试计划。

科学分流：测试分流的基本原理是控制变量，因此测试过程中需要确保样本平衡分布，以保证测试结果的准确度。

数据监控：测试期间，需要锁定关键数据指数，定期观察数据，以快速了解各组指数的变化趋势及最终结论。

结果分析与战略执行：收集数据后，影响结果可分为显著正向、小幅正向、显著负向、无显著性。虽然数据只能显示好坏，但是实际的分析重在探索影响数据结论的根本原因，从而帮助企业做出相应的优化调整策略，将企业产品推向更多的用户。

 案例 1-2

Airbnb 用户数据分析

Airbnb，中文名为"爱彼迎"，是一家联系旅游人士和短租闲置空房房主的服务型网站，成立于2008年8月，总部设立于美国加州旧金山市。自2013年起，为拓展中国短租市场，优化用户使用体验，爱彼迎通过前期的问题导入与问卷调查，得出以下结论：

（1）完善搜索功能

问卷数据呈现用户对完善搜索功能的偏好，最希望增加位置区域（区、街道、商圈等）的选择，希望增加排序功能（推荐排序、好评排序、价格排序、距离排序），增加按房源名称、风格搜索等（见图1-7）。

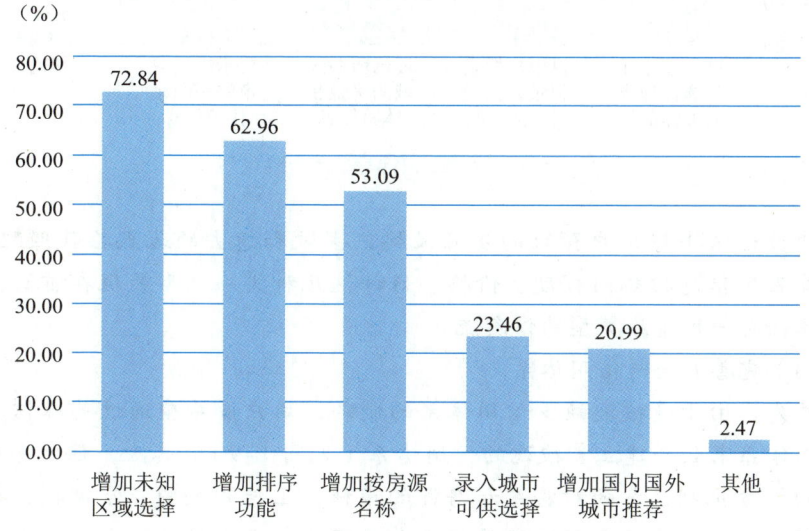

图1-7 新增搜索功能意愿度

由此可见，爱彼迎的搜索功能和筛选功能急需改善，尤其位置区位筛选、热门推荐以及距离、好评、价格方面的排序需求最大。因此要通过房源名称、房源风格、房源描述等建立索引来提高搜索结果的召回率和准确率，使用户得到合理的搜索结果。

（2）完善首页信息

爱彼迎首页推荐的房源较混乱，多以外国房源信息为主，用户无法快速找到自己想要的信息。问卷结果表明，用户希望以个性化标签选择为依据推荐信息，以用户搜索记录为依据推荐信息，为用户提供个性化服务（见图1-8）。

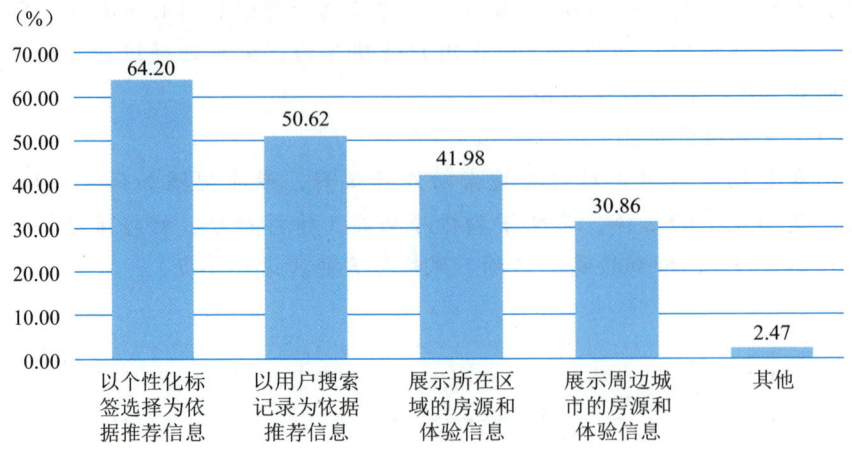

图 1-8　新增首页信息流改进意愿度

爱彼迎需根据用户预订的房源风格、去过和想去的地点推荐匹配信息，将这些匹配信息按热门程度、价格、好评这几种排序类型展现在首页，供用户选择任意一种排序类型的信息流。

（3）完善安全与信用体系

首先，由于爱彼迎缺少信用体系的制约，用户最希望通过芝麻信用或公安信用体系来联合建立爱彼迎的信用体系（见图1-9）。其次，强化房东与房客双向评分机制，加强对房东和房源的审核，上传户型图、空调数、插座数等。最后，制定房屋分星级规范标准也是用户非常支持的方式。以上这三种方式体现的是对房东与房客双方的约束。

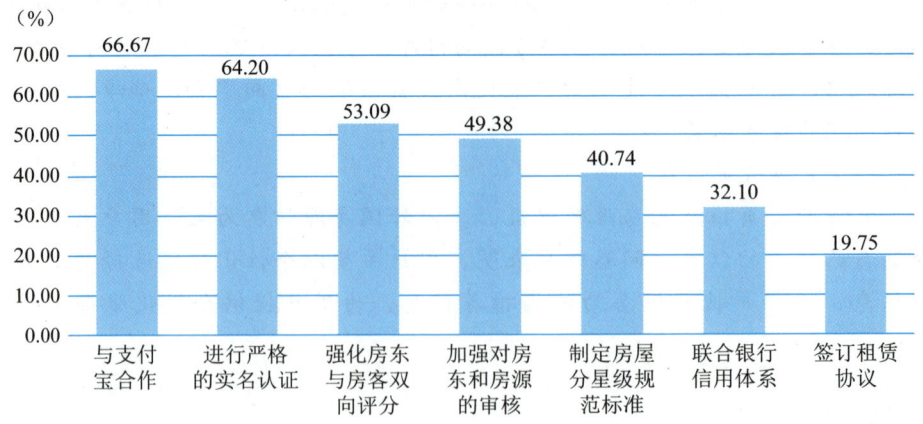

图 1-9　安全与信用体系改进意愿度

针对安全与信用体系问题，爱彼迎虽然已经引入了芝麻信用，但只是显示客人捆绑了芝麻信用，却看不到具体的分数，没有将用户行为与具体分数挂钩。因此给出以下方案：第一，爱彼迎应显示用户个人主页的芝麻信用分数，并将个人行为记录到芝麻信用中。第二，在芝麻信用体系的基础上，强化房东与房客双向评价机制。例如，房客在给予"房源安全、房源与照片相符"相关的好评时，房主可以获得信用加分。

（4）完善地图功能

爱彼迎界面不容易快速找到地图图标，容易与房间照片混为一体，难以分辨。民宿具体位置定位也不够精准，在预订成功前只能呈现一个范围圈。问卷结果显示，用户最希望精准定位房源位置，而不是一个圆圈范围的形式。此外，用户还迫切地希望实现国外地点翻译功能——对于中国用户来说，没有翻译功能会影响用户使用体验（见图1-10）。这也是爱彼迎不够本土化、人性化的体现。

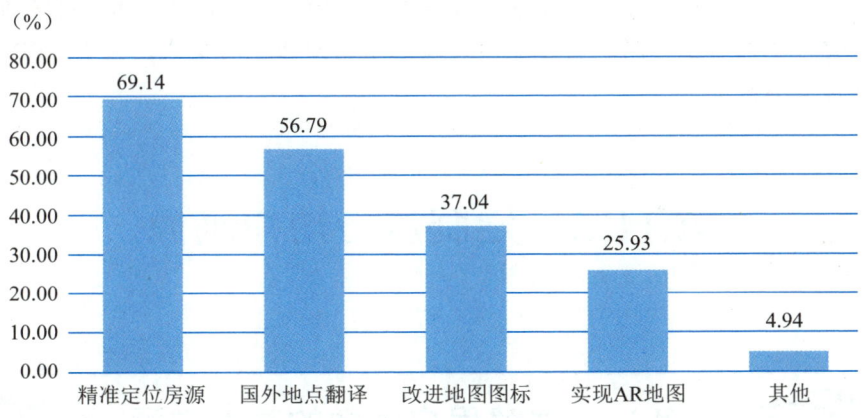

图 1-10　地图功能改进意愿度

因此，爱彼迎应将地图图标放在搜索栏右侧，在地图上精准定位房源位置。既让用户快速看到地图功能，又方便用户快捷地找到位置。另外，爱彼迎应引入高德地图、华为地图，国外地理位置能实现部分翻译，也允许增添离线定位、导航等功能，以此满足中国游客的需要。

（5）完善不同房源退订政策

分层标准化（灵活、中等、严格）的退订政策给房东带来了保障和便利，但给房客带来了不便和麻烦。刚注册的新用户如果不熟悉退订政策，选择了"严格退订政策"，临时有事要退房将无法得到退款。用户入住后对房源不满意也不可以"任性"退房，因为这样将无法获得剩余的房费退款。

调查结果表明，35.8%的用户不满意不同房源退订政策，但只有17.28%的受调查者赞同取消分层标准化退订政策的方案。可以推断，用户认为退订政策有存在的必要性，并不同意取消退订政策。那么针对标准化退订政策带来的问题，需要其他的解决方案。

因此，应该在用户付款之前跳出"当前房源的退订政策的提示"，当用户同意当前退订政策后才能继续完成支付。

资料来源：余红，张雯. 新媒体用户分析[M]. 北京：高等教育出版社，2019.（有删减）

【案例分析】

目前中国旅游市场竞争激烈，企业若想在市场上立足，不仅要为用户提供丰富细致的产品种类，而且需要对用户需求、用户特征、用户体验进行具体的分析。通过问卷调查和访谈等形式，收集有效的一手数据，结合二手数据，有针对性地从宏观、中观、微观对竞品进行分析，积极调整产品使用体验。同理，爱彼迎作为一家提供旅行房屋租赁的服务型网站，为了寻求发展，快速打开中国本土市场，需要了解、适应中国短租市场模式，完善APP的旅游租房服务品质。

项目二　定制旅行用户画像

 任务一　理解用户画像的基本内涵

一、认知用户画像

用户画像的概念最早是由交互设计之父阿兰·库珀（Alan Cooper）提出的。用户画像是真实用户的虚拟代表，是建立在一系列真实数据（Marketing Data，Usability Data）之上的目标用户模型。通过用户调研去了解用户，根据用户的目标、行为和观点的差异，将他们区分为不同的类型，然后每种类型中抽取出典型特征，赋予名字、照片、一些人口统计学要素、场景等描述，从而形成一个人物原型。用户画像是一种描述用户的工具，刻画出用户个体或者用户群体全方位的特征,为运营分析人员提供用户的偏好、行为等信息,进而优化运营策略,为产品提供准确的用户角色信息以便进行针对性的产品设计。用户画像是在私域流量时代生存的必备技能。不少人会混淆用户画像与用户角色,其实两者本质上是不一样的(见表1-5)。

表1-5 用户角色与用户画像的区别

项　目	用户角色	用户画像
性　质	定性研究	定量研究
使用时机	产品上线前	产品上线后
描述程度	精练概括	精细拆分
用　途	研究用户体验	精准营销,提高用户体验

从表1-5可知,用户角色与用户画像的性质不同。用户角色为定性研究,只考虑用户的特征、性质而不考虑程度;而用户画像是对用户的精细刻画,为定量研究,需要做多个维度的信息数据整合(见图1-11)。用户角色更倾向于业务系统中不同用户的角色区分,如学校教务管理系统,老师审核、设置选课,学生查看选课和成绩,那么老师、学生就是不同的用户角色。

用户角色与用户画像

用户画像更倾向于对同一类用户进行不同维度的刻画,对同一个电商的买家进行用户画像设计,就是将买家进一步细分和具象,如闲逛型用户、收藏型用户、比价型用户、购买型用户等。从使用时机来看,用户角色的使用场景在产品上线之前,此时几乎没有任何数据,只能对产品的使用方进行特征描绘,以便根据目标群体进行针对性的产品设计;用户画像的使用场景在产品上线后,依托一定的数据量,通过线上信息收集以及访谈等手段,对用户进行数据统计构建用户画像,获得精细化运营的能力。从描述程度来看,用户角色是对某个用户群体特征进行高度概括,用户画像是对用户个体或者用户群体的精细描述(见图1-12)。从用途来看,用户角色用于辅助产品设计,研究用户体验;用户画像用于了解用户特征以及偏好,以便提供个性化与定制化服务。

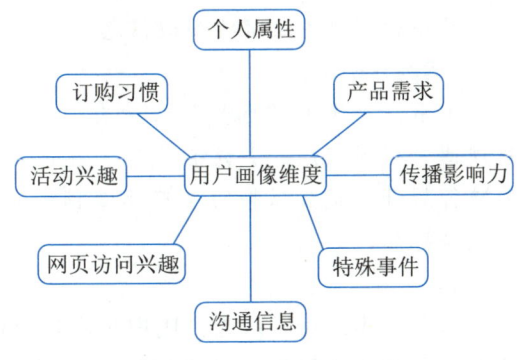

图1-11 用户画像维度

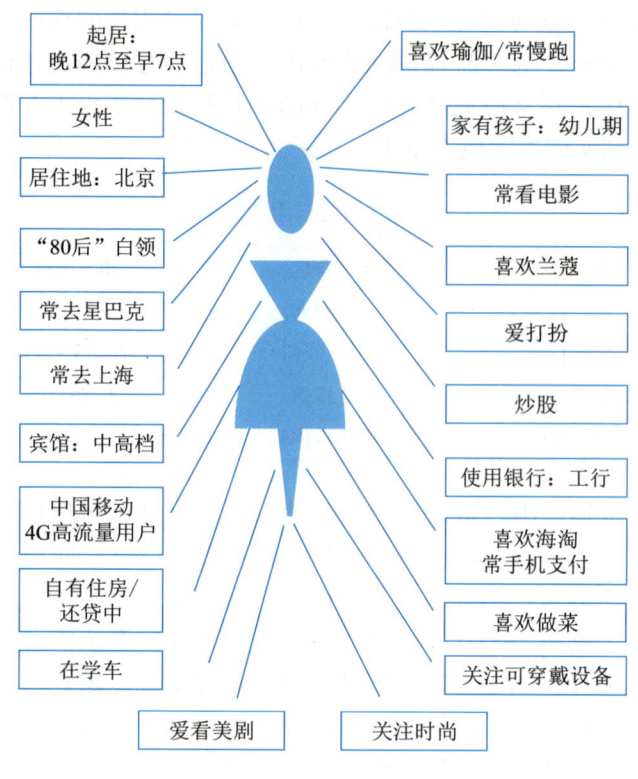

图 1-12 某用户画像示例

📋 案例 1-3

我们从图 1-12 这个用户画像中可以总结出哪些特征？在为她做定制旅行产品营销时可以关注哪些关键信息？

【案例分析】

该用户画像的"标签"大致有：小资、喜欢挑战新事物、注重品质、作息规律、生活健康、关注自我等。在做定制旅行产品营销时，要结合这类群体特征展开，比如做探险类产品营销就应该重点关注其爱挑战新事物、关注自我等特征。

综上所述，我们认为：用户画像是企业或组织在基于产品目标的基础上，依据用户的个人属性、社会属性、消费行为和消费心理抽象而出的一个标签化的用户模型。用户画像通过将用户标签化，可以实现对用户的精炼概括。

简单来说就是"贴标签"。比如,我们对"90后"贴个标签(见图 1-13),就可以大致预测其行为。我们在为其做定制旅游服务时,这些标签有利于了解用户,促进购买决策。

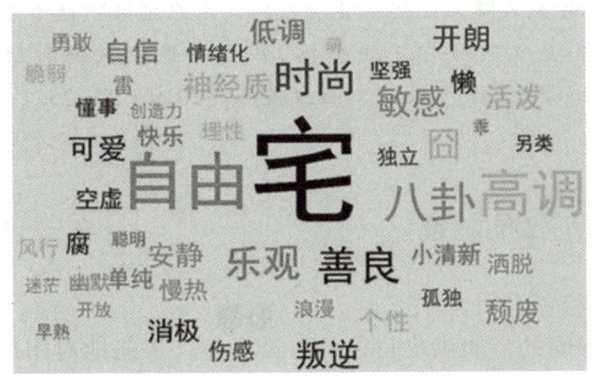

图 1-13 标签化的"90后"

知识链接 1-2

用户画像的提出

荣耀加身的阿兰·库珀放弃了软件开发事业,成为一家拥有许多大型开发团队的公司的顾问。但他很快发现自己关注用户体验的能力并未在其他人身上自然而然地发生,这令他十分气馁。有一次,他在与一个客户打交道中十分受挫,这促使他对客户进行开放式访谈。他迅速识别出三种不同类型的用户。下面就是库珀自己讲述的他的成果:

在小组会议上,我没有从自己的视角出发展示我的设计,而是从恰克、辛西娅和罗伯的视角出发。小组的反应很强烈。程序员们虽然对这个闻所未闻的方法还有些抵触,但他们识别出了这些假想的原型,因此能清晰地看到我的设计的意义。从那以后,我试着使用这三个人物中的一个来展示自己的设计作品,最终赛金(Sagent)公司的工程师们开始谈论"辛西娅会怎样做""恰克能否理解"这种对话框了。

1998 年,阿兰·库珀出版了极具影响力的作品《疯子掌管疯人院》(*The Inmates are Running the Asylum*)。在书中他提出了一些很有煽动性、很有意思的个人想法,分析了为何有天分的人却总是不断设计出糟糕的软件。正是在这本书中,阿兰·库珀首次提出了他那后来风靡一时的用户画像:"画像并非现实人物,不过他们在整个设计过程中都代表现实人物。他们是假想中的实际用户的

原型。尽管是想象出来的,对他们的特征界定却极其严密、精准。实际上,与其说我们'发明'了用户画像,不如说是在调查过程中将他们作为副产品挖掘出来。不过,他们的名字和个人细节确实是我们编的。"我们正是在阿兰·库珀的《疯子在掌管疯人院》一书中首次看到"用户画像"这个专业术语的。

资料来源:(美)阿黛尔·里弗拉.用户画像大数据时代的买家思维营销[M].高宏,译.北京:机械工业出版社,2019:24-25.(有删减)

二、用户画像的特征

(一)用户标签化

通过各种不同的,能满足目标的各类标签,快速地对用户予以界定,并将其应用于产品研发中。标签化是用户画像最显著的特征,也是指导企业行为的重要依据。用户画像的实质就是标签化的用户全貌。

(二)动态变化性

随着互联网的不断发展,以及用户的消费观念、付费习惯的升级,用户画像需要跟随市场和用户的变化而不断完善调整。从这个意义上来说,用户画像并不是一经形成就能一劳永逸的。就拿用户画像的粗细度把握来看,也是需要审时度势的。纵观很多业界经验,其实用户画像的颗粒度需要把握好度,并不是越细化越好,也不能过大。过于细化容易分散画像的主要目标,甚至浪费公司投入;过于粗线条又达不到指导运营、决策参考的目的。

(三)时空局部性

用户画像的动态性使其不可避免地具有时空局限性。首先,在时间上,用户画像的目标是通过精准的刻画用户,从而提供个性化的服务。因此,用户画像对于时效性非常敏感,某一时刻的用户画像对该时刻的推荐结果最为有效。距离时间越远,推荐结果的精确性越低,参考价值越小。其次,在空间上,不同的应用领域有不同的侧重点。例如,营销领域的用户画像主要侧重用户的消费习惯,而在视频推荐领域,用户画像则主要侧重用户的观影喜好。因此,需要针对各自的特点设计相应的用户画像,没有哪个用户画像一经构建就可以适用于所有的应用领域。

三、用户画像的要素

用户画像是真实用户的虚拟代表。关于用户画像的要素,被大家认知最多的是用户画像的 PERSONAL 八要素，具体如下：

- P 代表基本性（Primary）：指用户角色是否基于对真实用户的情景访谈；
- E 代表同理性（Empathy）：指用户角色中包含的姓名、照片和产品相关的描述，该用户角色是否引起同理心；
- R 代表真实性（Realistic）：指对那些每天与顾客打交道的人来说，用户角色是否看起来像真实人物；
- S 代表独特性（Singular）：每个用户是独特的，彼此很少有相似性；
- O 代表目标性（Objectives）：用户角色是否包含与产品相关的高层次目标，是否包含关键词来描述目标；
- N 代表数量性（Number）：用户角色的数量是否足够少，以便设计团队能记住每个用户角色的姓名，以及其中的一个主要用户角色；
- A 代表应用性（Applicable）：设计团队是否能使用用户角色作为一种实用工具进行设计决策；
- L 代表长久性（Long）：用户标签的长久性。

目前，也有人将构成用户画像的要素大致分为两种：用户静态构成要素和动态构成要素（见图 1-14）。静态要素主要指用户的基本信息（姓名、性别、职业等）及其他相对稳定的属性；动态要素主要指用户的行为信息（访问频次、访问时长、浏览记录等）及其他动态属性。实际工作中，我们可以根据研究目的有针对性的划分，以此构建更精准的用户画像。

用户画像的构成要素

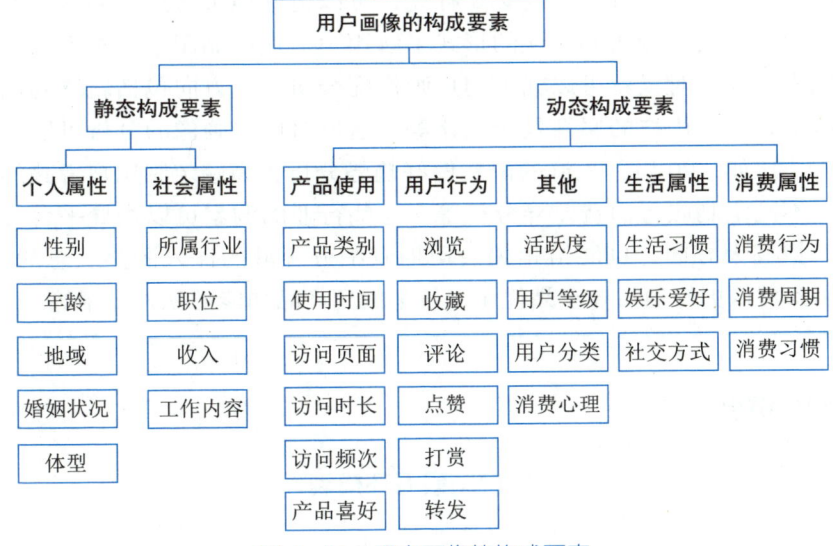

图 1-14　用户画像的构成要素

四、用户画像的价值

在全域场景下,用户画像的应用通常是基于大数据平台进行数据采集分析,把用户标签按不同模块进行归类后提供给产品、运营或分析师使用的,应用场景涵盖金融风控、精准营销、个性化推荐等,应用方向包括活动人群筛选、用户洞察报告、营销决策系统、推荐系统等。用户画像可以帮助用户减少信息干扰,可以找到适合自己的内容。对于企业运营来说,用户画像价值更大,从产品设计到精准营销再到风险防控等都有着重要的价值。

(一)精准营销

在如今流量红利消失殆尽、企业全面进入精细化运营的时代,用户画像可以帮助我们理解用户并为其提供精准服务或个性化服务。以数据为基础,建立用户画像,利用标签,让系统进行智能分组,获得不同类型的目标用户群,针对每一个群体策划并推送针对性的营销,包括给用户精准直邮、短信、APP 消息推送、个性化广告等。比如,亲子游产品就会定点推送给有孩子的家庭或者学校老师,探险游产品就会精准推送给敢于冒险、生活品质较高的群体等。精准营销是用户画像或者标签最直接和有价值的应用。当我们给各个用户打上各种"标签"之后,各种不同的定制游产品可以通过标签确定他们想要触达的用户,进行精准地信息投放,达到更为有效的营销。

(二)用户洞察

用户画像也是了解用户的必要补充,可以更好地进行用户洞察。产品早期,一般通过用户调研和访谈的形式了解用户。在产品用户量扩大后,调研的效用降低,这时候就可以辅以用户画像配合研究。方向包括新增的用户有什么特征,核心用户的属性是否变化等。通过对用户画像的分析可以了解行业动态,比如"90后"人群的消费偏好趋势分析、高端定制用户青睐的产品分析、不同定制旅行消费差异分析等。这些行业的洞察可以指导平台更好地运营、把握大方向,也能给相关公司提供细分领域的深入洞察。总的来说,用户洞察可以更好地指导产品优化,甚至做到产品功能的私人定制等。

知识链接 1-3

用户洞察五环模型

洞察 1——优先动力。买家为何决定投资一个与你们公司提供的解决方案相类似的方案？别的买家为何安于现状？优先动力给出了这个决定背后最具推动力的原因。这个洞察详细描述了是什么个人原因或公司情况促使买家对其时间、预算或者政治资本进行分配，购买你们的解决方案，因此你就能知道买家何时愿意与你们联系、哪些买家人群对这个投资决定的做出起了关键作用。营销人员利用这一洞察来界定、维护、实施一些与买家做决定的第一个阶段同步的营销策略。

洞察 2——成功因素。成功因素指的是你的买家人群期望从购买你们的解决方案中获得的运营成果或个人成果。成功因素类似于效益，有了这个洞察后你就无须猜测买家意图或根据自己解决方案的实力来重新表述了。例如，你可能会强调你们的解决方案可以大幅降低成本，但这个洞察会告诉你买家更关心的是如何降低业务风险。你还可能知道对所处环境有某种具体掌控的欲望使你的买家产生了购买动力。

通过这个洞察你将会准确得知哪些风险是最应忧虑的，还可以知道你的买家认为实现掌控会带来哪些好处。

洞察 3——可知障碍。我们往往把可知障碍称为"坏消息"，因为这个洞察可以告诉你买家为何不考虑你们的解决方案，以及为何有人认为你们的竞争对手的手法更胜一筹。这个障碍可能会让你明白：来自公司内部另一个决策人持反对意见，也有可能该公司之前面对相似解决方案曾有过不愉快的体验，致使对你们的产品或公司产生了负面认识，无论准确与否。

如果你知道障碍在哪里、障碍背后有什么人在推动，你就知道该做些什么来令买家相信：你们的公司或你们的解决方案会帮助他们获得优先动力和成功因素。

洞察 4——买家历程。这个洞察告诉你买家做了哪些幕后功课来评估各种选项、剔除竞争者，最后敲定他们的选择。通过这个洞察你可以知道在做决定的每个阶段，若干决策者中哪个起了作用，他们为了能得出自己的结论做了哪些工作，以及每个人对这个决定的影响有多大。

你可以运用买家历程这一洞察来对接自己的销售和营销活动，目标对准在做决定的每个阶段中最有影响力的买家。你可以利用一些资源，使他们明白你们的方案最适合他们的需要。

洞察 5——决策标准。通过决策标准可以了解你的产品、服务或解决方案的具体特色——买家在做比较时会对这些进行评估。决策标准经常能揭示一些令营销人员感到惊奇的发现，比如买家并不喜欢以益处为导向的营销材料、摆事实的公司更容易获得买家的信任。你甚至还能知道，你们最新、最具特色的一些实力对于他们的决定毫无影响。

资料来源：(美) 阿黛尔·里弗拉. 用户画像大数据时代的买家思维营销 [M]. 高宏, 译. 北京：机械工业出版社, 2019：27-28.（有删减）

（三）产品设计

产品就是要为用户解决问题，满足其需求的。相比过去较为传统的企业生产什么就卖什么，如今"用户需要什么企业就生产什么"成为主流，于是许多企业把用户真实的需求摆在了最重要的位置。在用户需求为导向的产品研发中，企业通过对获取到的大量目标用户数据进行分析、处理、组合，初步搭建用户画像，做出用户喜好、功能需求统计，从而设计制造更加符合核心需要的新产品，为用户提供更加良好的体验和服务。一个产品想要得到广泛的应用，受众分析必不可少。产品研发需要懂用户，除了需要知道用户与产品交互时点击率、跳失率、停留时间等行为之外，用户画像能帮助产品经理透过用户行为表象看到用户深层的动机与心理，为此可以设计更切合需求的产品，提升用户满意度。

（四）业务决策

用户画像是很多数据产品的基础，诸如耳熟能详的广告系统，广告基于一系列人口统计相关的标签，如性别、年龄、学历、兴趣偏好、手机等来帮助企业进行推广投放的。借助用户画像的信息标签，可以计算出诸如"喜欢某类东西的人有多少""处在25到30岁年龄段的女性用户占多少"等。通过用户画像，可以进行排名统计、地域分析、行业趋势、竞品分析等，进而帮助完成业务决策，提高运营效率。

（五）个性服务

个性服务包括个性化推荐、个性化搜索等。比如，我们在音乐APP上看到的每日推荐，网易云之所以推荐这么准，就是他们在做点击率预估模型（预测给你推荐的歌曲你会不会点击）的时候，考虑了你的用户画像属性。比如，根据你是"90后"，喜欢伤感的，又喜欢周杰伦，就会推荐类似的歌曲给你，这些就是基于用户画像推荐的。在进行定制旅行媒体营销时，用户画像同样能帮助我们更好地精准服务，提供个性定制化的服务，以满足游客个性需求，更好地享受旅程。

（六）风控检测

根据用户画像能了解用户风险偏好、信用信息等，及时了解风险并做好风险防控。这个主要是金融或者银行业涉及的比较多，因为经常遇到的一个问题就是银行怎么决定要不要给一个申请贷款的人给他去放贷。通常的解决方法就是搭建一个风控预测模型，去预测这个人是否会不还贷款，同样的，模型的背后很依赖用户画像。用户的收入水平、教育水平、职业、是否有家庭、是否有房子，以及过去的诚信记录，这些的画像数据都是模型预测是否准确的重要数据。同样，在定制旅行营销过程中，若能从画像中预知风险，也有利于更好地开展营销工作，取得更优的工作绩效。

> **知识链接 1-4**
>
> 用户画像的应用价值
>
> 我们都知道在不同领域和场景下，用户画像的研究与实践发挥着重要价值和作用。图 1-15 为宋美琦等① 在 2019 年提出的用户画像的应用价值。他们从微观、中观及宏观三个层面提出了用户画像的价值体现。大家可以思考一下对于定制旅行来说，如何让用户画像发挥这三个层面的价值。

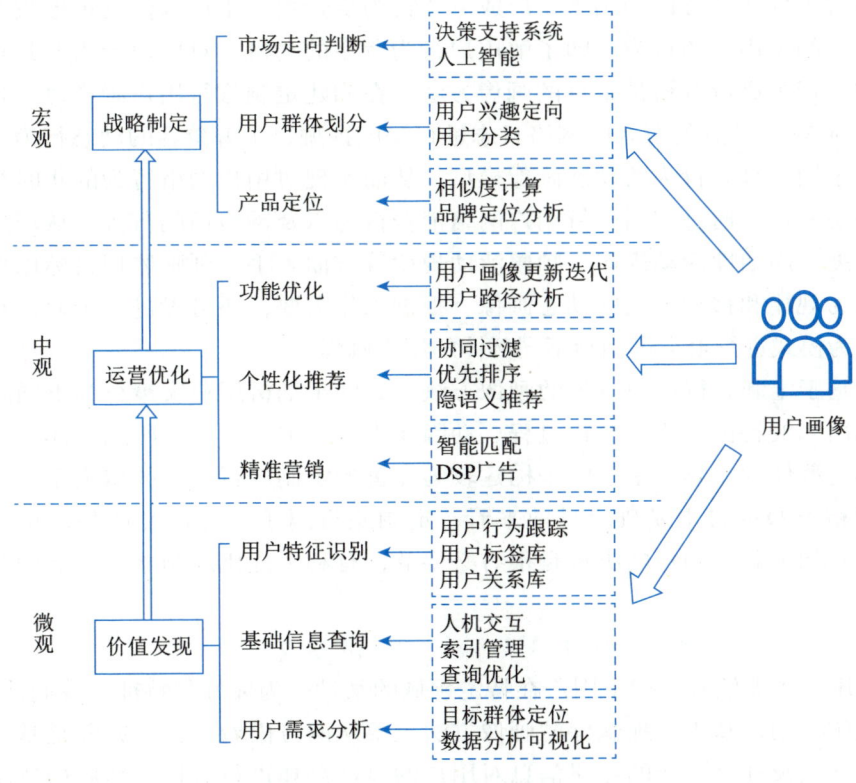

图 1-15 用户画像的应用价值

---

① 宋美琦，陈烨，张瑞.用户画像研究述评［J］.情报科学，2019，37（4）：171-177.

 任务二 构建定制旅行用户画像

一、构建用户画像的主要方法

（一）基于定制旅行用户行为的画像方法

阿兰·库珀（Alan Cooper）认为，用户画像的核心是观察用户，把观察到的行为独特的方面列出来，形成一个行为变量集。用户画像真正形成差异化核心的是用户的行为，即了解用户行为背后的动机。对用户行为尤其是网络用户行为进行分析是常见的画像方法。在构建定制旅行用户画像时，我们可以对 Web 站点的游客的网络日志进行深度挖掘，了解游客的动态行为，构建基于用户日志行为的动态画像模型，从而实现对用户网络行为的实时跟踪与动态验证。通过定制旅行用户网络消费行为以及网络访问行为，从用户移动速度、周期性活动规律、频繁活动规律等方面入手，刻画体现目标用户日常行为规律和移动情况的动态画像。根据工作需要，还可以进一步通过对用户行为模式进行聚类来刻画不同群体的用户画像。

基于定制旅行用户行为的画像方法，有助于剖析用户决策行为不同阶段表现出来的特征行为、变化过程、动因要素等，进一步明确所属群体以及区别其他群体的差异，基于此来构建较为完善的定制旅行用户画像模型，为个性化精准服务打下基础。目前来看，定制旅行属于高考量度产品，从用户行为画像来获知用户的决策是很有必要的，有利于优化定制旅行产品的营销设计。

（二）基于定制旅行用户兴趣偏好的画像方法

用户兴趣偏好体现了用户在特定领域的某种行为偏好与特征。我们认为，定制旅行用户基于兴趣偏好的画像方法主要从两方面着手：一方面是基于用户在网站及社交平台的注册信息对用户的显性兴趣进行分析，然后构建用户画像；另一方面，也可以采用隐性方式对用户兴趣进行搜集与推理，由此建立基于用户潜在兴趣的画像模型。需要指出的是，随着时间的推移，用户对某一资源的兴趣以及关注程度都会发生变化，产生用户兴趣漂移的情况。此外，情境要素对用户的兴趣也会产生较大的影响，在建立画像模型时应考虑用户的即时情境兴趣，不过目前这方面的实践应用相对较少。我们认为，随着定制旅行的不断发展，对人群的定位更为细分，保障服务更为精准，在做用户画像时可以进一步考虑时间以及周边情境等影响因素，如用户所处的地理位置、时间要素、天气状况、社交关系等。通过这些较全面的信息搜集，从而构建与用户情境最为契合的画像模型，精准反映用户兴趣迁移的时间变化、情境敏感等特点，为定制旅行营销打下基础。

（三）基于定制旅行用户人格特征的画像方法

有研究结果发现，人格是网络使用行为的一个决定性因素，即网络用户的行为表现能够反映出网络用户的人格特征。用户人格因素对用户行为具有较为显著的正向影响，对更为全面地刻画用户画像具有一定的帮助。有国外学者基于用户情绪进一步研究推特（Twitter）用户的行为特征，并提出通过用户行为特征来预测用户的人格。还有研究者对用户个人情绪状态进行分析，发现用户间的情绪状态具有相似之处，且会随着时间的推移而变化，进而基于情绪来完善用户画像。我国目前对用户人格特征的画像方法关注与应用都比较少，我们相信随着定制旅行向更深方向发展，对于用户人格特征的画像也会日趋完善，我们可以作为继续学习探索的方向。

二、构建用户画像的基本流程

通过相关研究梳理以及业界实务信息收集，用户画像的构建流程主要包括明确画像目的、用户数据采集、数据标签化、画像表示等步骤。

（一）明确画像目的

确认用户画像目的是非常基础也是关键的一步，要了解构建用户画像期望达到什么样的运营或营销效果，从而在标签体系构建时对数据深度、广度及时效性方面做出规划，确保底层设计科学、合理。

对于定制旅行来说，用户画像目的首先是为了更加精准营销。定制旅行将为客户提供客户所需、所能承受的个性化旅游产品。目前而言，选择定制旅行的一般都是中高端的客户——具备一定的旅游经验，有较高的旅行支付能力，这类客户不需要常规的团队线路，而是对旅游有特殊要求。通过用户画像，了解客户是个人客户还是公司客户，亲子旅游还是观光旅游，会议旅游还是研学旅游等，根据不同的画像，实现更加精准营销。其次是为了提升定制旅行质量。明确用户画像，在定制过程中充分了解客户需求，在旅行定制中凸显客户的个性需求，满足不同群体的特殊要求。比如，亲子旅游，既要满足老人的需求，又要考虑照顾小孩的需求。定制旅行需要精细化设计，挖掘旅游的特色，提升整体的定制旅行质量，满足特殊群体的需求。最后是为了促成产品交易。明确用户画像，划分客户群体，明确客户的消费能力、出行时间、出行人数、出行天数、出行预算、出行偏好，所定制的旅行能够满足客户的个性化需求，消费在客户所能接受的范围内，更容易促进交易成功，提升定制师的营销能力，满足客户的定制旅行需求。

（二）用户数据采集

一般来说，画像数据采集主要通过社会调查、网络数据采集和平台数据库采集三种方法来获取用户数据。①通过以访谈、观察、调研为代表的社会调查方法收集数据。②使用网络数据采集方法获取用户公开数据。例如，通过网络爬虫获取用户的微博文本、用户信息等数据。③直接从平台数据库中采集用户数据。需要注意的是，平台采集到的数据，还可能存在非目标用户、无效数据及虚假数据，因此需要对收集的数据做分析，让用户信息形成标签化。

在采集数据时，需要从静态、动态数据等多种维度进行考虑（见图1-16），比如行业数据、全用户总体数据、用户属性数据、用户行为数据、用户成长数据、用户偏好数据、用户交易数据等，并通过行业调研、用户访谈、用户信息填写及问卷、平台前台后台数据收集等方式获得。

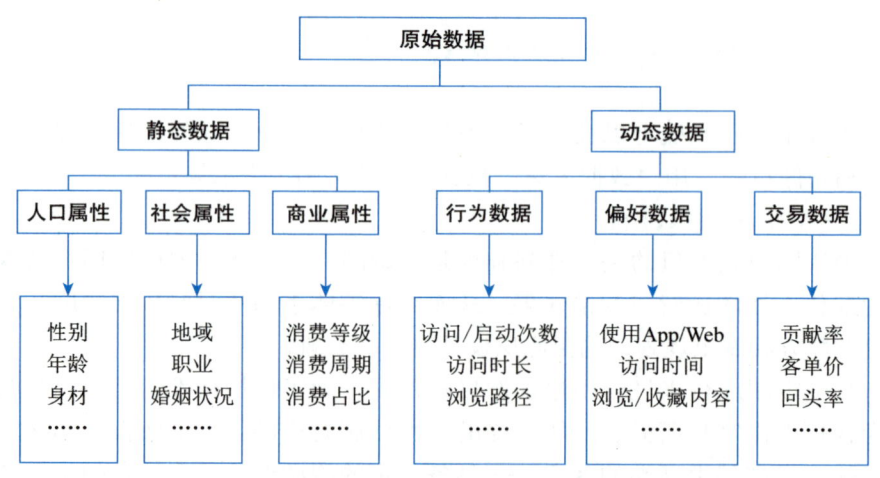

图1-16　数据采集的多种维度

对于定制旅行而言，用户画像数据采集常用的方法都是适用的，一般主要考虑以下几个途径。一是平台收集。目前是平台营销的时代，比如携程、马蜂窝等平台已经将定制旅行做到非常成熟的阶段，已经积累丰富的定制旅行客户资源，对这些客户资源进行分析，绘制客户画像，比如亲子游的客户（主要指做决定的客户）年龄范围、职业、城市、收入、偏好等。二是供应商访谈。携程、马蜂窝等提供平台，但实际抢单操作，占绝大多数的是各大供应商，这些供应商往往做特定目的地的旅游，所以对旅游目的地的景点、价格、酒店、用车等方面都具有优势，对他们进行数据调查和访谈，制作模型更能够获取客户画像。三是客户访谈。对选择及参加过定制游的游客进行访谈，了解这些客户对定制游的看法以及自己的亲身经历，通过数据收集、整理，制作客户画像，能够为未来更加精准地提供个性化服务打下良好的基础。

知识链接 1-5

该采访哪个买家？

几乎所有的高考量购买决定——无论是企业与企业之间（B2B）还是企业与消费者之间（B2C）——其结果都会牵涉到好几个人，你需要决定对他们当中的哪一位进行访谈。一个比较好的可以帮你做选择的方式是：想想这些买家中哪一位在"干实事"——对各种方案进行评估，然后推荐给其他参与做决定的人。这个人对被评估的解决方案、某一方案最终为何会超越其他所有方案胜出具有更深刻的洞察。高考量 B2B 解决方案的营销人员往往会采用销售部门的术语，他们的买家形象与"决策者"——通常就是控制预算的那个人——等同起来。销售人员若想达成交易，必须从此人这里获得最终许可，因此他们想锁定此人——我们把他称为经济买家。

资料来源：（美）阿黛尔·里弗拉.用户画像大数据时代的买家思维营销[M].高宏，译.北京：机械工业出版社，2019：62.

（三）数据标签化

数据标签化就是通过一定的数据挖掘方法抽取用户特征，提炼与整合数据，得到用户标签的过程。一般可以从用户特征、业务场景和用户行为三个方面构建一个标签化的用户模型（见图 1-17）。用户画像标签一般分为统计类标签、规则类标签和学习挖掘类标签。统计类标签是最为基础也最为常见的标签类型。例如，对于某个用户来说，其姓名、性别、年龄、城市、活跃时长等，这类数据可以从用户注册数据、用户消费数据中得出，该类数据构成了用户画像的基础。规则类标签是基于用户的行为以及规则的标签。在实际开发画像的过程中，由于运营人员对业务更为熟悉，而数据人员对数据的结构、分布、特征更为熟悉，这类标签由运营人员和数据人员共同协商确定。学习挖掘类标签则是通过机器学习挖掘产生，根据用户的行为和规则进行预

测和判断。比如,某个用户购买亲子定制旅行产品,我们可以通过这个行为来推出该用户是有孩子的家庭并且对旅游的期待较高等,我们可以根据一个用户的消费习惯判断其对某商品的偏好程度。

标签的选择直接影响最终画像的丰富度与准确度,因而数据标签化时需要与产品自身的功能与特点相结合。如电商类APP需要对价格敏感度相关标签细化,而资讯类则需要尽可能多视角地用标签去描述内容的特征。对于定制旅行来说,针对不同浏览记录的客户推送精准的旅游景点、旅游项目。比如,某客户搜索亲子旅游,下次该客户打开APP的时候继续推送各类亲子项目、亲子酒店、亲子餐厅、亲子景点等。比如,某客户搜索了马尔代夫,电商APP可以为客户推送更多马尔代夫游玩攻略,或者类似的可以平替的海岛旅游项目。

人口统计	地理位置	设备属性	社会属性	兴趣偏好	消费属性
性别 年龄段 生日 籍贯	国家 省份 城市 常驻地 出差地	设备品牌 语言 机型 价位段 SIM卡运营商 操作系统	婚姻状况 人生阶段 家庭性质 职业属性 基本收入 房产车产	金融理财 社交聊天 新闻阅读 影音娱乐 摄影摄像 旅行出游 运动健康 购物消费 学习教育	消费水平 消费频率 品牌偏好 商业兴趣

图1-17 画像标签体系

案例1-4

中高考量度的产品如何构建用户画像

定制旅行产品是属于中高考量度的产品,最好的方式是通过定性访谈来确定用户的决策动机,而具体的访谈问题可以从如下五个角度来进行设计。

①优先动力,是什么样的起因让用户需要一款产品;
②成功因素,用户希望使用产品之后得到什么结果;
③可知障碍,用户不选择你的产品的原因是什么;
④买家历程,用户从想法到结果之间经历了怎样的决策历程;
⑤决策标准,用户选择产品时最看重的是哪个因素。

我们希望得到亲子研学定制产品的用户画像，用户描述如下：

我们每年暑假都会带孩子去国外或者国内旅行度假，随着小孩进入小学高年级，我们希望旅行中能更好地磨炼意志，学习知识，学会感恩。目前市面上很多研学产品、亲子产品等，总感觉人数较多、线路相对大众、沉浸式体验不够，而且收费还不低。我们希望亲子旅行就是两三家人，能深入到某个富有特色的民族地区或者乡村，可以让孩子们一起参与活动设计与安排，走访调研当地民情风俗，甚至让孩子们可以跟当地的孩子一起沟通交流等。整个旅程在安全保障的前提下，孩子们可以尽情地参与当地的活动，深入体验当地孩子的学习与生活，感受当地的自然人文之美，从而学会感恩与珍惜，在行走中成长。比如去广西、云南、湖北、湖南等少数民族乡村都可以，费用不是问题，时间十天半月都行，重要的就是让孩子们的旅行有收获，而不是游玩了就结束了。

亲子研学用户画像的构建

通过这段访谈，我们可以提炼出一些关键的描述。例如，用户的优先动力是让孩子们在旅行中的沉浸体验，获得成长，学会感恩等；可知的障碍是目前的大多数旅行产品都收费较高、大众化、体验度不够等；而决策的标准是在富有民族特色的地方感受自然人文，沉浸式体验当地生活，旅游有价值、让孩子有成长等。

我们对号入座地把用户说的话和五个问题一一对应起来，用概述性语言来总结用户的描述，这样就形成以下一份用户画像：

表1-6 亲子研学用户画像

维　度	要点提炼
优先动力	让孩子们在旅行中有沉浸式体验，获得成长，学会感恩等
成功因素	安排周到、安全保障、沉浸体验、旅有所获等
可知障碍	目前的大多数旅行产品都收费较高、大众化、体验度不够等
买家历程	对比现行研学产品及亲子产品，考察其需求的满足度，提出主要需求，权衡定制旅行产品的契合度等
决策标准	出行安全、目的地有特色且小众、能让孩子沉浸式深入当地体验、费用与时间能符合预期等

定制旅行产品设计就可以围绕这份用户画像来进行。从该画像中可以确定，该用户目标人群为有小学高年级或者初中孩子的家庭，家庭收入不错、家长教育理念先进。行程时长7~10天，全程专车专导，9~12人，目的地选

择云南、广西、湖北、湖南等少数民族村寨，确保交通安全、便捷，住宿有特色，强调游程的沉浸式。可以设计亲子研学途中的问卷调研、与当地家庭结对子、邀请当地孩子参与沙龙分享以及沉浸式体验民俗活动或乡村野趣等。

【案例分析】

该案例将定制旅行产品明确为中高考量度产品，根据访谈的五个角度获知的信息，分别从优先动力、成功因素、可知障碍、买家历程和决策标准五个维度解读了客户需求。通过用列表式对用户需求的梳理，总结出亲子研学定制游的实施思路。这种用户访谈式的画像方法比较容易抽取信息，操作较为便捷，在工作中可以多尝试。

（四）画像表示

画像表示是以各种直观、明了的可视化图形将构建的用户画像呈现出来的一个过程。表示方法多种多样。例如，将用户标签构成一个标签云，标签占比大小代表用户特征显著性水平；或者通过人物图片结合用户标签的形式表示用户画像；或者借助各种统计图形如直方图、雷达图的形式等来表示用户画像。

一般来说，我们常见的画像表示以定性较多，在用户画像中，表现为对产品、行为、用户个体的性质和特征做出概括，形成对应的产品标签、行为标签、用户标签。定量的方法一般会用在更为复杂的画像表示中，它是在定性的基础上给每一个标签打上特定的权重，最后通过数学公式计算得出总的标签权重，从而形成完整的用户模型。随着定制旅行不断向前发展，定性与定量相结合的定制用户画像表示将来一定会有更加恰当的呈现形式，我们在工作中应该积极总结与学习。

实训项目

（1）请小组自定主题，结合目前市场消费者消费决策时的案例，模拟消费者购物场景，换位思考，对消费心理、消费行为的每个步骤进行总结分析。

（2）对于旅游用户画像的描述，根据不同产品需要梳理画像要素，比如亲子研学定制游、新婚蜜月定制游、探险猎奇定制游等。请各组进行头脑风暴，梳理出不同定制产品的用户画像要素。

（3）请选择某一定制旅行产品，根据信息数据的需求，针对其设计一个用户访谈问题提纲，不少于20个问题。

（4）阅读该链接（https://baijiahao.baidu.com/s?id=1637655905074649664&wfr=spider&for=pc），尝试完成一个定制旅行用户画像。

思考与练习

（1）用户属性分析应该从哪些方面展开？

（2）做用户定位时，需要用到哪些比较常见的统计方法？请尝试设计一个主题并进行统计分析。

（3）试分析消费心理与消费行为的过程。

（4）用户画像的要素有哪些？

（5）请举例说明用户画像能带来哪些价值。

专业词汇

（1）需要：指个体由于缺乏某种生理或心理因素而产生内心紧张，从而与周围环境形成的某种不平衡状态。

（2）用户画像：该概念由交互设计之父阿兰·库珀（Alan Cooper）提出。用户画像是真实用户的虚拟代表，是建立在一系列真实数据（Marketing Data，Usability Data）之上的目标用户模型。用户画像是一种描述用户的工具，刻画出用户个体或者用户群体全方位的特征，为运营分析人员提供用户的偏好、行为等信息进而优化运营策略，为产品提供准确的用户角色信息以便进行针对性的产品设计。

模块二
定制旅行营销传播媒体

模块导读

"互联网+"时代环境促使旅游营销的模式不断发展变化。本模块主要介绍定制旅行传统媒体，即纸质媒体、电子媒体等，并阐述传统媒体的具体应用。随后，帮助大家了解和熟悉微信营销、直播营销、短视频营销、微博营销、小程序营销五大新媒体营销的基本情况，并在此基础上探讨如何利用这五种新媒体开展定制旅行的营销活动。

思维导图

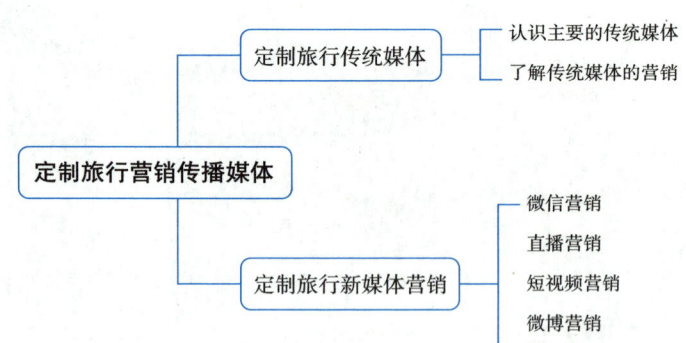

 学习目标

（1）职业知识：了解定制旅行营销传播媒体，掌握定制旅行营销传播的媒体类型和营销内容等理论与实务知识；认识微信营销、直播营销、短视频营销、微博营销、小程序营销等营销模式的含义与特点，学会定制旅行营销传播的主要策略。

（2）职业能力：运用本模块知识研究相关案例，培养定制旅行营销传播观念；通过搜集、整理与综合定制旅行营销传播前沿知识，撰写、讨论与交流定制旅行营销传播的具体方法和技巧，帮助学生提高定制旅行营销与运营能力。

（3）职业道德：结合本模块教学内容，依照行业规范或标准，根据相关案例分析定制旅行营销传播过程中企业或其从业人员行为的善恶，强化企业和员工的伦理道德素养。

 案例导入

重庆洪崖洞：网红景点营销

2018年五一假期，重庆洪崖洞景区在网络上爆红，成为仅次于故宫的第二大旅游热门景点，年轻人争先恐后来到这个网红景点，并在社交平台上晒出精心拍摄的图片或视频。

随着一款名叫"抖音"的APP在网络上风行，再加上"90后""00后"的传播，使得洪崖洞夜景与顶级IP《千与千寻》产生联系，并以新的IP形象"千与千寻"奇幻之镇出现，成了网上热炒的东西。重庆一个叫"洪崖洞"的巴渝特色传统建筑群被这阵风吹到了"国内最热门景点"的浪尖，打开"抖音"APP，展示"洪崖洞"美丽夜景的内容数不胜数。璀璨的灯光，独特的造型，似乎不太需要高超的拍摄技巧，就能"抖"出一段打败全国大多数用户的完美视频。"洪崖洞"这个网红，似乎理所应当。

洪崖洞完美利用了新媒体实时分享互动优势并获得了高效传播。当游客在洪崖洞拍摄完好看的照片、视频，立即就能在APP平台上分享，并且凭借像风一样的传播速度，迅速裂变、极速传播。洪崖洞为了打造网红景区，没少在网络上下功夫，在任何一个平台都能看到它的影子。还有很多网红会去现场打卡，让洪崖洞更广为人知。这一切都源于海量推送的辅助，以洗脑的方式提升人们对洪崖洞的印象。当然，其他旅游营销也可以尝试这一点，借助多平台投放的方式来提升曝光，从而扩大宣传；运用海量媒体造势，提升景区影响力，从而吸引更多关注。

从这个案例我们看出，不只是重庆洪崖洞，越来越多依托新媒体平台进阶的网红景点风头背后，正是短新媒体营销大爆发的新风口。新媒体之所以能够让国内很多旅游城市和目的地景区在平台上一呼百应，关键还在于营销内容对用户强大的集聚力。无论是用户基数还是用户黏性，新媒体平台都具有很大的流量优势。此外，新媒体如此受用户欢迎，还与其深度挖掘用户关系、精准的平台定位、紧跟流行文化趋势等因素密切相关。在模块二的学习中，我们将详细介绍定制旅行营销的传播媒体，包括传统媒体与新媒体。

项目一　定制旅行传统媒体

任务一　认识主要的传统媒体

纸质媒体的历史

传统媒体可以细分为两类，即纸质媒体和电子媒体。前者主要包括报纸和杂志，后者包括广播和电视。文字的发明，造纸术的诞生，印刷术的出现和推广都是纸质媒体发展起来的物质基础，也是人类传播史上的一次次革命性变革。

纸质媒体也是大众传播媒介的一种，主要有报纸和杂志。报纸是世界上第一个出现的大众传播媒介，从诞生到今天已经走过了漫长的历史。世界上最古老的报纸出现在公元前60年的古罗马，我国最早的报纸是汉代的邸报。现代报纸是指以刊载新闻、评论、副刊以及广告为主的、面向大众的定期并连续发行的纸质媒体。报纸在报道和评述新闻时事、娱乐与生活服务等方面有着自身的独特优势。一是报纸的容量大，报道的深广性好；报纸阅读灵活，选择性强。二是存储方便，费用低廉；报纸的公信力强。杂志也指期刊，是一种连续性的定期出版物，内容不重复，有不同的作者和文章，融合了一次信息、二次信息和部分三次信息，成为人们进行知识交流的重要载体。

广播诞生于20世纪20年代，给信息传播领域带来了技术性的变革，是信息革命的先锋，是电子媒介的开端。广播在传播速度上要快于报纸，而且人们收听广播信息不受文化水平的限制，对象更为广泛。播音员的声音和广播电台对信息的处理使广播更具有感染力和吸引力。在20世纪的战争年代，广播展现了它的魅力所在，发挥了不可替代的作用。

电视于1925年由英国工程师约翰·洛吉·贝尔德发明。它的悄然兴起给广播带来了打击。毫无疑问，电视集报纸和广播的优势于一身，既有声音的听觉享受，又有画面感十足的视觉冲击。电视的崛起替代了广播在受众中的地位。随着科技的发展和进步，有线电视、无线电视和数字电视相继诞生，电视媒体也在一步步地走向革新。

一、认识主要的纸质媒体

广泛而言，只要用纸这一媒介物为载体传播信息的媒体都可以称为纸质媒体。我们在了解纸质媒体时，重点关注报纸、杂志和图书这三类。

（一）报纸

根据不同分类方式，报纸可以分为不同类型。按照出版时间分，有日报、晚报、周报等；按发行范围分，有全国性报纸和地方性报纸；按照报纸传播的风格分，可以分为严肃报纸和通俗报纸；按照报纸内容分，可以分为政治类、经济类、文化类、社会类、生活类、体育类、娱乐类、法制类、军事类、教育类等；以报纸内容的涵盖面来分，可以分为综合性报纸和专业性报纸；以办报方针和从属关系分，可以分为党报和非党报或者机关报和非机关报；按所使用文字分，有中文报纸、外文报纸，汉文报纸和少数民族文字报纸。

报纸的优势体现在以下几个方面：出版周期短，时效性较好；方便携带，方便阅读；信息容量大，方便选择；传播理性思维成果方面具有独特的优势。报纸在理论文化信息传播方面有天然的亲和力，理论文化信息通过印刷能够高保真地传输出去，而且还能长时间地储存，方便人们反复阅读。有的学者把报纸的这种优势总结为系统详述功能、从容阅读功能和保存复习功能。这些功能对于理性思维成果的传播和接受都是极其重要的。报纸也存在着一定的局限：难以做到声形并茂，感染力略逊一筹；和读者互动性不够强；内容庞杂，容易分散读者的注意力；很难检索和查找；难于长久保存等。

（二）杂志

杂志是一种定期或非定期出版的连续出版物，是按一定的方针编辑、刊登众多作者多样内容的文章，并以固定刊名、相对固定的形式顺序编号、成册出版的媒介形态。杂志一词英语为 magazine，来源于古法语 magazin，意大利语 magazzino，阿拉伯语 makhazin。原本是"储藏屋、仓库"的意思，后衍生为"知识的仓库"。《简明出版百科词典》对杂志的定义是："依照一定的编辑方针组稿，一般以一周以上的间隔定期发行，原则上为平订册子形态的出版物。因其具有定期性，所以不同于小册子和书籍；又因不以时事报道为主，而是以解说、评论、教养、娱乐为主，再加上装订方式上的特点，所以有别于报纸。"

杂志按照刊期划分可以分为三日刊、周刊、旬刊、半月刊、双周刊、月刊、双月刊、季刊、半年刊、年刊等；按照发行范围可分为国际性杂志、全国性杂志和地区性杂志；按照刊登内容的性质可分为时政类、经济类、社会科学类、自然科学类、文学类、文化类、生活类等；按照学术性分为学术与非学术杂志；按照刊登信息的真实性分为虚构与非虚构杂志；按照信息的原创程度分为原创类和文摘类；按照内容涉及的范围分为综合性和专门性杂志；按照内容层次分为严肃杂志和通俗杂志；按照读者的性别分为男性杂志、女性杂志和同性杂志；按照读者的年龄层次可分为老年、中年、青年、少儿杂志；按照读者对象职业划分，有面向农民、工人、从政者、商人、专业技术人员、军人等读者的杂志；按主办单位的性质可分为机关刊物和非机关刊物。

（三）图书

图书作为一种传统媒体，具有自身独特的特点：内容全面系统，信息容量大，表达深入；信息表现的主要方式是深邃、抽象的文字，辅之以一定数量的图片；保存性较高，历时性较长，可以收藏、借阅或者查阅；合法图书经过规定部门审查出版，有明确的书号；和杂志一样主要采用印刷手段，也有非传统印刷手段；装订成册，印刷较好。

图书分类较为复杂，我国古代的图书分类法有两种。一种是由西汉时期刘歆所创，他所撰的《七略》包括辑略（总论）、六艺略、诸子略、诗赋略、兵书略、术数略和方技略。辑略（总论）为序，不作为图书分类，其余六略为六大类，基本上按图书的内容性质来区分，每类下再细分，共分38小类。另一种是晋朝荀勖等人所创的"四分法"，即以"经、史、子、集"为纲的分类法。"经"历来被推崇为典范的著作或宗教的典籍，亦即记载一事一议的专书。"史"是记载过去事迹的书。"子"是指先秦百家的著作。"集"则是收录历代作家一人或多人的散文、骈文、诗、词、散曲等的集子和文学评论、戏曲等著作。现在通常根据图书内容将图书进行分类，以便于收藏、流通和管理。《中国图书馆分类法》将图书分5部、22大类，每个大类下面又分若干小类。这22大类的基本序列是：A，马克思主义、列宁主义、毛泽东思想、邓小平理论；B，哲学、宗教；C，社会科学总论；D，政治、法律；E，军事；F，经济；G，文化、科学、教育、体育；H，语言、文字；I，文学；J，艺术；K，历史、地理；N，自然科学总论；O，数理科学和化学；P，天文学、地球科学；Q，生物科学；R，医药、卫生；S，农业科学；T，工业技术；U，交通运输；V，航空、航天；X，环境科学、安全科学；Z，综合类。根据图书销量来分类，可分为畅销书、长销书和滞销书；根据装帧形式，可分为精装本和平装本；其他的分类方式与杂志比较类似。

纸质媒体的特点

二、认识主要的电子媒体

广义上讲，凡是以电波为载体，以电子设备为媒介物的信息传播媒体都可以称为电子媒体，包括广播、电视、电影、互联网络、移动通信等。我们通常说的传统电子媒体主要是指广播、电视和电影。这里重点关注这三类。

电子媒体的历史

（一）广播

《辞海》对"广播"的定义为："通过无线电波或导线传送声音、图像节目的大众传媒。"按传输方式，可分为无线广播和有线广播两大类。只播送声音的，称为"声音广播"，简称为"广播"；播送图像和声音的，称为"电视广播"，简称"电视"。通常，我们所说的广播，是狭义的声音广播。

广播作为传统的电子媒介，有着鲜明的特征：时效性很强，传播速度快；声音传播转瞬即逝，保留性弱；收听限制少，覆盖范围广泛，超越地界或国界，具有较大的影响力；主要使用声音符号传播信息，语言表现力强，受众也较少受到文化水平限制；信息容量大、内容丰富，可供听众自由选择、各取所需；收听随意性和伴随性大，收听方式灵活自由，不受环境限制；传播对象广泛，从学龄前儿童到古稀老人，都是广播的听众；听众可以通过写信、电话、手机短信、网络等多种方式参与；线性方式顺时连续传播，受众选择性较低。可见，广播传媒也是优势与劣势并存，广播传媒的扬长避短发展也是广播从业者的专业追求。进入 21 世纪以来，广播又进入了一个飞速发展的时代，呈现出窄播化、个性化、分众化、专业化、类型化、全球化、数字化、多媒体化等一系列新的特点。传统的广播与最新的因特网越来越紧密地结合在一起，为广播事业的迅猛发展提供前所未有的历史机遇，广播由单一的传媒形态逐步演变成一个交互传播的多传媒形态。

广播以传输方式分，可分为有线广播和无线广播；以经营形态分，可以分为公共广播和商业广播；按照管理体制来分，可分为国有广播和私有广播；按照广播定位来分，可分为新闻类广播、教育类广播、经济类广播、交通类广播、音乐类广播、生活类广播等；按照主要覆盖的范围分，可分为全国性广播、区域性广播和地方性广播等。

（二）电视

电视是一种已经深入人们生活方方面面的大众传播媒介，看电视是人们生活中不可缺少的娱乐、休闲活动，它极大地影响着人们的生产、生活。与报纸、杂志、图书、广播、互联网等其他传播媒介相比，电视有突出的特点：

传递信息极为迅速，时效性很强；覆盖范围广泛，超越空间的力量强；以声音和图像的形式来传递信息，视听兼备，图声并茂；传播真实、直观，对受众的感染力和冲击力更强；对受众的文化要求不高，观众喜闻乐见，易于接受。正是具有这些特点，电视的影响力是其他传统媒介较难比拟的。

电视虽然问世时间不长，却使人们获得信息和享受娱乐的方式发生了根本性变化。尽管它现在受到网络、手机或者其他数字终端媒介的挑战，但目前影响力难以撼动。电视媒体集信息传播服务和娱乐于一身，生动、直观、活泼，在各类传媒中具有明显的优势。我国已经建成了天上卫星、地上微波、地下电缆以及有线和无线结合的广电网络，覆盖了我国绝大多数地域。电子媒体技术进步的速度也令人讶异。雪莉·贝尔吉认为，电视最新、最重要的进步表现在高清晰度电视、直接广播卫星、网络电视等方面。

（三）电影

电影作为一种特殊的传媒，具有以下重要的特征：视听融合，形象直观；是多种艺术的综合与多种审美表现手段的融合，感染力极强；依赖科技，并与科技发展同步，包括摄影机、录音机、胶片、放映机等器材的发展，电力、机械、感光学、光学、化学、电子、数字技术等技术的发展；影像的创造由制片、编剧、导演、表演、摄影、录音、美工、服装、化妆、道具、剪辑、后期制作、洗印、拷贝、发行、企划、宣传等人员专业分工协作完成；数字技术丰富了电影艺术的表现手段，不过也使得技术崇拜以及过度的感官刺激降低了电影的表现力；传播渠道出现多元化，除了电影院的传统观影习惯，电视、电脑、网络、手机等载体提供了更多选择。

经过持续多年的发展，我国已经步入全球电影生产大国行列。电影的类型类别增多，多元化趋向明显。电影观众的需求多样化带动了电影类型多样化的生产。由于投融资渠道的多元化，直接促使电影创作者选择更为保险的电影类型进行创作。如原先贺岁档电影的选择不多，如今常有15部左右供观众选择，能满足市场多样化需求。电影制作得到提高，中国元素也开始得到重视。《流浪地球》《一代宗师》《红海行动》《叶问》等都是讲中国的故事。国产大片《流浪地球》上映后，不仅在国内取得了优异的票房与口碑，更刷新了近年来中国电影在北美的票房纪录，为中国电影国际传播提供了新范例。这些国产大片彰显了中国电影在文化的国际传播过程中日趋重要的地位与影响。更重要的是，海外观众可以借助中国电影国际传播的历史性机遇刷新对中国文化的认知。

电子媒体的特点

案例 2-1

纸质报纸是否会消亡？

2013 年，英国《卫报》称将缩减印刷版业务，美国《新闻周刊》宣布 2013 年起停止出版印刷版、推出数字版。

"如果你们停掉这个以油墨与纸浆为载体、承载着历史的印刷版报纸，那将是一场国家灾难。你不可能用'在线'的方式还原新闻纸上的内容，互联网上充斥着色情与废话，我们需要在书报亭里看到智慧，我们需要在地铁里拿着报纸沉思。"

在得知英国有近 60 年历史的老牌媒体《卫报》将缩减印刷版业务后，伦敦市长鲍里斯·约翰逊专门撰文，捍卫传统媒体的存在价值。在美国《新闻周刊》宣布从 2013 年 1 月起停止发行纸质印刷版、转而改为数字版，再次引发有关"传统纸质媒体是否会消亡"讨论之际，鲍里斯·约翰逊的这段话，尤其耐人寻味。

随着读者越来越习惯于在智能手机、平板电脑和电脑上阅读报纸，印刷版报纸显然是一种即将灭亡的形式。据媒体报道，2020 年 8 月离任的《纽约时报》首席执行官马克·汤普森（Mark Thompson）预计，纸质报纸将在 20 年后消失。汤普森在接受采访时说："我相信《纽约时报》肯定还会再印制 10 年，甚至可能再印 15 年。如果在未来 20 年的时间里还在印刷，我会感到非常惊讶。"汤普森称，目前超过 90 万用户订阅了该报的纸质印刷版。他说，按照目前的订户水平，该报可以每周印刷七天，而无须任何广告就能获利。汤普森说："我对平面广告能否恢复到 2019 年的水平持怀疑态度。数据下降已持续多年，我认为下降可能是不可避免的。"

【案例分析】

纸质报纸以后会消失吗？纸质报纸还有必要存在吗？

纸质报纸具有以下四点优势：第一，能够让人流畅地阅读深度报道，而网络媒体的主体特征是碎片化；第二，适合大多数人已有的阅读习惯，能够更让人细细消化内容；第三，给人更正规、正式的感觉；第四，更容易积累文化和传承文化。

传统媒体与新媒体的异同

 任务二 了解传统媒体的营销

虽然电视、广播和纸质媒体等传统渠道受到了互联网的严重冲击,但是它们在广告业投放总支出中仍然占据着相当大的份额,而且在某些方面仍然具有明显优势。

一、纸质媒体

需要宣传更多详细信息时,纸质广告是最好的选择。一旦目标客户受到广告吸引,他们可以自行决定使用多少时间阅读(甚至重新阅读)广告内容。同样,创意的目的也是为了吸引并维持受众的注意力。纸质广告的成本较低,而且具有很好的细分制作机会。

全国性报纸覆盖面庞大,但是费用高,常常超出小企业的营销预算,所以小企业会更多地选用本地报纸。本地报纸在收费方面常常比较灵活,所以可以与对方协商为企业拿到最优价格。如果长期与某家报纸打交道,通常可以拿到很大折扣和最好的版面位置。除非希望广告出现在特定版面,否则广告位应该尽可能靠前。头版广告位一般收费昂贵,但是其他较为靠前的右侧版面效果也很好(第3、5、7版)。右侧版面之所以位置比较好,是因为人们习惯首先看报纸的右侧。底页也是一个不错的选择,但取决于具体报纸的具体情况。因此,必须对自己要投放广告的报纸有比较深入的了解。如果不了解,最好先买几份报纸研究一下,看看在什么位置投放广告最合适。

另外,还有一点需要注意,本地报纸通常都很重视公共关系素材。如果你的企业是一家活跃的咨询机构,它们会另眼相看。然而,全国性报纸则会严格区分广告与社论内容。

关于报纸广告最后一个需要考虑的问题是,受众平均阅读量正在逐年下降,因为越来越多的人转向了互联网(目前,很多互联网信息是免费的)。这一点对全国性报纸的冲击相当大,但是对本地报纸影响则并不严重。

模块二　定制旅行营销传播媒体

二、广播

广播是一种成本低廉、机会众多的广告投放渠道，可以用于本地和目标客户营销宣传。但是，由于只有声音，而且受众的注意力较低（与电视相比），所以广告创意显得尤为重要。如果没有出色的音响效果、令人感兴趣的幽默内容和引人入胜的巧妙措辞，广告内容会淹没在嘈杂的背景噪声之中。

广播广告存在的另外一个问题是，研究表明，为了确保广告的宣传效果，广告必须进行大量重复性播放。这就是广播广告大多采用捆绑式"插点"（spot）方式销售，众多相似广告一起播出的原因。这会使广播广告成本极高，至少在全国性广播电台播出会有这种问题。如果预算有限，最好在一个或多个地方台以合适的播出频率集中播放，而不是在全国性电台以时间过于分散的方式播出。

广告创意也很重要。业余脚本很难在这种媒体中有所"斩获"。这种广告只会增加企业的成本，不会提高听众的回顾率或反馈率。

近年来，音乐发烧友越来越多，他们大多选择通过手机APP收听音乐，以避免收听收音机中的广告，因此也给这种广告形式带来了不小的打击。在年轻人市场中，这种现象尤为明显。但是，过去广播广告一直是其中的生力军，即使现在在年龄稍大的人群中，收听率依然较高。

三、电视

在很大程度上，电视是一种大众市场选项，它的优势是能够将视觉、听觉和动作结合起来，对观众的感官具有很强的吸引力。迄今为止，电视广告的制作成本和投放成本都很高，所以电视广告仅适用于具有较大预算能力的企业。

随着数字电视和IPTV走进家庭，众多企业业主有能力利用这种广告媒体。这一变化有以下两方面的原因：

（1）成本。虽然分摊到每个观众身上的总费用基本相同，但是有些电视台观众数量较少，允许小型企业以较少投入进行尝试性投放。此外，越来越多的人认为，低投入、高画质的电视广告在某些情况下与广播级优质视频广告的投放效果是一样的。

（2）目标。频道数量的增加使更多节目选择成为可能，这意味着几乎所有小型市场广告需求都能得到满足。如果产品或服务适合其中的一个利基市

场，电视广告也可以以一种经济实惠的方式影响核心观众。

四、电影

电影营销是指企业利用电影如植入式广告、赞助等方式来展开的营销活动。例如，2013年12月24日，电影版《爸爸去哪儿》随着《爸爸去哪儿》节目的全国爆红举行了第一次发布会。电影中，节目原班人马未更换，但其"座驾"则由节目中的英菲尼迪变成了丰田旗下的SUV汉兰达，并将伴随五对亲子明星共演这部年末贺岁戏。SUV汉兰达不但在明星家庭秀亲情的同时陪伴左右，还通过新广告片主题曲旋律、广告牌等多样化的植入，抢足镜头。

 案例2-2

洲际酒店的传播：《洲际传奇》

洲际酒店独辟蹊径，在其他酒店宣传品牌、服务、环境的时候，选择宣传自己的历史；在业界选择新媒体时，洲际酒店回归传统媒体——报纸。报纸的主要功能是报道新闻，洲际酒店用《洲际传奇》来传播历史，并引发了话题效应。与凤凰网携手，实现《洲际传奇》线上和线下的创新运用，讲述其历史和名人的传奇故事，突出"历史文化酒店"的品牌特点，深化品牌价值，与用户建立沟通和联系。

将美洲的政治人物、欧洲的王室婚姻、亚洲的风云事件如珍珠般串起来，以复古风格设计一张报纸，以网上电子报的形式发布，在凤凰网开辟专栏进行投放，配合微纪录片，把受众带入一段"穿越"的历史中。将线上的报纸印刷成纸质报纸，并放置于洲际酒店行政套房内，使《洲际传奇》从线上"穿越"到线下。

专题最终获得PV 29万次，微纪录片点播量70.4万次，品牌总曝光量2530万次，品牌喜好度提升12.1%；目标达成率122.82%——完美达成预期传播目标。

资料来源：谷虹．智慧的品牌　数字营销传播金奖案例2015［M］．北京：电子工业出版社，2016．

【案例分析】

其他酒店以品牌、服务、环境为卖点，洲际酒店则以历史为卖点，吸引高品位、有情怀的消费者。营销业界利用新媒体制作科幻景象，洲际酒店选择利用报纸回归历史，同时利用报纸传播历史。报纸在人们印象中是用来报道新闻的，但《洲际传奇》却是用来传播历史的，种种反差带给它独特的味道，给人眼前一亮的感觉。

项目二　定制旅行新媒体营销

　　任务一　微信营销　　

一、了解微信及其使用情况

（一）微信简介

微信（WeChat）是腾讯公司于 2011 年 1 月 21 日推出的一个为智能终端提供即时通信服务的免费应用程序。微信支持跨通信运营商、跨操作系统平台通过网络快速发送语音短信、视频、图片和文字，同时，也可以使用通过共享流媒体内容的资料和基于位置的社交插件"摇一摇""漂流瓶""朋友圈""公众平台""视频号"等服务插件。微信平台的价值主要体现在作为社交平台的价值、作为媒体的价值、作为营销及服务平台的价值、作为移动互联网入口的价值以及作为互联网连接器的价值。

知识链接 2-1

微信的发展历程

微信由深圳腾讯控股有限公司（Tencent Holdings Limited）于 2010 年 10 月筹划启动，由腾讯广州研发中心产品团队打造。该中心经理张小龙所带领的团队曾成功开发过 Foxmail、QQ 邮箱等互联网项目。腾讯公司总裁马化腾在产品策划的邮件中确定了这款产品的名称叫作"微信"。微信支持通讯录的读取、与腾讯微博私信的互通以及多人会话功能。截至 2011 年 4 月底，腾讯微信获得了四五百万注册用户。2011 年 5 月 10 日，微信发布了 2.0 版本。该

版本新增了Talkbox那样的语音对讲功能，使得微信的用户群第一次有了显著增长。2011年8月，微信添加了"查看附近的人"的陌生人交友功能，用户达到1500万人次。到2011年底，微信用户已超过5000万人次。2011年10月1日，微信发布3.0版本。该版本加入了"摇一摇"和漂流瓶功能，增加了对繁体中文语言界面的支持，并增加了中国港、澳、台地区和美国、日本的用户绑定手机号。2012年4月19日，微信发布4.0版本。这一版本增加了类似Path和Instagram一样的相册功能，并且可以把相册分享到朋友圈。2012年4月，腾讯公司开始做出将微信推向国际市场的尝试。为了微信的欧美化，将其4.0英文版更名为"WeChat"，之后推出多种语言支持。2012年7月19日，微信4.2版本增加了视频聊天插件，并发布网页版微信界面。2012年9月5日，微信4.3版本增加了摇一摇传图功能，该功能可以方便地把图片从电脑传送到手机上。这一版本还新增了语音搜索功能，并且支持解绑手机号码和QQ号，进一步增强了用户对个人信息的把控。2012年9月17日，腾讯微信团队发布消息称，微信注册用户已破2亿人次。2013年1月15日深夜，腾讯微信团队在微博上宣布微信用户数突破3亿人次，成为全球下载量和用户量最多的通信软件，影响力遍及中国、东南亚国家和部分西方国家。2013年2月5日，微信发布4.5版。这一版本支持实时对讲和多人实时语音聊天，并进一步丰富了"摇一摇"和二维码的功能，支持对聊天记录进行搜索、保存和迁移。同时，微信4.5还加入语音提醒和根据对方发来的位置进行导航的功能。2013年8月5日，微信5.0 for iOS上线，添加了表情商店和游戏中心，"扫一扫"功能全新升级，可以扫街景、扫条码、扫二维码、扫单词翻译、扫封面。同年8月9日，微信5.0for Android上线。2013年12月31日，微信5.0for Windows Phone上线，添加了表情商店、绑定银行卡、收藏功能、绑定邮箱、分享信息到朋友圈等功能。2014年1月4日，微信在产品内添加由"滴滴打车"提供的打车功能。2014年1月28日，微信升级为5.2版本，Android版界面全新改版。2014年3月，开放微信支付功能。2014年3月24日，电脑管家牵手微信上线聊天记录备份功能。2015年1月21日，微信在APP Store率先上线了6.1版，新版增加了"附件栏发微信红包""更换手机时，自定义表情不会丢失""可以搜索朋友圈的内容和附近的餐馆"三大功能，还有安装之后的开场幻灯片——统计你过去一年"送出的赞"以及"收获的赞"。2016年4月，企业微信号上线。2017年1月，微信小程序上线。2017年2月，品牌金融（Brand Finance）发布2017年度全球500强品牌榜单，微信排名第100。通过为合作伙伴提供"连接一切"的能力，微信正在形成一个全新的"智慧型"生活方式。其已经渗透进入以下传统行业，如微信打车、微信交电费、微信购物、微信医疗、微信酒店等，为医疗、酒店、零售、百货、餐饮、票务、快递、高校、电商、民生等数十个行业提供标准解决方案。2018年12月，微信7.0版本上线，添加了时刻视频、好看、强提醒等功能，并全新设计了微信的UI界面。2021年1月，微信发布了8.0版本。这一版本开设视频号直播入口、新增状态栏、浮窗升级、表情更新、文字提取等功能，增强了微信的娱乐性属性（见图2-1）。2021年1月，品牌金融（Brand Finance）发布2021年度全球500强品牌榜单，微信排名第10。微信超越法拉利，以最高得分95.4（满分100）和AAA+品牌强度等级成为最强科技品牌。

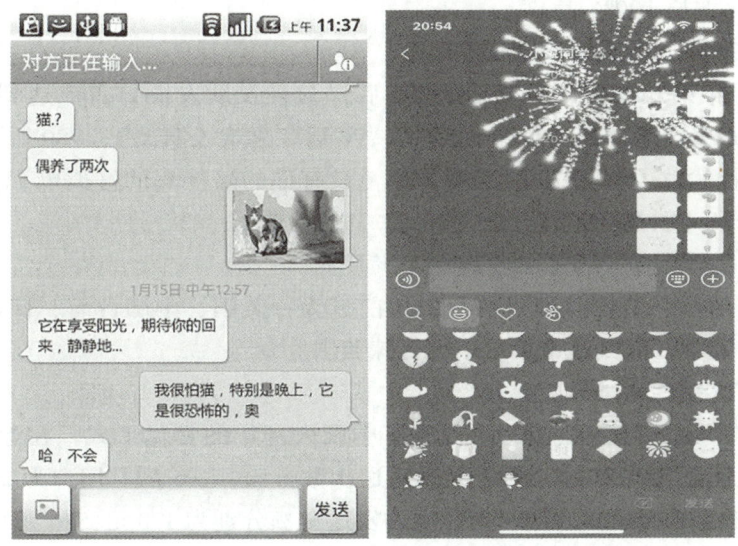

图2-1　微信1.0和8.0版本聊天界面对比图

（二）微信的使用情况

1. 活跃用户越来越多

2013年，微信全球活跃用户达到4亿，微信活跃用户数量增幅达到惊人的1104%。2021年8月，腾讯对外公布2021年第二季度财报显示，微信和WeChat的月活跃用户达到12.5亿，同比增长3.3%。可见，微信的活跃用户越来越多，从2013年到2020年以平均每年新增1亿月活跃用户的速度在高速增长。

2. 用户年龄分布越来越广

微信用户年龄群分布广，从18岁以下到60岁以上均有人群使用微信。其中，18~35岁的人群使用微信人数最多。33.3%的60岁以上用户将80%以上数据流量用于微信，居于所有年龄段的第一位。2021年第二季度财报显示，60岁以上用户微信支付使用率达46.7%，较2015年提升13个百分点。

3. 最爱用语音的是老年人

2021年第二季度财报显示，"95后"每天要发出81条信息，典型用户（"80后""90后"）用户每天发送74条信息，老年人每天发送44条信息，最爱用语音的是老年人。

4. 音视频通话日成功总次数猛增

2021年第二季度财报显示，音视频通话日成功通话总次数达4.1亿次，较2017年增长100%。

5. "95后"最爱发朋友圈

2021年第二季度财报显示，"95后"最爱发朋友圈，占比达到了73%。"00后"最爱分享《真心话大冒险》，"90后"喜欢《演员》，"80后"爱分享《走着走着就散了》，"70后"爱分享《没有你的陪伴真的好孤单》，"60后"则喜欢分享《歌在飞》。

6. 美国成为节假日首选境外游目的地

数据显示，节假日境外游目的地前五为：美国、中国台湾、日本、韩国和泰国。其中，一线城市用户格外青睐美国。

7. 用户红包发送次数骤增

不得不说，微信红包的出现成了中国人拜年的常见形式。在除夕当日，发送次数达到23.5亿次。在月人均发送次数方面，"95后"用户为20次，典型用户28次，老用户25次；而月人均发送金额分别为370元、580元和380元。

8. 好友规模增速较快

微信用户好友规模对比2014年有较大的增长。根据调查结果来看，2016年个人好友数量在200人以上的接近45%，500人以上的被访者比例占据13.5%。其中，大多数用户每月新增好友数量在5人以内，微信的网络关系相对稳定。

9. 微信向"泛社交化"转变

微信作为一个社交沟通工具，近年来整体关系已经从熟人社交向"泛社交"转变，新增好友里面来自工作环境的越来越多。由此可见，职业社交已经成了微信社交重要的一环。

当然，相对于这个泛工作化的趋势，大多数用户还是将朋友圈视为个人领域，六成的用户将朋友圈用来记录个人生活，也希望在朋友圈看到更多私人化的内容，如心情日记、生活记录等，而不是工作相关内容。八成用户使用微信有工作相关行为，其中一线城市用户是微信办公的主力，较四五线城市高出 10 个百分点以上。

10. 微信支付大额消费用户增长明显

数据显示，10% 以上受访用户月支出超过 5000 元。同时，与 2015 年相比，用户每月通过微信支付花的钱更多了。而月支出在 5000 元以上的受访用户占比也超过了 10%。微信支付已经逐渐成为不少用户日常生活中最主要的支付方式。中国支付清算协会发布的 2020 年移动支付用户问卷调查报告显示，2020 年，用户最常使用的移动支付产品是微信支付，使用比例从 2019 年的 87.3% 增至 92.7%。报告显示，在线下消费场景中，用户最关心的是支付速度及操作简易程度。

在无现金化的浪潮下，身上不带现金成了很多用户的新习惯。在这种情况下，不能提供无现金服务已经逐渐成为商户的短板。

在谈及为何优先选择移动支付时，不少受访者还提到了移动支付无须找零，不必担心假币等优点，这也侧面说明了移动支付在小额支付场景中为何受用户欢迎。

超市、便利店成微信支付线下最主要场景。用户对小额找零的抗拒，对支付速度及便利性的追求，与便利店所提供的便利性、时效性相一致，使中小型超市、便利店成为微信支付的重要战场。而与微信支付、微信整体生态的结合，也将推动新型自动化便利店在风口上的进一步演化。高收入人群在京东微信购物中占比更高，进一步说明微信支付在我国的使用范围之广，使用人数之多。

二、微信朋友圈营销

朋友圈一般指的是腾讯微信上的一个社交功能。用户可以通过朋友圈发表文字、图片和视频，同时可通过其他软件将文章或音乐分享到朋友圈；用户可以对好友新发的照片进行评论或点赞，其他用户只能看相同好友的评论或赞；企业可以利用朋友圈中的小视频、分享链接、图片动态、纯文字来进行营销。就分享链接来说，营销人员把链接发到朋友圈，如果好友感兴趣，就会点击观看。

（一）朋友圈营销简介

朋友圈是什么呢？朋友圈是微信最早的功能之一，其本质上是社交定位，是熟人之间的一种社交，是朋友间生活状态的呈现渠道。朋友圈也是每个人的名片，是一个展示自我的窗口。在社交经济推动下，朋友圈也成为重要的营销阵地。特别是随着微商的发展，朋友圈逐渐演变成了朋友之间的广告圈。

朋友圈营销具有准入门槛低、流量大以及传播直接等特点。在智能手机时代，几乎人人都在玩朋友圈，并且玩朋友圈已经成为人们生活方式的一部分。

朋友圈营销定位

在如此庞大而又统一的用户行为模式下，朋友圈营销活动变得简单易行。微信公开课数据显示，每天点开朋友圈的总次数是 100 亿次。如果 1 个私人号加满 5000 人，就相当于拥有了 5000 人观看的广告位（理想状态下）。这样既能够带来巨大的流量，也省去了传统媒介与渠道，实现了直接传播。

（二）微信朋友圈实务

企业或个人提供服务定位、用户定位，为朋友圈营销活动奠定了一个坚实的基础。接下来，营销活动就可以正式开始，具体操作主要包括朋友圈形象设计、朋友圈内容发布、朋友圈营销活动组织等。

1. 朋友圈形象设计

如果把微信比喻成一个人的话，那么微信朋友圈的形象就如同你的脸面一样重要，它决定了粉丝对你的第一印象、彼此之间的信任感以及后续的转化。微信朋友圈的形象设计主要由头像、昵称、标签、封面四个部分组成。

（1）头像

头像是一个人在社交网络中给人的第一印象。头像建议用真实的照片，选择画面清晰、识别度高、职业感强的照片，不要放小猫小狗、花花草草、卡通动漫、明星偶像或其他不知所云、过于抽象的图片。企业或个人打造个人 IP，微信头像必须具备看起来真实可信、能够展现自己的独特气质、与微信昵称相呼应、凸显个人的定位和标签等特征。

（2）昵称

昵称是一个人在社交网络中的个人品牌，也是个人 IP 的核心资产。一个好昵称价值百万，如秋叶大叔、同道大叔、万能的大熊等。微信昵称切忌使用表情昵称、符号昵称、电话昵称（昵称后面加上电话，营销意图太过明显）或其他无厘头的昵称。好的昵称要符合简单、好记、易传播等特征。如果想打造权威专业的个人 IP，建议采用"真名+个人标签"的昵称，如"张三——旅游定制师"或"李四——定制旅行网站创始人"。

（3）标签

标签指的是个性签名。个性签名如同品牌广告中的广告语，用来展示一个人的个性特点或身份介绍，忌空洞、忌硬广。打造个人 IP，个性签名可以体现自身定位，如"旅游达人"；可以体现自己的身份，如"驴友会创始人"；可以体现自己的个性，如"一个热爱大自然的旅行者"；也可以体现自己过去取得的成绩，如"服务游客 1 万+"等。

(4) 封面

微信朋友圈封面就像实体店的招牌,一定要给人一种专业、值得信赖的感觉。打造个人 IP,朋友圈封面要具备以下几个要素:个人形象照、个人简介、取得的成绩或荣誉、能给别人提供的价值等。

2. 朋友圈内容发布

内容营销是微信朋友圈核心、重要的一环,直接决定用户对你的评价,所以在进行内容发布时,必须循序渐进,切忌频繁刷屏、发布一些没有任何意义的活动信息和广告类资讯。不管是在写文案还是发朋友圈的时候,都必须围绕用户的类型、特点、作息时间、阅读喜好、痛点进行,这样发布的内容才有价值,否则只会石沉大海。

(1) 发布内容

朋友圈发布的内容一定要有质量,要服务于自己个人形象的塑造,具体内容可以是品牌宣传、产品展示、实景案例分享、团队文化输出、个人形象品牌建立等,从而赢得目标用户的信任和喜爱,进而提高用户转化的概率。

(2) 发布时间

朋友圈发布内容的时间可以选择以下这样的一些时段:①早上 8~9 点。新的一天开始,很多用户醒来很期待朋友圈更新的内容,更重要的是很多人在上班的路上可以浏览朋友圈内容。②中午 12 点至下午 1 点。这段时间为用户午餐或准备午休的时段,也是忙碌一上午后的休息时间,很多用户会选择在这段时间收发信息,浏览朋友圈内容。③晚上 9~10 点。这个时间是用户一天最放松的时间段,朋友圈也是打发时间的地方。根据时间点要求,结合朋友圈文案内容,合理安排发布内容顺序:分享自己生活、热门事件、互动小活动、产品效果反馈、物流信息、提供价值(小知识)。

另外,据京东微信小程序后台数据统计,每天上午 10 点至下午 4 点为第一个消费高峰,晚上 8 点至 11 点为第二个消费高峰。消费者使用京东微信小程序下单的频率,夜间比白天更活跃。这时,可以把产品信息选择在上午 10 点至下午 4 点、晚上 8 点至 11 点这两个时间段发出,生活信息等在其余时间发,效果可能会更好,成交率可能会更高。

(3) 发布频次

发布的内容每天以 4~6 条为宜,太少了也不行,因为那样用户基本很难看到你的身影;当然太多也不行,"刷屏"行为会让好友反感,觉得内容没有价值。如果每天就只发几条,而且是自己精选过的,错开时间段,你的好友会觉得你分享的文章很珍贵、很有内涵,你很自强上进。他们通过你的微信,能够吸收很多东西,自然会对你有好感,自然会每天关注你转发的内容。有了信赖，营销就简单了。

（4）发布形式

朋友圈的内容发布形式一定要采取图配文的形式，切忌只发文字或只发图片没有文字；发出的文字内容要精练，尽量不要超过 150 个字，否则文字就会被隐藏；如若做出有创新的内容，文字比较多也可以，但内容一定要足够吸引人。

3. 朋友圈营销活动组织

朋友圈营销比较常见的活动方式主要包括转发、集赞、试用、筛选、引流、互动等形式。

（1）转发

"万能"的朋友圈总是能给人带来很多惊喜。朋友圈文章被转发的次数越多，企业或个人越能够快速且有效地加到更多的好友，并可以进一步扩大营销推广市场。要想朋友圈文章转发效果更好，首先，必须提供优质的内容。引爆眼球的朋友圈内容拥有一个共同点，便是语言有力度。很多微信主体都有明确的语言风格定位，更容易吸引精准好友。其次，必须提供有趣的配图。一张图片就是一个故事，有趣的图片有时候更能产生仁者见仁、智者见智的效果，吸引大家的关注，因此，在选择图片的时候，不能随意配图，一定要让图片代替自己发声。最后，有奖转发。在转发活动中，对用户的参加资格不做任何限制，这样可以充分调动大家参与的积极性。评奖依据是用户转发之后，发表用户体验心得，既能体现自己的后续服务，又能赢得更多用户的信任。举办有奖转发活动，能够让用户增强参与感，保持参与热情，也能让更多的人看到朋友圈内转发内容，吸引更多的用户关注，实现引流。

（2）集赞

集赞一般是指"让用户分享海报、文章至朋友圈，集齐 n 个赞就能获取奖品"。相比之下，海报比文章更容易发布。海报集赞比文章集赞的涨粉效果好。如果是实物奖品，要控制人数、审核人员和控制成本。集赞活动比较适合新店开业、线上宣传等（见图 2-2）。

（3）试用

试用一般是指在一款产品刚进入宣传期时，都会搞一些活动，如送小红包或送试用装等。在试用活动中，一般是活动参与者购买 A 产品可以免费试用 B 产品，只需填写一份试用报告、反馈试用效果即可免付邮费；或者用户直接试用产品后填写试用报告，即可免费领取一定金额的代金券。

（4）筛选

筛选是指企业或个人事先说明一定的要求，并邀请满足条件的人点赞，由此筛选出自己需要的人群，以便进行后续的营销活动。这项活动的目的主要是通过设置条件、筛选用户、精准锁定意向用户，使营销活动更具针对性。

图 2-2　某朋友圈集赞内容

（5）引流

引流最常见的方式是在朋友圈开展活动，吸引用户参与，用户获取的奖品则需要到线下实体店或其他平台领取。

（6）互动

朋友圈的每一次互动，都如同一次广告的展现，在激发用户活跃度的同时，也能给用户留下较深刻的印象。互动常见的几种形式如下：①顺序互动，即根据点赞的顺序有不同的互动方式。由于点赞的人完全不知道点赞顺序，所以会有所期待。②点赞量排名。点赞量等同于另一行为数量，既是一种互动，也是自己兴趣爱好的一种展现。③点名接龙，如冰桶挑战、微笑挑战、A4 腰挑战、锁骨挑战等。④互动游戏，如猜成语等。

三、微信群营销

定制旅行企业若举办一个会议营销或一个产品说明会，需要租赁酒店、筹备会议等，客户则要参加会议，彼此需要花费大量的时间、金钱等。微信群则可以轻松解决举办单位和客户双方的时间、资源、成本等问题。那么，什么是微信群营销呢？

（一）微信群简介

1. 微信群的含义

微信群是腾讯公司推出的可进行多人聊天交流的平台，用户可以通过网络在微信群中快速发送语音、视频、图片和文字。

基于微信群能够进行多人交流的特点，许多企业建立了微信工作群。微信工作群与传统办公方式相比，有无纸化、便捷、互动等优势，这让越来越多的企业选择微信群办公。

2. 加入微信群的方法

加入微信群有两种方法：一种是通过扫描群二维码，另一种是通过好友邀请。如果我们经常使用某个群，可以将这个群保存到通讯录里。

微信群成员最多为500人。为了避免恶意账号给群带来骚扰，更好地保护成员信息安全，100人以上的微信群主要针对已通过实名验证的微信用户。

①超过40人，邀请新成员需要获得被邀请方的同意。

②超过100人，被邀请方需要通过实名验证才能接受邀请，可通过绑定银行卡进行验证。

③实名验证方法：登录微信后点击"我"→"钱包"→"银行卡"→根据提示绑定银行卡即可。

3. 微信群营销的含义

相对于其他社群，微信群是比较私密的，更多的是一些好朋友、小范围的朋友圈，人数不多。人人都有理由建立一个微信群，然后在微信群里进行交流。个人可以通过微信群建立与朋友之间的联系，商家可以通过微信群拉近与客户之间的距离。

商家可以通过加入一些比较火爆的微信群，或是兴趣爱好比较集中的微信群，进行营销活动。这样的群比较成熟，而且群成员的质量较高，只要吸引到其中一部分人，就会有不错的传播效果。

目前，不少微信群已经成为群成员搜索产品、品牌，进行互动交流的重要场所。微信群可以实现群成员一对多的沟通。

（二）微信群营销实务

微信群的建立不仅可以有效促进人们之间的沟通与联系，还为商家进行营销活动搭建了一个目标精准、简单易行、较低成本的平台。商家进行微信群营销一般包括以下工作内容。

微信群营销的特点

1. 微信群增粉

（1）自建微信群增粉

自建微信群增粉是指通过组建微信群将具有相同属性

与需求的客户聚集在一起。微信群都是基于客户某一个共同的兴趣、关系、特征而集合在一起的，如运动健身群、旅游群、学习群等。自建微信群增粉一般包括以下方式：

①雷达加好友。只要在场的人同时点击"雷达加朋友"按钮，"雷达"就会扫描出此刻在一定距离内打开雷达的好友——有绿色对钩标志的表示已经是好友状态，没有绿色对钩标志的表示还没有加为好友——点击头像即可批量添加好友。

②面对面建群。"面对面建群"也是一个快速建群的方法。只要在现场的人点击"面对面建群"，输入同样的 4 个数字，就会进入同一个微信群中，非常方便快捷。

上述两种方式要求群成员在同一个现场，因此，营销人员需要开展线下活动吸引目标人群参与，在活动开展过程中自然建立群组关系；通过加入的目标人群进行口碑传播，还可以吸引更多的目标客户。

③多平台引流。营销人员还可以在微博、QQ、论坛、美拍等社交平台上留下自己的微信号，只要你乐于互动，愿意分享，与目标群的偏好一致，能为用户提供有用信息，就会有人通过搜索微信号加你为好友；在电子邮件落款处留下微信号或二维码方便别人添加，也是一个非常好的方法；写文章或引用他人的文章，在分享过程中加入自己的微信号或二维码，然后发布到自己的微信公众平台、博客、与产品相关的论坛和贴吧等，这种方法效果快，所加好友较精准、黏度较高。

此外，营销人员还可以将带有微信号或二维码的软文推广到百度系列产品里，如百度知道、百度经验、百度文库等，这样可以让利用百度检索相关产品信息的客户关注个人微信，提高展现量。

④线下送礼品。营销人员可以通过线下送小礼品的方式吸引目标客户关注个人微信。例如，卖面膜的微商通过与电影院、外卖小哥、快餐店合作，女性客户购票或订餐就送一张面膜；拿到面膜的客户只要扫描面膜上的二维码加好友，即可领取更多礼品。

线下送礼品活动的前提条件是：一定要找准目标群体，及时转化加入微信的目标群体，否则会出现一些为了领取礼品而加入的客户，这样的客户流失率会比较高。

（2）加群增粉

加群增粉是指商家有选择地加入一些自己认为潜在目标客户较多的微信群，以便开展后续的营销活动。加群增粉主要有以下一些方式：

①搜索社群。营销人员可以直接使用 QQ 群搜索相关关键词查找相关的

群,也可以在百度搜索"×××QQ群""×××交流群"等关键词,或使用QQ的"附近的群""兴趣部落"等功能进行检索,还可以搜索相关明星和网络"大V"的微博、论坛等社交平台信息,从中找寻线索。

②口碑式推广。营销人员可以借助具有一定的名气、威望的人的推荐,或者借助朋友的口碑推广,建立与客户之间良好的信任关系,快速吸引粉丝。口碑式推广的前提是,个人微信一定要有专业性,提供的信息在某一个方面是有价值的,否则尽管加了很多好友,也不能提升转化。

③参加交流会。营销人员可以参加一些交流会、线下论坛、行业交流等线下活动,多与客户进行交流,建立关系,这种方式添加的客户黏性高、信任度也很高。

2. 微信群转化

建立微信群以后,接下来就要对群成员进行商业变现,即将客户锁定在一个封闭的群空间内,并对其进行一对多的服务和理念灌输,最终使其感受到商家的诚意和热情,从而转化为商家的忠实粉丝。微信群转化需要做好以下工作。

(1)设置欢迎语

客户刚加入微信群时,往往会有陌生感和紧张感。这时,营销人员可以设置欢迎语,如"欢迎××进入我们这个大家庭"等。这样既可以消除新成员的紧张感,还可以增加新成员对微信群的好感度,提升微信群的活跃度。

(2)制定群规则

微信群运营一定要制定微信群规则,并使群成员遵守规则,这样才有利于微信群的健康发展。营销人员既要在群成员加入时就告知规则,还要每隔一段时间就在群里发布规则,以巩固群成员对群规则的印象。

(3)打造群文化

当前的微信群,仅仅靠共同利益来连接和维护是不够的,还应该树立群成员的共同理念,并打造积极向上的群文化,这样才能够使微信群长久运行下去。

(4)增加实用性

客户在加入微信群时,往往抱着学习知识、拓展社交关系、了解微信营销新鲜资讯等目的。因此,若想微信群壮大起来,就需要尽力满足群成员的这些需求,为群成员提供详细的资料、活动信息、新闻资讯等内容。

(5)更改群名称

微信群的名称如果长期不变,容易造成群成员的审美疲劳,使微信群的活跃度降低。因此,每隔一段时间,营销人员可以更换群名称,使群名称更符合自己现有的特点。这样可以激发群成员的兴趣,提高微信群的活跃度。

（6）删除无效成员

在微信群中，具备东拉西扯、"万年潜水"、传播负能量等属性的成员，属于无效成员，需要定期清理，以保持群内氛围的活跃、积极、向上。

（7）制造新噱头

在微信群营销活动中，可以适当制造一些新噱头，以达到吸引人的眼球的目的。这样可以激发群成员的兴趣，引起群成员的广泛议论和关注，从而提高群的活跃度。

3. 微信群互动营销

微信群营销重新定义了商家与客户之间的互动方式，拉近了商家与客户之间的距离，从而受到众多中小型企业的青睐。商家在进行互动营销的过程中，除了可以树立客户对品牌的信任度、提升客户的品牌体验外，还能够在互动中对客户和市场有一个更加直观的了解。

（1）微信群互动营销的条件

商家在微信群中开展互动营销必须具备以下条件，才能收到较好的效果。

①必须有利益驱使。当然，这并不是说让商家直接将现金当作奖品派送出去，进行微信吸粉，这样吸引来的只会是一些忠诚度较低的"僵尸粉"。这里所说的利益驱使，是指商家的互动是在沟通和调查的基础上进行的，充分了解什么是客户真正需要的，什么东西才是他们的兴趣所在等。只有商家针对这些信息来设置互动营销的奖品或情景，才能获得精准的粉丝。

②必须让客户参与，产生好感。参与是最好的方式，一定要让客户参与进来，这样客户才会投入更多的注意力，才会产生好感，进而完成转化。

③营销活动必须有新鲜感。商家想要得到可观的互动营销效果，使品牌得到很好的传播，就需要新鲜的场景设计、技术支持和互动玩法，说到底就是要有新鲜创意。最好放弃那些已经被无数商家运用过的、千篇一律的活动，否则效果可能会适得其反。

④活动设置必须有社交性互动。什么是社交性互动？就是在互动营销的最后商家要设置一定的机制或引导客户将互动营销活动转发出去，让客户成为又一个传播渠道，形成社交性。

（2）微信群互动营销的活动

①客户需求定位。微信群营销的关键点在于抓住客户需求的"痛点"，唯有如此客户才会心甘情愿地加入微信群，并且不会屏蔽。商家在开展微信群营销之前，首先应对自己的客户进行调查分析，精准定位客户的需求是什么。

②拉群裂变。建微信群就是建立自己的圈子，经营这个圈子，让这个圈子里的人都有信任感。在对客户需求进行定位之后，商家需要建立自己的微

信群，并准备好裂变海报。海报的主要作用是引导客户把商家微信群的信息传播到其朋友圈或者传播到其他的微信群里，海报的文案与样式是否吸引客户是决定商家拉群裂变能否成功的关键。

③目标人群筛选。加群的不一定都是精准的目标客户。因此，商家可以对群成员进行仔细地筛选，把不合格的群成员剔除掉。

④群互动。商家要经常在群里跟群成员进行互动，目的就是提高微信群的活跃度，增强客户的黏性。如果一个群长期没有互动，很多客户可能会选择退群。群互动的方式有很多，商家可以发布门店产品上新的信息和优惠活动等，也可以举办一些和门店产品相关的讲座，分享经验技巧等（见图 2-3）。例如，某邮轮旅游培训班的微信群，可以每天分享一条旅游促销信息，并针对此内容推出砍价、秒杀、拼团等促销活动来增加群内成员的参与度。

四、微信公众平台营销

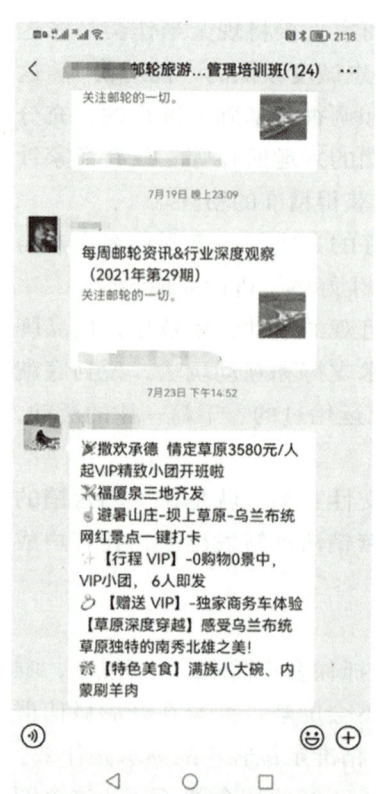

图 2-3　某微信群发布的促销信息

微信公众号是企业在微信公众平台上申请的应用账号。微信公众号账号与 QQ 账号互通。通过微信公众号，商家可以在微信平台上利用文字、图片、语音、视频与特定群体进行全方位的沟通与互动，形成线上线下微信互动营销。那么，到底什么是微信公众平台及平台营销呢？

（一）微信公众平台简介

微信公众平台是腾讯公司在微信的基础上新增加的功能模块，通过这一平台，个人、企业都可以打造一个自己的微信公众号，并可以在公众号上发布文字、图片、语音和视频。

1. 微信公众平台的含义

微信公众平台简称微信公众号，于 2012 年 8 月 23 日正式上线，是腾讯公司主要面向政府、媒体、企业、名人等推出的合作推广业务，也曾被命名为"官号平台""媒体平台"等，体现了腾讯公司对微信延伸功能的更大期望。

利用公众号平台进行自媒体活动，简单

来说就是进行一对多的媒体活动，如商家通过申请微信公众号，进行二次开发，展示商家微官网、微会员、微推送、微支付、微活动、微报名、微分享、微名片等。到目前为止，一种主流的线上线下微信互动营销方式已经形成。2018年2月，微信公众平台新增修改文章错别字功能。2018年6月，微信订阅号正式改版上线。

2. 微信公众平台的类型

微信公众平台有企业微信、服务号、订阅号和小程序四种账号类型。

（1）企业微信（原企业号）

企业微信主要用于企业管理，类似于企业内部的管理系统，面向的是企业内部的员工或企业运营流程中的上下游客户。

（2）服务号

服务号主要用于客户服务，如携程旅行网服务号，客户将个人账号与该服务号绑定后，客户在每次购买旅游产品时都会收到携程旅行网服务号发来的订单消息。

（3）订阅号

订阅号主要用于传播资讯，商家通过展示自己的特色、文化、理念而树立品牌形象。订阅号具有较大的传播利用空间。

（4）小程序

小程序可以在微信内被便捷地获取和传播，同时具有出色的使用体验。

3. 微信公众平台的注册

①在PC端打开微信公众平台官网（https://mp.weixin.qq.com/），单击"立即注册"，出现选择账号类型（企业微信、服务号、订阅号和小程序）的提示，选择账号类型。

②填写邮箱地址，然后登录邮箱，查看激活邮件，填写邮箱验证码进行激活。

③了解订阅号、服务号和企业微信的区别后，重新选择想要注册的账号类型。

④信息登记，选择个人类型之后，填写身份证信息。

⑤填写账号信息，包括公众号名称、功能介绍、选择运营地区。

完成以上步骤后即完成注册，可以开始使用公众号。

（二）微信公众平台营销实务

做好微信公众平台营销活动，需做好以下几个方面的工作。

1. 微信公众平台定位

做好微信公众平台营销活动，一定要从有效的定位开始，这是微信营销

活动中最关键的一个方面。微信平台定位主要包括用户定位、内容定位、服务定位等方面。

（1）用户定位

用户定位主要指企业需要了解用户属性及其行为特征，为其画像，从而找到目标人群，确定辐射受众面，设计公众号功能特色、服务模式、推送风格等。

（2）内容定位

内容定位主要是企业利用品牌调性，结合品牌自身受众，总结出品牌内容的个性，有选择地进行内容的取舍与发布，以吸引用户注意力、增强用户黏性和适当体现品牌价值。

（3）服务定位

服务定位主要是指为用户提供什么样的服务，用户能够从中获取什么，微信公众号能为企业创造什么价值。例如，餐饮企业公众号，除推送美食文章内容外，还能提供在线订餐、连接 Wi-Fi 等基础服务。

2. 微信公众平台设计

（1）公众号名称设计

名字是公众号给他人的第一印象，是品牌标签，对公众号具有至关重要的作用。其具体设计方法包括受众特点取名、突出关键词取名、创意取名、需求取名、结合数字取名、人名取名、热词组合取名等。

（2）公众号内容设计

公众号内容设计包括菜单栏、正文、排版设计等。

①公众号菜单栏设计。微信公众号最多可创建 3 个一级菜单，一级菜单名称不多于 4 个汉字或 8 个字母。每一个一级菜单下最多可创建 5 个子菜单，子菜单名称不多于 8 个汉字或 16 个字母。在设计微信公众号自定义菜单时，主要应遵循让用户使用方便、先予后取、业务精简、为用户节省时间等几个方面的原则。菜单栏标题的常见写法有：开门见山、热门话题、流行词汇、设置悬念等几种。

②公众号正文设计。公众号正文内容必须遵守以下原则，即有趣、利益、个性。同时，用户最愿意分享的内容才更应该是公众号需要去开发的，具体有以下几种：主题让人感到兴奋的内容，主题让人愤怒和恐慌的内容，显示自己聪明、消息灵通、见多识广的内容，实用且容易记、有价值的内容等。

③公众号排版设计。公众号的排版一定要注意细节，最好能给用户带来良好的体验。例如，图片一定要精美，图文摘要具有吸引力，配色不超过 3 种，文末配上引导图片或文字。

3. 微信公众平台粉丝维护

（1）设置功能介绍

粉丝在关注公众号时，第一印象来自微信公众号的功能介绍。功能介绍内容可以采用"关键词+功能定位"，以简练的语言突出功能亮点；也可以将账号名称加入其中，并带上感情色彩，让介绍变得生动有趣；还可以加入实惠的服务与有趣的互动内容来吸引人们的关注。

（2）设置投票话题

设置投票话题的目的主要是让粉丝都参与进来，因此，话题需要有震撼性，最好是当天的热门话题。进行投票设置，需要对粉丝有足够的了解。

（3）自定义设置

在微信的自定义菜单中，企业可以设置抽奖活动或信息查询。

（4）消息回复

对于粉丝所有的问题都应该及时地给予回答，对于人工不能及时回应的问题，可以设置自动回复，这样才能吸引粉丝持续关注。

4. 微信公众平台营销活动

微信公众平台营销活动主要有以下形式。

（1）留言回复有礼

留言回复有礼一般是指根据当下热点、近期活动、节日庆典等，准备一个话题，让用户在活动时间内到图文的留言区进行回复，进而随机筛选或按照点赞数等规则选取中奖用户。回复简单易行、用户参与度高、可控性强，但是用户容易产生心理疲倦，因此话题需要互动性强。

（2）晒照有礼

晒照有礼的一种方式是企业设定活动方向，用户选择不同主题的照片或其他趣味的照片，发至公众号后台，企业进而按照活动规则抽选中奖用户。另外一种方式是文章分享到指定的朋友圈、微信群或其他平台，进而截取相应的图片并发至公众号后台；或者用户拍摄购买的物品或者购物小票等，发至公众号后台，运营者收到后对用户进行选取与奖励。晒照有礼活动的互动性更强，能与运营目标结合。但用户参与的难度较回复有礼更高，收到的图片只能够在微信后台保存五天。公众号运营人员需要及时收集用户的参与信息。

（3）红包抽奖

做公众号运营，发红包活动也很常见。定制旅行企业可以设置关注抽奖或线下扫码抽奖活动，用户通过参加活动获得现金红包或实物礼品。这种活动是回馈用户的常见手段，也是聚集人气的有效方式。建议除了大奖，可以

设置更多丰富的小奖，以保证更多用户都可以参与或中奖，以加强用户与平台之间的关联。

（4）游戏互动有奖

这类活动一般是平台提供免费互动游戏的接口，这些小游戏通常与一些流行过的单机版游戏类似，用户可以通过小小的游戏比赛，既获得乐趣，同时又赢取奖励。这种活动娱乐性强，能够带给用户一定的新鲜感与参与兴趣。

（5）病毒式 H5 互动

H5 页面凭借其简单快捷、生动有趣的设计在移动前端市场形成了火爆局面，吸引了大量用户的眼球，同样也备受微信运营人员的关注。运营人员通过 H5 设计一些生动有趣的小游戏或商业活动吸引大量用户的关注，成为推广微信公众号的高效方式之一。这类活动形式多样，如朋友互动、趣味游戏、有奖竞猜等。

（6）投票评比活动

据说这是朋友圈、微信群中最让人烦恼的一种活动形式，偏偏又是最有效的活动形式之一。这种活动的形式一般是比赛制，运营人员通过设立大奖，吸引用户进行报名，然后在微信公众号内进行拉票，根据最终票数或报名内容等信息决定中奖者。

（7）有奖调研问答活动

这类活动一般是运营人员根据需求，设置好调研问卷或问答题目，用户参与并填写信息，即可获得指定奖励。如果平台有自身的调研系统，完全可以做到用户完成调研，奖励即可直接发放，从而提高用户的参与度。

（8）征文征稿活动

这类活动一般是设定征文征稿的方向，如征集梦想清单、元宵主题的文章或者诗歌、散文，又或者征集公众平台的宣传口号，让用户进行创作。用户创作的内容，可以在微信公众平台进行推广和发布，同时运营人员对优秀作品创作者给予奖励。

（9）用户访谈活动

这类活动一般是运营人员通过策划自己的主题方向，进而邀请用户报名，并进行一对一沟通访谈。运营人员聆听用户的故事，并将用户的故事撰写成文或设计成图，让用户的故事成为运营素材之一，当然对于参与访谈的用户，也要给予一定的鼓励。

模块二 定制旅行营销传播媒体

 任务二　直播营销

直播作为全新的互动传播方式，带来了互联网新浪潮的同时，也给定制旅行企业带来了新兴传播媒介——直播营销。与传统营销相比，直播营销拥有全新的视频展示方式，为定制旅行企业带来了更全面的潜在用户。那么，直播营销指的是什么呢？

一、认识网络直播

随着自制综艺、5G 技术、虚拟直播等在线直播新浪潮的出现，在线直播平台用户规模持续上涨。中国互联网络信息中心（China Internet Network Information Center，简称 CNNIC）发布的第 45 次《中国互联网网络发展状况统计调查》指出，截至 2020 年 3 月，我国网络视频（含短视频）用户规模达 8.50 亿人，较 2018 年底增长 1.26 亿人，占网民整体的 94.1%；其中，短视频用户规模为 7.73 亿人，占网民整体的 85.6%。

（一）网络直播的含义

目前，我国直播行业逐渐进入相对成熟的阶段，映客、虎牙、斗鱼等头部平台通过差异化发展在白热化的竞争中获得核心优势，陆续上市。2019 年上半年，各大直播平台又积极探索"直播+"模式，电商、短视频等平台也主动加入直播元素，以期带来更多流量与业务营收。网络红人直播带货持续火爆，各路明星也纷纷入驻直播平台进行直播卖货，"口红一哥"李佳琦实力带货、热门主播"霹雳爷们"在广州长隆野生动物园直播与动物近距离接触……与旅游、电竞、教育、电商等相结合的"直播+"新模式为直播行业带来了新的发展动力。那么，什么是网络直播呢？

1. 视频直播

视频直播是指在现场随着事件的发生、发展进程，同时制作和播出视频的方式，相当于"网络电视"。

2. 网络互动直播

网络互动直播是指针对有现场直播需求的用户，利用互联网（或专网）和先进的多媒体，通过在网上构建一个集音频、视频、桌面共享、文档共享、

互动环节于一体的多功能网络直播平台，企业或个人可以直接在线进行语音、视频、数据的全面交流与互动。

网络直播的特点

从本质上讲，网络直播是一种网络社交方式，用户可以通过网络在同一时间不同平台观看实时视频。网络直播受到欢迎，实际上也从另一个角度反映了网民的心理特点。网民通过对直播平台的关注，满足自己的心理需求，同时也丰富自己的业余生活。

（二）网络直播的盈利模式

网络直播是互联网时代发展的必然产物。目前网络直播的盈利模式有以下三种：

1. 时薪

直播平台根据主播每小时的直播人气支付薪水。如每小时的人气平均在10万以上的，需要支付多少薪水。就这种盈利模式来说，网络主播的收入跟人气成正比。也就是说，人气越旺，收入越高。

2. 礼物

这是指网友花钱买礼物送给网络主播，网络主播收取礼物分成。这种模式不依赖于人气，网络主播的个人魅力更加重要。

3. 衍生副业

衍生副业有接广告、代销产品等。

知识链接 2-2

未来的直播变现方式

定制旅行企业的营销方式伴随着社交平台的演变而进化。在直播统领的营销时代，直播营销也会随着直播技术的进步而发生变化。因此，当前主流的直播变现方式，在未来会逐渐被削弱。未来的直播营销，必定不会将变现的渠道集中在某一点，而是进行多方位的变现。也就是说，未来会出现更多直播变现的方式，并且定制旅行企业从各种变现渠道中获取的收益会更加平均。

1. 广告投放

在直播中投放广告，实际上就类似电视中插播的广告。虽然互联网"百播大战"的局面还未结束，但是这场残酷的直播竞争必定会淘汰掉直播市场中大量的水分，最终留下被大多数观众接受的直播平台。当直播的内容越来越正规、观众在剩下的少数直播平台中大量聚集的时候，定制旅行企业和商家必定会被流量吸引，然后出资让平台在直播的过程中放上广告。广告可以带有链接的形式，当观众对广告中的产品产生兴趣的时候就可以直接点击链接进行购买。

直播平台上的广告投放不仅让直播平台可以获得广告资金，还能够让企业"无界限"地吸纳消费者，让消费者在购买中实现流量变现。因为此时的广告投放不需要产品和直播的内容绝对相符，也不需要企业进行创新——将广告和直播内容完全融合。就像普通的电视广告一样，将企业的特色产品展示给消费者即可。因此，无界限地投放广告必定会成为未来直播营销变现的主流之一，并且这种变现方式会将企业的市场遍布于全球互联网。

2. 内容付费

当直播的内容在发展过程中变得越来越好、越来越能够满足观众的时候，就可以直接让观众为直播内容付费。虽然目前付费的直播内容非常少，但是伴随着直播内容的创新、优化以及版权意识的加强，内容付费是未来直播发展的必经之路。

未来的直播平台不能单纯地视为社交平台，观众在平台上进行社交的过程中会不断地产生消费行为，而直播营销也会逐渐成为未来直播的主要目的之一。当观众对内容的需求越来越苛刻的时候，必定会出现针对直播内容开展营销活动的定制旅行企业，而为了给观众带来优质的直播内容，定制旅行企业可能需要提前准备非常久的时间。观众为定制旅行企业直播内容付费，则完美地体现了定制旅行企业直播内容的价值，是实现内容流量变现的重要方式之一。

3. 与线下实体店结合

将线上的流量引入线下的实体店，是目前最难实现、未来最为重要的直播营销变现方式。虽然"直播＋电商"可以让流量在线上进行直接购买，但是这些流量的变现都被局限于线上，给消费者带来的良好体验也非常有限。如果想为消费者带来最完美的体验，最好的方式就是想办法将流量引入线下的实体店中，让消费者在实体店内亲自体验。其实这种将流量引入线下实体店的变现方式现在已经出现了。比如，飞猪宣布推出官方直播间"飞猪逛吃团"，在直播平台进行直播的过程中，一边直播一边发放电子优惠券，抢到优惠券的观众就可以直接去线下的实体店购买相应的产品。飞猪的这种直播营销变现方式，有效地将线上的流量引入线下，让消费者在线下消费实现流量变现。

不同的变现方式会为直播营销带来不同的收益。因此，未来直播营销的

变现方式必定不会将重心偏向于某一点,而是多角度地结合各自的变现方式。通过多种变现渠道,将流量在线上和线下的变现效率尽可能地提升。

二、了解直播营销

在互联网时代下,网络直播作为社交传播的方式之一,以其发布的实时性、现场的真实感、明确的受众目标、丰富的直播内容及互动性等特点,深受人们的喜爱,也逐渐受到企业的重视,成为一种新兴的品牌营销方式。

(一)直播营销的含义

目前,直播已经成为现阶段电商品牌建设的重要途径,互动式营销也逐渐成为新潮。网络平台以直播为引领,加上线上互动,并为用户提供红包、优惠券及店铺的链接,既方便用户购物,又能让用户体验到购买的乐趣。因此,继用户"打赏"、网红经济之后,网络直播营销也逐步成长为直播平台重要的收入来源之一。

(二)主要直播营销平台

1. 快手

快手的前身叫"GIF 快手",诞生于 2011 年 3 月,最初是一款用来制作、分享 GIF 图片的手机应用。2012 年 11 月,快手从纯粹的工具应用转型为短视频社区,作为用户记录和分享生活的平台。后来随着智能手机的普及和移动流量成本的下降,快手于 2015 年以后迎来爆发。2019 年 5 月 29 日,快手日活跃用户已超过 2 亿人。

2. YY

YY 直播在演唱、游戏、聊天、DJ、说书等领域均有其固定的参与者和粉丝。从 2015 年开始,YY 直播也开始布局了一系列的直播节目,像《大牌玩唱会》等。

3. 斗鱼 TV

斗鱼 TV 以游戏直播为主,涵盖了体育、综艺、娱乐、户外等多种直播内容。2021 年第一季度,斗鱼季度平均月活跃用户人数高达 1.92 亿,较 2020 年同期攀升 21.3%;移动端季度月活跃用户人数较 2020 年同期提升 4.5% 至 5910 万。

4. 映客

映客是由北京蜜莱坞网络科技有限公司推出的一款实时直播类社交软件。映客与微博、微信账户关联。用户只需拿出手机,简单操作,就能开始直播,让全平台用户都能观看。用户也可以将直播预告分享到朋友圈、微博、微信，邀请好友观看。映客在真正意义上做到了全民直播。

5. 虎牙

虎牙直播是致力于技术驱动娱乐的弹幕式直播互动平台。虎牙直播以游戏直播为主，涵盖娱乐、综艺、教育、户外、体育等多种直播内容。虎牙直播覆盖 PC、Web、移动三端，投入核心技术与优质资源，为用户提供超清、极速、流畅的直播观看体验。与此同时，用户还可以文字弹幕的形式与主播实时互动，享受社交乐趣。2021 年 11 月 9 日，虎牙直播移动端月均活跃用户数同比增长 14.7% 至 8510 万。

6. 花椒

2015 年 6 月，花椒直播正式上线。花椒直播致力于以强大的技术实力和优质的内容，打造一个具有强明星属性的直播平台，从而吸引了大量优质用户。花椒直播是国内具有强属性的移动社交直播平台，聚焦"90 后""95 后"的生活。已有数百位明星入驻花椒直播，用户可以通过直播了解明星鲜活、接地气的一面。

7. 抖音

抖音于 2016 年 9 月上线，是一款音乐创意短视频社交软件，是一个专注年轻人的 15 秒音乐短视频社区。用户可以通过这款软件选择歌曲，拍摄 15 秒的音乐短视频，形成自己的作品。

直播营销的优势

三、直播营销实务

在直播营销推广中，要结合自身资源、针对的目标人群所要达成的营销推广目标，进行平台选择。直播平台种类多样，根据属性可以分为不同的几个领域。选择正确，会带来意想不到的流量。完成平台选择后，还要进行直播营销推广策略的设计。

（一）直播营销平台的选择

作为主播，选择直播平台时，重点考虑的是平台流量、平台收入和平台运营能力。

1. 平台流量

平台流量分为百度排名及用户的关注度。大多数看直播的用户，都会有自己长期关注的主播和平台。从平台人数、日活跃主播的数量、新增主播数量，可以看出斗鱼、企鹅电竞、触手等都是很抢手的平台，其主要领域以游戏直播为主。一些以社交为媒介的直播平台，如一直播、NOW直播、陌陌直播等常常自带流量。在选择平台时，还可以考虑平台新入驻主播的数量。平台越火热，新入驻的主播就越多，但这会带来巨大的竞争。因此，平台流量不是唯一的考虑因素，如内容型的主播，可以选择社交媒介的直播平台，或有内容可做的直播平台，方便自己作品的传播，便于自己受到更多人的关注。

2. 平台收入

平台收入主要分为新人政策及平台收入分成两个部分。其中新人政策很多平台都有，如主播进行直播的时间长短决定了其收入的多少，或者主播的粉丝数量的多少决定了其收入的多少。

3. 平台运营能力

一个好的平台，加上好的运营就能够孕育出高质量的主播。平台的运营水平直接影响的是主播开展直播活动的效率和曝光率。好的有经验的运营团队，会针对主播定制特有的活动，来吸引平台的用户。

（二）直播平台营销策略

除了平台选择外，直播平台营销策略包括以下几个方面。

1. 打赏和广告

直播平台与主播签约，在直播中，主播收到用户"打赏"，平台会通过分成来赚取利益。在这种情况下，优质的主播便理所当然地成了加强主播和用户互动的关键因素。直播平台也常常会利用用户对主播的喜爱，在直播过程中植入一些产品的广告，这样的宣传也的确取得了良好的营销效果。

2. 垂直营销

垂直营销是指用户可以在观看直播的同时通过发弹幕提问等方式与主播进行直接的沟通与交流，了解更多产品信息，形成互动。例如，以"明星+公益""直播+淘宝"为切入点的直播形式，已成为越来越多的直播平台获取收益的方式。这种营销手段一方面激活了用户的体验需求，加强了主播与用户间的交互；另一方面从动态的角度向用户展示产品，让用户形成更直观、更全面的感官印象。

3. 技术营销

案例分析与讨论

近几年，虚拟现实、人工智能等技术突飞猛进。许多直播平台利用这些技术对网络直播从视觉到听觉进行一系列改进，提升了用户的体验效果，缩短了用户与平台之间的距离，在短时间内吸引了大量用户围观，为直播平台带来更大的发展空间。但值得注意的是，在直播过程中，主播应把关注的核心集中在与用户的互动上，而非技术层面的视觉、听觉效果上。

模块二 定制旅行营销传播媒体

 任务三 短视频营销

一、认识短视频

（一）短视频的含义

短视频是指在各种新媒体平台上播放的、适合在移动状态和短时休闲状态下观看的、高频推送的视频内容。短视频时长几秒到几分钟不等，内容融合了技能分享、幽默搞怪、时尚潮流、社会热点、街头采访、公益教育、广告创意、商业定制等。由于内容较短，可以单独成片，也可以成为系列栏目。短视频虽然叫短视频，但是节目时长并不是其之所以为短视频这种事物的根本属性。它的根本属性来自移动互联网所赋予的带有互联网文化的内容基因、"碎片化"收视方式和强互动所带来的"裂变式"传播方式。

（二）短视频的类型

短视频有不同的定义标准，一方面是由于短视频产业的变化迅速，另一方面也是由于短视频类型的多样性和涵盖范围的广泛性。目前，短视频有两种常见的分类标准：以平台页面上的版块细分和以内容被认可的类型细分。

1. 以平台页面上的版块细分

按各平台不同的内容分类规则进行归纳，主要有如下六种：

（1）音乐类

之所以将音乐类放在第一位，是由于 YouTube 历史累积播放量排行榜的前 30 名都是音乐 MV。从 YouTube 走红的贾斯汀·比伯（Justin Bieber），就是靠上传翻唱短视频而一夜成名的。YouTube 历史累积播放量排行榜排名第一的是鸟叔的神曲《江南 Style》，以 27 亿的播放量火遍全球。

（2）搞笑类

原创短视频中有大量的搞笑内容。虽然很多搞笑短视频并不高级，但无法否认这一类别的受众数量非常大。有平台将数据进行匹配后得出，35 万个具有"10 万+"播放量的短视频内容分类比例为：具有"低级趣味内容"生存空间或容易被"低级趣味内容"把持的搞笑类短视频占三成。

（3）游戏类

游戏类短视频有着明确的商业化路径和精准直达的受众群体。随着国内

的电竞市场逐渐进入成熟期，硬件设备与研发技术也逐渐升级，游戏类短视频市场持续走高。

（4）生活服务类

生活服务类短视频涵盖的内容上到健身旅游，下到美食品茶，围绕着生活中的方方面面。随着消费的升级，生活类短视频创作成为短视频内容领域的投资热门。

（5）时尚资讯类

在微博里发布美妆短视频、大牌商品真伪鉴别短视频的数量不少。例如，微信公众号"包先生"与纪梵希（GIVENCHY）推出的中国独家销售的限量合作款，12分钟内单价1.49万的纪梵希地平线（GIVENCHY Horizon）手提包就被抢购一空。这个案例表明，在短视频的分类中，时尚资讯类是不可或缺的一类。

（6）萌宠类

这类短视频以娱乐分享为主，来自一些"铲屎官"没有任何变现企图的传播，目前也在市场上占有一席之地。

2. 以内容被认可的类型细分

（1）温情纪录片类

2017年8月，短视频平台二更完成了1亿元的B+轮融资。二更被业界了解的作品主要是一些温情类纪录片，比如《她和72个陌生人的奇妙情缘》。一条、二更是国内较早出现的短视频制作团队，其内容多数以纪录片的形式呈现，制作精良，开启了短视频变现的探索。

（2）网红IP延伸类

包括Papi酱、回忆专用小马甲、艾克里里等在内的网红形象，在互联网上具有较高的认知度，庞大的粉丝基数和用户黏性背后潜藏着巨大的商业价值。除了短视频自身产生的价值之外，这些IP还会在表情包、直播等其他领域发力。

（3）草根趣味类

抖音、快手等平台汇集了大量搞笑段子、鬼畜、社会摇等恶搞类短视频。虽然这些恶搞类短视频在内容制作上存在一定的争议性，但是在碎片化传播的时代也为大众提供了轻松的娱乐谈资。

（4）幽默短剧类

以陈翔六点半、报告老板、万万没想到为代表的团队，制作的短视频内容大多偏向幽默类。这类短视频无固定演员、无固定角色，具有鲜明的网络特点，多以搞笑为主，但在互联网上传播得十分广泛。

短视频行业的短平快传播，为普通人搭建了交流的秀场。正因为参与人员的广泛及文化水平的多层次分布，才使影响和定位短视频分类的标准有很多。随着 VR 技术的成熟、直播产业的发展，短视频的类型会更加丰富，相应的行业标准也会陆续出台，这些标准将使未来短视频的专业划分更加清晰。

《二更·短视频小白书》对短视频用户的分析

知识链接 2-3

短视频的受众

近年来，我国短视频行业用户规模迅速增长，月活跃用户规模由 2016 年 3 月的 1.34 亿增长至 2020 年 6 月的 8.52 亿；2018 年 9 月开始，我国短视频 APP 的移动互联网渗透率均稳定在 50% 以上。在性别方面，女性用户数量远远超过男性，占比高达 61.6%。短视频平台用户的年龄主要在 30 岁以下，其中 24 岁以下短视频用户在全年龄段的占比为 8.68%，24~30 岁用户的占比为 42.73%。而 41 岁以上用户在全年龄段占比则与 31~35 岁的用户基本持平，分别为 20.61% 和 20.48%。在所有年龄段中，36~40 岁的短视频用户是占比最少的，这与其承担着较大的社会和家庭责任而可支配的个人休闲时间较少有关。在用户月收入方面，月收入 3000~5000 元的短视频用户占比达到 65% 以上，月收入 1 万元以上的短视频用户不足 10%。

从用户所在的地域分布上来看，短视频综合平台用户广泛分布在国内一、二线城市。其中，短视频用户数量占比排名最靠前的十个省份分别为广东省（9.03%）、河北省（8.48%）、山东省（7.58%）、辽宁省（7.11%）、河南省（6.24%）、黑龙江省（5.24%）、江苏省（4.87%）、吉林省（4.43%）、四川省（3.87%）、浙江省（3.71%）。而短视频用户数量占比排名最靠前的十个城市分别为：沈阳市（2.20%）、石家庄市（2.12%）、北京市（2.10%）、哈尔滨市（2.05%）、广州市（2.03%）、天津市（1.92%）、深圳市（1.58%）、成都市（1.51%）、长春市（1.49%）、重庆市（1.37%）。

二、短视频营销实务

（一）短视频营销形式

1. 短视频创意定制

很多业内人士已经达成一个共识——"未来的原生视频广告方向一定是

广告主定制创意短片"。凭借 PGC（Professionally-generated Content，专业生产内容）、UGC（User-generated Content，用户生产内容）越来越成熟的短视频内容生产实力，根据企业的要求进行内容定制已经成为一种高转化效果的营销方式。"创意内容＋短视频"形式可以最大限度地发挥内容价值，让品牌植入显得更加原生和自然。

2. 短视频冠名

冠名这种方式在之前的品牌植入中就已经盛行。在短视频领域，品牌主通常可用品牌或者产品命名短视频栏目名称。基于短视频的超强流量，再加上冠名带来的多频次的品牌露出，更易为自己在社交媒体中带来大量曝光，同时提升自己的美誉度。这种方式具有执行速度快、覆盖人群广等优势。

3. 短视频植入广告

依托于短视频达人的高人气，以植入形式，如贴片广告、播主口播同样可以使品牌获得更好曝光。这种方式具有易操作、到达率高、成本低等优势。

4. 短视频互动营销

短视频互动营销通常是企业发起某一活动，借助短视频平台和视频达人的粉丝影响力，带动粉丝参与，并由此可能引发一场覆盖全网的短视频传播风暴。短视频传播具有视觉化的优势，整个互动形式一般都具有很强的互动性、眼球性、热点性和舆论性，极易形成爆点，感染目标人群。

案例 2-3

西安万爱情侣酒店利用短视频打造网红酒店

2018 年 5 月，一位网络红人入住西安万爱情侣主题酒店，并拍摄了一段介绍这家酒店的短视频上传到了抖音上，在短短几天的时间里，这个短视频获得了 254 万个赞。一时间，西安万爱情侣主题酒店成了网红酒店，无数人闻风而来。借着这个东风，西安万爱情侣主题酒店发起了一场分享获赞得奖品的互动活动，在微博宣布："即日起凡上传有关万爱情侣酒店视频到各个社交平台（抖音、快手、腾讯微视、微博等），获赞就能得奖品啦！谁拍谁红！不服来拍！来万爱，也许下一个网红就是你！"这场互动营销，成为短视频营销的一个经典案例。

【案例分析】

一直以来，大部分酒店房间售卖严重依赖第三方 OTA 渠道，酒店自有渠道少且薄弱。但随着中文互联网人口增长红利消失，整个行业线上流量减少，

模块二　定制旅行营销传播媒体

酒店获客成本逐年增加。酒店的营销方式，必须改变了。抖音是国内最大的短视频平台，日活跃用户超 6 亿，种草转化效果非常明显。而酒店自身拥有优质宣传物料，尤其是特色酒店、民宿客栈等，非常适合用短视频的方式宣传，并且短视频的方式更利于占领用户心智、宣传品牌。现在已经有很多酒店入驻抖音平台了，搜索"酒店"，在用户分类项下就可以看到许多酒店企业。总的来说，客栈民宿类，一般是宣传自己的特色比较多，比如拍摄民宿的花园；而星级酒店，常以酒店餐饮美食为视频内容。两种视频引流效果都很不错。

5. 短视频多平台分发

能够做到多平台分发，这是短视频在品牌推广中的一大优势。除了像美拍、秒拍这种专业的短视频平台外，像大家熟知的优酷、腾讯、爱奇艺这种视频门户平台，一些新闻、社交客户端以及新媒体都成为短视频传播的渠道。

一般企业在投放中特别重视内容和达人资源方面的运用，实际上传播渠道也直接关系到执行落地和传播效果。将分发渠道策划好、运营好，也是短视频营销的重要玩法。

6. 短视频＋活动出席

邀请网红出席企业的线下活动，除了大家所熟知的对活动进行现场直播以外，对直播内容或者线下活动的其他精彩内容，进行内容剪辑，形成一段精彩的短视频在线上进行二次传播，也是短视频目前常用的一种玩法。

除了以上六种形式，目前短视频＋电商、短视频＋网络综艺等营销方式也被越来越多地企业所采用。随着短视频的不断发展，营销玩法也会越来越丰富，短视频背后的巨大流量将会转化为实实在在的商业价值。

短视频营销的特点

（二）短视频营销策略

短视频营销可以以低成本赢得海量用户，可谓一本万利。而要想做好短视频营销，我们要把握以下几个关键点。

1. 让客户充分参与，提高互动性

在如今这个注意力经济时代，人们已经不再愿意接受单向的"背书式"传播，互动的参与式才是大家喜闻乐见的方式。

网民早已不甘心只是默默当一看客，在做营销的时候，我们应该抓住这样的机遇，让年轻人参与进来，让年轻人自己去创造属于他们自己的品牌内容。

2. 内容策划紧扣产品，具有创意性

根据产品的不同特点，短视频的内容要进行不同的调整，有时候可能需

要走心的,有时候可能需要无厘头的,有时候可能需要有价值的,有时候也可能只是吐吐槽就可以。

无论用哪种形式,需要结合产品价值,策划需要有新意、有创意。

3. 产品植入要巧妙,模糊广告痕迹

很多人不喜欢看广告,一旦发现发布的短视频不过是广告而已,就会本能地排斥。所以我们会看到,只要是广告明显的内容就很难得到大规模转发,除非你的内容价值大到可以抵消客户对广告的反感。这种价值可以是深度或娱乐的,然而,每个人的价值点不一样。因此,要实现这一点是很难的。所以,在短视频营销时,产品植入一定要巧妙,最好"润物细无声"。

4. 时长要控制,节奏要紧凑

短视频的长度最好控制在5分钟以内,便于传播和在无Wi-Fi的情况下打开。如果短视频时间太长,人们就不愿意用流量观看,但是2~3分钟的视频还是有很多人愿意接受直接用流量观看的。除此之外,短视频的节奏一定要快,如果节奏太缓慢,客户可能没看多久就会关了。既然视频都没看完,又怎么可能会继续分享?

5. 讲究发布时间,推送恰到好处

在发布短视频的时候,时间把握是非常重要的。如果在不恰当的时间发布视频,有可能会因为影响了客户的正常生活而被取消关注,最后反而得不偿失。

什么时间推送最有效呢?一般来说,早上、午饭后、晚上睡觉前是最合适的。

- 早上8点至9点:这段时间,大部分人已经起床,他们期待着了解最新的消息,有获取信息的主观能动性。而且多数人正在上班的路上,正坐在地铁里或者是公交车上无所事事,有看视频的充裕时间。

- 中午12点至下午1点:这段时间一般是午饭的时间,很多人吃完午饭后百无聊赖,有些人还会聚在一起讨论买什么东西更划算,这时候发布视频,观看的概率比较大,购买的可能性也比较大,而且更容易被分享。

- 晚上9点至10点:这段时间,大家已经吃完晚饭,非常清闲,而且心情也比较放松,很容易产生购买的欲望。这时候发布视频,大部分人都能接受,而且会激发他们的购物热情。

6. 优化短视频标题,冲击力要强

客户是否看某段视频,在很大程度上也取决于视频标题是否足够吸引人。因此,一定要投入时间来充分优化视频标题。

视频标题应该包含与视频内容有关的关键词,一到两个即可,过度堆砌相当于"剧透",会使客户观看视频的冲动大打折扣。

模块二　定制旅行营销传播媒体

要多用长尾词。所谓"长尾词",指的是那些非目标关键词但也能够带来搜索流量的关键词。比如,目标关键词是鞋子,长尾词则是男式皮鞋、户外运动鞋、女士高跟鞋。长尾词具有延伸性强、针对性强、范围广的特点,它所带来的客户,转化为新客户的可能性比目标关键词要高得多。

值得注意的是,有些人对短视频营销的认识存在一些误区,认为短视频营销就等于植入广告,这是错误的。短视频营销的爆发点在于内容的营销。内容营销不是传统的植入广告,而是把你的产品包装成内容,让内容植入你的产品。内容即广告这种原生广告形式,才是未来的趋势。而且基于短视频的内容营销也不是一蹴而就的,必须是持续地营销,持续地内容输出,持续地影响消费者,否则就成了基于短视频的广告投放。

短视频营销的优势

 任务四　微博营销

一、了解微博营销

微博用户群是中国互联网的高端人群,这部分用户群虽然只占中国互联网用户群的10%,但他们是城市中对新鲜事物最敏感的人群,也是中国互联网上购买力最强的人群。

(一)微博的发展历程

2006年Twitter诞生,2007年国内陆续开始出现微博服务商。在经过阶段性探索成长后,2010年我国迎来微博元年,四大门户网站均开设旗下微博应用,微博迅速普及开来。从产品生命周期来看,我国微博的发展主要经过了以下三个阶段。

1. 第一阶段:引入期(2007—2008年)

2007年,在国外首获成功的Twitter成为国内企业纷纷效仿的对象,以叽歪、饭否、做啥、腾讯等为代表的第一批微博网站在国内市场进行试水运行。其用户群主要以极客为主。虽然这些微博网站在市场方面做了较多的探索尝试,但是受限于国家政策,转瞬成为云烟。

2. 第二阶段:成长期(2009—2012年)

2009年上半年,以嘀咕、follow5为代表的微博网站进一步深化探索失败;

8月，新浪微博开始正式上线，大获成功。随即以各大门户网站、大型网站为主的微博服务商迅速普及开来，不断扩展市场，发展了大批用户。

3. 第三阶段：成熟期（2013年至今）

自2013年开始，搜狐、网易、腾讯等公司对微博投入力度陆续减弱，微博市场内部的品牌竞争格局日渐清晰，新浪微博突出重围，用户逐渐向新浪微博迁移和集中。这也促使新浪微博用户较以往有所提升。2014年，新浪微博宣布更名为微博。2021年9月，微博月活跃用户数达到5.73亿，来自移动端比例达到94%；日活跃用户数达到2.48亿。根据微博披露的数据，2021年6月微博确定的月活跃用户中超过75%属于Z世代，即1995年至2009年出生的一代。

（二）微博营销的内涵

微博（Weibo），即微型博客（Microblog）的简称，是一种通过关注机制分享简短实时信息的广播式的社交网络平台。微博是一个基于用户关系信息分享、传播及获取的平台。用户可以通过Web、WAP等各种用户端组建个人社区，以140字（包括标点符号）的文字更新信息，并实现即时分享。微博的关注机制分为可单向、可双向两种。微博作为一种分享和交流平台，更注重时效性和随意性。微博更能表达出每时每刻的思想和最新动态。

企业微博指的是基于微博平台，以企业或品牌身份注册等方式运营的官方微博。企业运用微博的及时性、互动性、开放性等特点，在微博上发布与企业间接或直接相关的信息，实现低成本的产品推介、用户关系管理、品牌传播、危机公关以及销售促进等营销价值，通过不同功能实现对微博用户的影响。企业微博的粉丝是企业的潜在消费群体，粉丝的关注、评论和转发等行为可能会将粉丝转化为用户，并成为忠实粉丝，主动为企业做宣传。粉丝的重要性使关系影响逐渐成为微博营销的重点关注对象。

微博营销是以微博平台为基础的营销活动，它具有社会化媒体营销的共性，同时又兼具微博的独特性，如微博内容具有短小、及时性、互动性和广泛性等特点。

 知识链接 2-4

意见领袖

"意见领袖"一词，最早由保罗·拉扎斯菲尔德（Paul Lazarsfeld）提出。他认为，意见领袖是指在人际传播网络中经常为他人提供信息、意见、评论，并对他人施加影响的活跃分子,是大众传播效果的形成过程的中介或过滤的环节。由他们将信息扩散给受众,信息传递按照"媒介—意见领袖—受众"这种两级传播的模式进行。在前网络时代,充当意见领袖的人是具有一定社会地位和知名度的人,这些人拥有的社会光环使他们具备充当意见领袖的条件;而在网络时代,不受关注的草根阶层也可以利用网络媒介迅速成为网络意见领袖。

新浪微博将新浪博客强力热捧名人博客的传统继承下来,在运营初期与大量名人合作来提高关注度,并利用微博的传播特点及传播优势将名人微博体系继续完善和发扬光大,使其传播效果发挥到极致。新浪微博以名人微博为基础,逐渐建立起完善的意见领袖系统,这也是新浪微博得以取得巨大成功的原因之一。

二、微博营销的方法

社交和媒体是微博的两大基本属性,这两大属性决定着企业利用微博做营销的运营重心。微博营销只有结合关系营销、内容营销、精准营销和整合营销才能获得良好的营销效果。

(一)关系营销

关系营销是 1985 年巴巴拉·本德·杰克逊提出的。关系营销把营销活动看成一个企业与用户、供应商、分销商、竞争者、政府机构及其他公众发生互动作用的过程,其核心是建立和发展与这些公众的良好关系。简而言之,即吸引、维持和增强用户关系。社交、媒体、渠道和平台是微博的四大属性。微博是企业和用户进行互动交流沟通的平台,微博所具有的强大互动性帮助企业有效维护用户关系,并且帮助企业进行市场调研与监控,有利于企业开展营销活动,维护用户忠诚度并挖掘新的用户。

(二)内容营销

内容营销,指的是以图片、文字、动画等介质传达有关企业的内容,以给用户信心,促进销售。换句话说,内容营销就是通过合理的内容创建、发布及传播,向用户传递有价值的信息,从而达到网络营销的目的。内容营销所依附的载体,可以是企业的 Logo、画册、网站、广告,甚至是 T 恤、纸杯、手提袋等。根据不同的载体,传递的介质各有不同,但是内容的核心必须是一致的。由于微博的用户量庞大,微博的信息量也非常大,因此开展微博营销首先就是要吸引注意力。新媒体时代是一个内容为王的时代,进行微博营销需要通过各种方式结合多媒体将信息传递给用户。高质量的营销内容能够有效吸引粉丝并留住粉丝。有关报告指出，如果用户喜欢品牌故事，超过半数可能会在未来购买这个品牌的商品。企业需有效摆脱当前用户对传统营销消息较为反感的局面，在内容营销中植入情感因素帮助企业脱颖而出。所有行业都是娱乐业，如果企业不能和用户玩起来，就很可能惨遭淘汰。调查显示，平均每个人会关心四种以上的娱乐资讯。面对当今社会的巨大压力，用户会选择查看娱乐信息进行放松，因此，企业借助娱乐信息造势更容易让用户接受品牌的信息。企业的微博运营者还需要注重内容的原创性，结合粉丝互动，塑造品牌形象，并可通过微博具有的多种功能帮助企业开展丰富多彩的创意营销活动。

（三）精准营销

精准营销就是在精准定位的基础上，依托现代信息技术手段建立个性化的用户沟通服务体系，实现企业可度量的低成本扩张之路，这是有态度的网络营销理念的核心观点之一。公司需要更精准、可衡量和高投资回报的营销沟通，需要更注重结果和行动的营销传播计划，还有越来越注重对直接销售沟通的投资。当前是一个大数据时代，利用微博进行营销活动可以通过大数据整合，帮助广告主完成信息多重触达、舆情监控、口碑分析、用户沟通及用户关系积累。只要企业对自己的目标受众进行精准定位，如年龄、性别、地域、兴趣等多个方面，然后通过微博信息流精准投放广告，就可在保证用户体验的同时，有效帮助企业实现精准营销。

（四）整合营销

整合营销是一种对各种营销工具和手段的系统化结合，根据环境进行即时性的动态修正，以使交换双方在交互中实现价值增值的营销理念与方法。整合就是把各个独立营销综合成一个整体，以产生协同效应。这些独立的营销工作包括广告、直接营销、销售促进、人员推销、包装、事件、赞助和用户服务等。战略性地审视整合营销体系、行业、产品及用户，从而制定出符合企业实际情况的整合营销策略。微博拥有许多优点，可以作为企业开展营销活动中不可或缺的一部分，但是不能单一地只用微博作为营销的工具，需要与电视、报纸、微信等其他营销方法相融合才能充分发挥各自的特长，使营销效果更好。

微博营销的特点

三、微博营销实务

在当下注意力经济时代，企业微博营销是传统营销模式的有益补充。为

模块二　定制旅行营销传播媒体

契合新形势，有效利用微博做好营销需要围绕企业总体营销策略来进行。

（一）定位策略

定位是进行微博营销的第一步。只有做好定位，才能根据目标群体的特性帮助企业更好地运用微博进行营销，达到宣传企业产品、树立品牌形象、进行危机管理、发掘潜在用户的目的。可通过制造一系列的热点话题，围绕本企业的产品或品牌的特性来制定适合目标群体的营销策略。

1. 需要确定微博定位，做好内容、话题营销主线

微博是当前企业开展社会化营销活动常用的手段之一。微博平台具有极强的开放性与互动性，因此成为企业发布新闻公告、开展公关活动的载体。然而，当前新媒体竞争日益激烈，尤其微信对微博的冲击最大，不少企业转移营销阵地，放弃了微博运营，这是不正确的。与微信相比，微博是一个更加开放的平台，相比微信的私密传播，微博的曝光率更高，其传播速度更快、辐射范围更广。并且微博更加具有媒体属性，更适合企业做品牌推广、维护公共关系与用户关系。微信用户偏向于移动端，而微博兼顾电脑端和移动端。企业微博的电脑端是企业的微官网，微官网更适合成为展示企业形象的平台。

微博顺应互联网潮流，从策略创意、媒介应用、技术支持、效果转化等多个角度开拓移动营销新路径，为企业找到绝佳的品牌营销解决方案提供借鉴与指导，其营销价值正随着移动热潮渐入佳境。在第三届移动营销大奖（Top Mobile Awards，简称TMA）的赛场上，微博的营销价值愈加凸显。大赛设置创意类、技术类、效果类、互动体验类、内容营销类、电商营销类、媒介整合类、大数据营销类、视频直播营销类九大案例类奖项，共收到531件参赛案例，涵盖日化、服饰、数码、家电、汽车、食品、医药、金融等多个行业。尽管营销的形式和手法不尽相同，却不约而同地选择了微博作为营销平台。相关数据显示，大赛内容营销类的138个案例中，使用微博作为营销工具的有87个，入围奖项的概率更是高达63%。微博在内容营销过程中快速高效的优势，使其成为内容类广告传播的重要阵地。在话题营销推广等方面，微博具有得天独厚的优势。由此可见，微博仍是企业进行社会化营销的优秀平台。

2. 整合营销工具，有效联动其他平台

微博是企业营销的一个重要工具，企业的微博不应是一个单独的个体，而必须和其他渠道协同合作创造更高的价值，所以更应该与企业整体的营销渠道进行配合，形成互利互补关系，达到最佳的营销效果。微博作为新兴媒体，与报纸、广播、电视等传统媒体有着一定的区别。传统媒体更具权威性，而新媒体的门槛低、互动性强，更加具有即时性，并拥有更丰富的媒体形式。《极限挑战》《奔跑吧》等热门综艺节目无不在节目播放期间引导微博互动，

增加节目曝光率。微博是良好的内容营销、话题营销的平台，可引起亿级讨论量，同时达到助长节目收视率的目的。把微博作为企业整合营销中的重要一环，通过微博进行多渠道建设和整合的方式可为企业营销增添巨大价值。不仅其他平台可以导流量到微博，企业的微博也可以作为导流量的工具，链接起其他平台渠道，将流量导到其他平台，如官网、微信、淘宝和其他购物平台等，切实发挥起营销矩阵的作用。

（二）管理策略

许多企业利用微博进行营销缺乏长远规划，只是将之作为临时策略，没有充分发挥微博的作用。企业需要通过合理的管理策略来发挥微博的最大效用。

1. 培养营销专业团队，强化智力支撑

对微博的重视程度低，缺乏长远规划，主要在于不少企业缺少相应的微博营销人才。营销领域随着数字技术的发展发生了翻天覆地的变化，因此有些企业不能跟上潮流是很正常的。企业家未正视传统营销与互联网营销的差异，不重视微博营销，企业招聘专业的新媒体运营人员不足，内部缺少对品牌宣传人员的新媒体技能培训，面对不断推出的微博新功能、应用、插件等，无所适从。企业想要运营好微博，达到较好的运营效果，就要紧跟潮流，做好新媒体技能的培训。同时微博营销员需要不断根据行业的发展趋势，了解互联网的发展趋势，了解微博的发展趋势，增强适应力来应对瞬息变化的互联网世界。新媒体营销竞争非常激烈，一个专业的微博营销人才应该具备流量思维和用户思维，如文字水平突出，会图片、视频等素材处理，会活动策划，还要会用户管理。但并不严格要求每个微博营销人员都要具备以上才能。一个企业可以组建起一个新媒体营销团队，团队内部设置文案、设计、视频制作、用户管理、活动策划、公关、数据分析等职位。人员分工合作，优势互补。但每个人要熟悉各个环节，有一定的操作能力，有审时度势、监控预警风险的能力。

2. 建立微博子账号，承担不同角色

企业的产品线很多，可以根据不同的产品线、不同的功能定位开设不同的子账户，最大限度地利用企业内部资源，向受众展示不同的企业品牌形象，多账号协作，做到和受众零距离接触。不少企业没有认识到开设不同微博的意义，只单一地开一个官方微博，最终导致内容混乱、文风凌乱，造成用户混淆。当然，这也不意味着企业必须开很多微博账号以适应不同的受众。账号的开设必须在运营人员的能力范围内，结合公司的实际需求进行。另外，企业也应当鼓励员工开设微博，使内部人员更好地宣传企业形象。这也要求

企业领导人有微博营销意识，鼓励员工开设认证的微博，并在微博上积极宣传企业形象，打造企业的无形资产。例如，美的集团在"美的集团"官方微博主品牌账户下，开设了"美的空调""美的冰箱""美的冷柜""美的挂烫机""美的豆浆机"等 17 个产品项微博，构成完整的微博宣传体系。企业可根据实际需求建立起公司账号、员工账号、子品牌账号、职能型账号、区域性账号等矩阵，但各个账号必须分工明确，各司其职，统一口径，建立起完整的企业形象。

3. 统一企业标识，强化品牌认同

当前企业版微博主页不断更新换代，从各方面来看，都是有利于发展进步。微博主页也是企业的另一张脸面，所以也需从页面设计方面注意其自身形象。当前企业版微博为企业实现个性化设计提供了很大的便利，可以从头像、封面图、卡片背景、焦点图等各个方面进行个性化设置。一个精美的页面设计不仅给粉丝愉悦的视觉享受，同时可以提高关注转化率。如"春秋旅游"PC 端首页以标志、标准字、标准色为核心融入企业 Logo、官网微信二维码、企业卡通形象、企业宣传口号、客服电话及近期活动信息，让浏览主页的用户迅速获取信息，同时页面布局合理，版式精美，给人较佳的视觉感官体验。不少企业微博运营人员却忽视了微博移动端的页面设计。当前微博移动端月活跃用户规模接近 2 亿，移动端流量不可小觑，但不少企业微博的移动端封面往往是系统默认封面，缺乏自身品牌调性与美感。携程旅行网结合产品设计了电脑用户端封面和移动端的封面，充分传达了企业理念和企业文化（见图 2-4、图 2-5）。

图 2-4　携程旅行网官方微博电脑端截图

图 2-5　携程旅行网官方微博手机端截图

4. 关注行业媒体、意见领袖和竞争对手

微博是一个互动平台，可以与他人沟通交往提升影响力和曝光度。企业在微博上关注行业媒体微博把握行业信息，关注行业意见领袖丰富行业知识，同时可以与大 V 互动获得曝光量，提高知名度和美誉度。关注竞争对手，可以实时了解对手的最新消息，取其精华，去其糟粕，吸取对手的成功经验以帮助自身开展营销活动。同时关注时事热点可以获得最新热点消息，掌握最新潮流趋势，有利于紧跟热点并结合自身定位制造话题营销及事件营销，成为生动有活力的官微。例如，可口可乐的昵称瓶的微博营销活动，就是通过与明星、意见领袖的充分互动提升活动热度的。可口可乐在微博的定制化互动售卖"一站式"体验，是为配合可口可乐前期上市的昵称瓶市场活动吸引用户持续关注而策划的符合微博特性的社会化互动活动，是集互动、定制、支付于一体的"一站式"网络体验。可口可乐定制昵称瓶在新浪微博限量抢购，仅限 7 天，活动期间微钱包共有 2227 笔支付抢购可乐定制昵称瓶，话题"可口可乐昵称瓶"讨论数达到 74 308 条，活动期内昵称瓶的微博讨论量达到 492 203 条，这样高的关注度得益于可口可乐在此次活动中充分发挥了明星和意见领袖的号召力。一大波明星、意见领袖纷纷在社交网络上晒出印有自己名字的可口可乐定制昵称瓶，从而带动了各个明星粉丝和普通用户在微博上求可口可乐定制昵称瓶。

5. 充分利用微博应用，发挥功能效益

微博应用是针对企业、媒体等机构类账号可接入的专属应用，以提供专业、稳定的扩展工具与服务，实现更加多样化的展示、营销及管理功能。据统计，大多数企业都未能充分利用微博的应用功能，认为应用不适宜手机操作，其实不然，现在微博为适应移动端发展趋势做了很大的努力，现今的应用并非微博的软肋。实际上，微博现在已经可以快速接入已有 H5 应用，充分发挥能动性，方便企业用户选择使用，营销效果较佳。如"中国电信自助服务"应用，用户可以在其中查询套餐余量、账单查询、积分查询，并可轻松地完成充值。"聚美优品"配合"陈欧总裁福利日"活动开发的 H5 页面应用，输入手机号码即可领取红包。

（三）内容策略

微博的内容仅限 140 字，让观点表达和信息传递加上了"短、平、快"的特征。因此，在微博上，只有高质量的内容，才能够引起关注、形成话题。微博只有形成自己高辨识度的风格和特色，才可能吸引到忠实的粉丝，在众多同类产品中脱颖而出，形成品牌效应。

1. 充分认识内容营销的双向沟通

企业需要抓住用户的心理，制定出有针对性的营销策略。企业必须考虑用户喜欢什么，想要什么，什么能激起用户的兴趣，什么能影响用户关注品牌，从而设计出与品牌有贴近性的营销活动，吸引用户产生真实的互动，通过有内容、有意思、有深度的营销活动与用户建立起情感联系。人们虽然排斥广告，但都喜欢听故事，企业可以通过有趣、有用、有沟通或者有个性的方式将企业的理念、创意以故事的形式表达出来，与用户形成情感共鸣。例如，香港戴瑞珠宝旗下的求婚钻戒品牌 Darry Ring，通过讲故事打造了从产品到情感文化，从内容创造到病毒口碑的情感营销模式。Darry Ring 只有男士才可以定制，并且在购买之前需要出示身份证，一个男士一生仅能定制一枚，送给一辈子挚爱的女生，每一枚都有唯一的编码对应。无论你的地位如何，送出一枚之后无法再送出第二枚。这一独特的购买方式、其中蕴含的品牌精神——一生一世的爱情、幸福的象征，是 Darry Ring 模式的核心，也正是情感消费行业一直在苦苦寻找的用户终极需求。通过微博等社交媒体渠道，用情感传播品牌文化，用合适的产品承载品牌精神，利用粉丝圈子建立品牌口碑，Darry Ring 这种利用情感与文化作为品牌核心的模式，与国内大部分以外观设计以及价格作为核心的品牌完全不同，Darry Ring 既保持了国际传统奢侈品牌的文化建设思路，又完美结合互联网粉丝的口碑效应，从而获得了巨大的影响力。

2. 关注语言风格的统一性与时尚性

企业在官微上的行为就像一个生动的人。企业通过微博的文字、图片、

视频向粉丝传达着有情感的信息,其中语言具有很强的穿透力,透过文字可以展现出文字背后的人的形象与气质。所以作为企业官微的运营者,应该给自身定位一个拟人化形象,做一个个性让人喜欢的人,选择适宜形象的语言风格,最大限度地受到广大受众的喜爱。当然,不是说一个品牌不能有多个人格,但必须是不冲突且相辅相成的。从定位的形象出发,在内容建设的过程中可从不同角度进行形象刻画。例如,故宫文化服务中心的官方微博故宫淘宝就是通过微博上诙谐幽默的语言和图片,让原本严肃、庄严、古老的故宫历史人物鲜活起来的。微博的语言符合网络特点,同时将历史人物萌化,通过创意让原本暮气沉沉的形象变成了可爱幽默的形象,引起年轻人对于历史的兴趣,淘宝故宫微博因此成为许多年轻人的关注对象。

3. 推动内容展现形式的创新性

微博的内容最为关键,但形式也起重要的作用。微博也在不断开发不同的内容展现形式,如微博视频、头条文章、支持换行、直播、投票、字数取消140字限制等,以满足不同阶段的用户新需求,让微博变得更加生动有趣。事实上,微博已成为一个消息集散地,且有着不可撼动的地位。技术的日新月异,为数字营销带来新的创意表现形式,新技术和好内容的融合,不仅给受众带来眼前一亮的惊喜感,也让内容营销变得更有质感,并充满体验感。借助社交媒体进行营销活动是当前的主流趋势,所取得的效果远好于传统营销活动。作为国内第一家化妆品行业的团购类网站的聚美优品,其营销手段一直被大众所称赞。2012年10月12日,聚美优品发布2012年新版广告,这则广告在电视上悄然走红,2013年2月引起了网络上的追捧热潮。这则由聚美优品的CEO陈欧亲自参演的宣传片,充满正能量,受到观众的欢迎。"我是陈欧,我为自己代言"被称为"陈欧体"或"代言体"。除了广告片本身在网络上爆红,各种改编版的"高校体""城市体""行业体"等也迅速蹿红。"陈欧体"的成功营销,很大程度上提高了聚美优品的品牌知名度和影响力。聚美优品的这则广告最初是在电视上播出的,但最终走红还是借助于网络媒体的力量。微博的转发评论使"陈欧体"爆红,同时借助大V微博用户的号召力——何炅、韩庚、孙杨等各界名人都在微博上转发了该广告的视频,使得营销效果更好。随着电视播出和网络上来自各方的良好口碑与赞美推荐,聚美优品广告迅速在微博、人人网等社交网站以及天涯、百度贴吧等网络社区传播开来。另外,线下还有地铁广告。总之,新颖创意使聚美优品品牌形象不断提升。

(四)互动策略

目前,微博营销中常用的互动策略是有奖转发。企业经常设置一些奖励来激励用户关注官微或激励粉丝进行转发。这种方式固然可以扩大企业微博的曝光度，但是影响了精准度，很多用户是为了奖励而转发的，对企业没有忠诚度，无法为企业带来真正的效益。因此，我们需要寻找更加有效的互动方式。

1. 运用工具，关注潜在用户

企业需要对粉丝进行管理，研究粉丝的性别、年龄、教育水平、职业、爱好、地域等属性，根据粉丝的特征及消费行为方式制定营销活动方案。首先要对自己企业的产品做好受众定位，然后做好用户行为分析，以此来制定吸引此类受众的营销战略。主动关注目标群体，以期获得被关注，提升转化率，这中间需要投入大量的人力。但随着技术的日新月异，已经有较多的第三方应用应时而生，通过这些应用工具，可以批量发送信息、定向关注潜在用户，不仅大大减少了人力投入，而且也提高了工作效率。如韩国艺匠婚纱摄影年销售额达 50 亿韩元，其中 1/3 来自微博营销，而这一成果就是依靠微博的社会化客户关系管理（Social Customer Relationship Management，简称 SCRM）完成的。微博与 Socialbakers、友盟、Admaster 等机构的深入合作，使微博能够提供用户身份、行为和兴趣等海量数据，为广告主带来清晰全面的社交用户关系管理。韩国艺匠婚纱摄影通过使用微博 SCRM 提供的用户数据，锁定了微博个人信息添加过结婚标签的用户和曾发布过与结婚等相关关键词的用户，并定向投放信息流广告。此外，还与广告有过互动的用户进行后续的交流沟通，这样既有效保证了广告投放的转化率，也对广告商后续跟进有一定的促进作用。不仅如此，在广告投放后，企业还可以根据效果调整投放的时段，确保广告投放精准，效果显著。

2. 利用热门话题，增加曝光度

每天在微博上会发生各种各样的热门事件与话题，通过微博的持续发酵与热评，这些事件和话题以指数级的速度快速传播。企业微博的运营者，应该关注时事热点，借助热门话题借势造势，进行事件营销，增加曝光量，提升营销效果。例如，百事可乐借助猴年春节这一契机，将大部分中国人童年的偶像六小龄童扮演的孙悟空推向营销舞台。国人大多对传统的猴王精神有强烈的认同感。百事可乐携手六小龄童推出了《把乐带回家之猴王世家》微电影，并且在新浪微博上共同推广"六小龄童乐猴王"话题，使之荣登热门话题榜首页。这一系列活动让百事可乐很好地彰显了企业情怀，提高了其品牌知名度，甚至有网友表示"看完分分钟想冲出去买百事可乐"。由此可见，百事可乐此次营销活动获得极大成功。

3. 注重粉丝互动，尊重粉丝诉求

微博具有实时性和互动性，如果不能有效地运用，那么微博将成为一个冷冰冰的机器，无法了解粉丝情感沟通需求，导致粉丝流失。有人经常把营

销和促销混为一谈,但营销远非促销这么简单。现代管理学家彼得·德鲁克认为,营销的目的在于充分认识及了解用户,使产品或服务能适应用户需要。互动参与度决定了营销成功与否。微博运营人员需有效借助微博平台积极回复用户,了解粉丝需求,最大力度地满足用户需求。小米就是一个成功的典型案例。根据微博发布的企业微博品牌榜,小米在微博上有 70 个企业认证账号和 14 个认证企业高管账号,形成强大的微博矩阵。小米利用微博这块阵地建立起了自己庞大的粉丝帝国。2010 年,小米推出了 MIUI 首个内测版,并召集了 100 个内测用户,小米将这 100 个用户称为"梦想赞助商",正因为这批用户的测试与意见反馈才有了后续小米手机的研发与发布。为了感谢这批用户,小米将这 100 位"梦想赞助商"的 ID 印在了小米手机开机页面上,后续还推出了《100 个梦想的赞助商》微电影,不忘粉丝一路以来的支持。这种尊重粉丝、重视粉丝的行为,使得小米的用户忠诚度很高,企业也取得了良好的营销效果。

(五)掌握发布时间

人们上网时间呈碎片化,这就需要企业根据自身目标消费群体的作息时间来安排微博的发布,以便最大限度地抓住用户的注意力,成功引起他们的兴趣。根据新浪微博数据中心《2020 年微博用户发展报告》的微博用户日常发微博时间习惯图来看,微博用户对微博具有较高的依赖度,早晨 5 点起,微博用户发微博达到第一峰值,随后在下午 1~2 点有小幅下滑,3 点之后微博发博量又平缓上升,晚上 7 点后再次小幅上升,在晚上 10 点达到峰值后开始下滑(见图 2-6)。除了了解发布时间,为了让营销效果更加显著也应该了解微博的主力人群,这样才能使营销效果事半功倍,成功将企业或产品推广给目标群体。

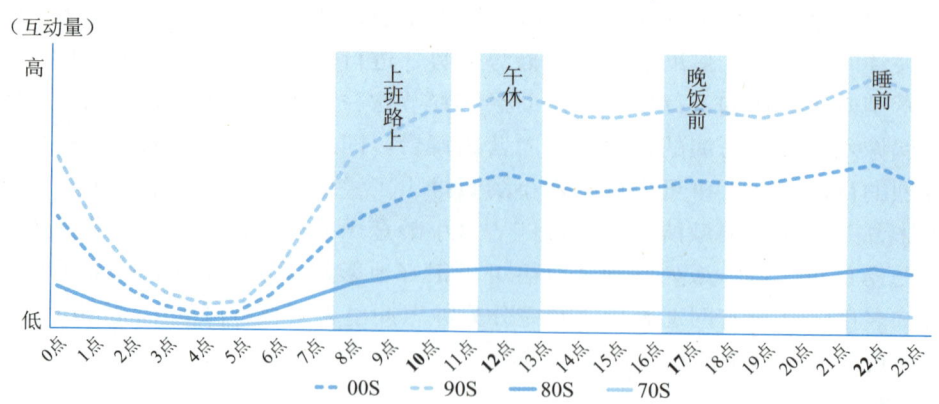

图 2-6 微博代际用户互动时段

模块二 定制旅行营销传播媒体

 **任务五 小程序营销**

一、认识小程序

什么是小程序？微信创始人张小龙给小程序的定义是这样的：小程序是一种不需要下载安装即可使用的应用。它实现了应用触手可及的梦想，用户扫一下或者搜一下，即可打开应用；它也体现了用完即走的理念，用户不用关心是否安装了太多的应用，应用将无处不在，随时可用，但是又无须安装。小程序的到来，将给我们带来许多便利和好处。

（一）小程序的含义

2017年1月9日，微信小程序正式上线。腾讯创始人在2017微信公开课中首次公开阐述微信小程序，表示小程序是微信的一种新应用形态，重在给优质服务提供一个开放的平台。

简单来说，微信小程序就是将用户手机上的各种APP集成到微信中去，不用下载，也不用安装，直接点开即可使用。

（二）小程序的分类

小程序从起步到发展至今，可以分为三类：门店类、开发类和微信小店类。

1. 门店类

门店类的主要功能在于让用户通过搜索查找到商家的门店。那么，该如何为自己的企业在公众号里创建一个门店呢？具体步骤如下：

（1）登录公众号，选择左侧导航栏里的添加功能插件按钮，在功能插件中找到门店小程序，点击添加。添加完毕之后，可以在左侧的导航栏中看到门店小程序的字样。

（2）点击门店小程序，进入门店信息。点击添加按钮可以进行添加，一般最多可以添加10个门店。

（3）填写门店的相关信息。输入地理位置之后，则可以快速导入门店信息，节省填写的时间。

（4）继续完善需要填入的相关信息，点击提交按钮后进入审核阶段，审核完毕之后就完成创建。

注意事项：门店是完全免费的，但前提是以企业公众号为标准，个人公众号暂不支持开通门店功能。

展现形式：通过微信→小程序→附近的小程序（或者搜索展现）。

展现内容：门店名称、Logo、商家地址、营业时间、电话以及门店照片。

具体作用：可以让用户快速找到商家的门店，并联系商家。

门店也可以通过公众号介绍、自定义菜单插入图文进行宣传。当然，也可以在门店详情的页面获取门店二维码，进行朋友圈、微信群线上宣传以及线下张贴宣传，以此来提升商家的曝光度。

2. 开发类

越来越多的定制旅行企业想开发自己的小程序，想加入小程序开发行列，但小程序开发涉及的技术比较专业，掌握开发语言也并非一件易事，需要综合考量。

（1）时间太长。从注册开始到搭建成功，如果没有一定的实操经验，需要花费大量时间。

（2）过程烦琐。相比以往快速注册的流程来说，注册过程非常烦琐，没有耐心的人很容易放弃。

（3）功能单一。虽说现在互联网上已经出现了大量的源码，但这些只能适用于一些简单的企业类。如果想要实现更多的功能，建议最好还是请专人或外包给第三方公司进行单独开发。

3. 微信小店类

微信小店听上去和门店都有一个"店"字，但作用是不一样的。门店主要是让用户可以通过搜索找到商家的店铺，只有一个简单的展现功能；而微信小店是可以产生交易，获取利润的。那么，微信小店又该怎么开通呢？

具体操作方法如下：

（1）必须有一个认证的公众号，并且开通微信支付，用于后续的收款。

（2）点击公众号左侧的添加功能插件，并在插件库中找到微信小店。

（3）点击微信小店，选择右上角的开通（必须开通微信支付）。

（4）选择开通之后进入编辑小店信息页面，填写完毕之后点击确认并进入下一步审核阶段。

（5）审核完成之后，则可以上架一些商品。商品成功上架之后，可以向微信好友进行推送，如果用户有兴趣就会直接购买店铺中的产品。

优势：微信小店通常在电商行业使用较多，而且不用开发和借助第三方接口，直接就能在公众号后台开通。

（三）小程序的应用场景

无论是何种应用，实用性都是不可忽视的一个重要因素。而实用性又往往体现在特定场景中。小程序的主要实用场景有以下五种。

1. 电商场景

虽然电商是一个巨大的蛋糕，但是想从中分得一块已变得越来越难，因为淘宝、京东等平台占据了大部分的市场份额，其他平台可以获得的份额非常有限。所以，即使微信也未能通过微商获得突破性的发展。

小程序的出现给微商的发展提供了极大的便利。首先，小程序这个入口给微商提供了一个集中展示的平台，这无疑对微商的秩序化和专业化起到极大的促进作用。其次，对于广大商家来说，小程序直接增加了一条销售渠道，只要运营得当，无论是销量还是名气都会有所提升。依托微信，小程序中的购物流程也被大大简化，用户的购物体验必然会获得提升。

当然，小程序作为一个新平台，许多领域还有待完善，再加上微信月活跃用户近 9 亿，这无疑给小品牌和零售商带来了更多发展机遇。因此，电商成为小程序的主要应用场景之一也就不足为奇了。

2. O2O 场景

对于大部分 O2O 企业来说，虽然线上推广运营方式日趋多样化，但是线下很难获得想要的效果，主要是因为线下推广的方式相对来说比较有限，小程序的出现很好地弥补了这个不足。

因为小程序可以通过扫码直接进入，无须下载，随时可用。所以，O2O 企业进行线下销售时，无须再想方设法让用户下载自己的 APP，而只需通过一定的技巧增加扫码率，便可以快速获得用户。而且小程序占用的内存较小，使用之后会自动出现在"小程序"界面，也很好地保证了用户的留存率。

不得不说，小程序的出现是对 O2O 营销场景、线下运营推广的一个极好补充，它为 O2O 企业带来的利好是显而易见的。

3. 媒体类场景

在小程序还未出现之前，大多数媒体在微信上的主要模式就是运营订阅号来获取粉丝。但是许多订阅号特别是自媒体类的订阅号，在获得大量粉丝之后，只能通过打广告等较为粗放的形式转化流量。

而用户往往更关心订阅号提供的干货内容，当看到广告时，大多数用户都会直接跳过。另外，如果订阅号的内容中出现的广告过多，部分用户很可能会因为反感而取消关注。这样一来，流量转化自然也就难以达到预期的效果。

小程序出现之后，自媒体运营者可以将流量导入小程序中。小程序作为一个应用，运营者可以根据自身需求提供丰富的内容，相较于单一的广告，这种流量转化方式无疑更加灵活、有效。

4. 工具类场景

虽然工具类应用可以为用户的生活带来极大的便利，但用户要获取一个APP，需要经过搜索、下载、安装和注册等步骤，这不仅会占用大量的手机内存，而且还需付出较多时间成本。面对如此种种，部分用户可能会因为怕麻烦而直接打消下载APP的念头。

小程序具有随时可用的特点，用户只需搜索并选择，便可以快速进入小程序。因此，在功能相近的情况下，与APP相比，工具类小程序往往因其便利性而能获得更好的用户体验，使之更具实用性。

比如，用户来到某个陌生地点，可能想通过下载某地图类应用进行导航。但是，当其进入应用商店之后，看到该应用占用的内存达100M，如果他（她）急需到达某地，那么，他（她）很可能直接通过打车等方式解决，而不会再有下载APP的念头。但是在微信中，该用户只需进行简单的几个操作，便可在几秒钟之内进入小程序。而在大多数情况下，这个时间成本许多人还是愿意支付的。因为在他（她）们看来，这些时间基本可以忽略不计，而且说不定这个小程序能帮到自己呢。

因此，即使是抱着试一试的心态，大多数人还是会选择先进入小程序进行相关查询。这样的优势能使工具类小程序使用率获得提升，同时也让其具有更强的实用价值。

5. 服务类场景

生活服务类小程序相对来说使用频率可能并不是太高，但是用户对这部分的需求是刚性的。如果用户因为一时需要下载了该类APP，那么，当一段时间内暂无需求时，用户很可能会为了释放空间而选择卸载APP。

小程序则基本上不会存在这种情况，因为小程序不需要下载，也没有卸载一说。而且小程序占用的空间不会超过2M，大多数用户也不会为了释放这一点空间而删除小程序。

因此，与服务类APP相比，用户往往更愿意使用服务类小程序，而且用完之后也不会立即删除。所以，服务类小程序的使用率和留存率都相对较高，而实用性自然也就更强。

当然，服务类小程序虽然基本不用考虑用户留存问题，但是需要考虑另一个问题，那就是如何增加高质量用户。因为生活服务类小程序使用频率比较低，而且同一功能多个小程序可能都具备，所以竞争比较激烈，而要在竞争中取胜，用户的数量和质量是关键。

针对这个问题，运营者需要做的就是立足市场调查，通过对长尾市场的把握，满足用户的特定需求，让小程序更具实用性。

二、小程序营销实务

（一）小程序营销的优势

小程序营销有以下四大优势。

1. 转化率高

企业在产品营销中，以前借助APP或公众号进行，它们需要多次跳转，步骤烦琐，导致营销转化率低；现在借助微信小程序能够实现营销闭环，从而得以更快地营销转化。

2. 数据准确

小程序有助于企业内部数据与外部推广数据的高效连接。通过对用户数据的分析，企业可以实现精准营销。小程序开放了比较初步的用户画像能力，可以从性别、年龄、区域、设备几个维度的数据来分析小程序用户的状况，为下一步的运营行为做铺垫。

3. 门槛更低

相较APP，程序开发与维护成本低、时间短，上线速度快，有助于企业实现小步快速向上跑，不断试错，不断优化产品。

4. 合理裂变

常见的社交营销最关键的就是裂变。只有产生了良性的裂变，企业的营销效果才能圆满达到。微信小程序既可以通过分享行为带来粉丝裂变，也可以基于公众号的内容来不断激活。

案例 2-4

驴妈妈门票预订

驴妈妈门票预订是一款提供旅游门票预订服务的小程序。如果用户在默认界面选择某个景点，则会进入"景点详情界面"。在该界面，用户可查看景点的相关信息，也可以直接预订门票。点击默认界面中的"附近景点"按钮，则可进入"附近"界面，查看用户附近的景点。另外，用户还可通过搜索查询某一地区或景点的相关信息，并可通过排序功能对搜索结果进行筛选。

【案例分析】

驴妈妈门票预订小程序主要具有两大营销优势：其一，该小程序为用户旅游特别是预订景区门票、了解相关信息提供了便利；其二，"驴妈妈"作为

国内知名品牌，拥有一定的用户基础，而该小程序与"驴妈妈"品牌定位一致，而且提供大量的免费服务。

（二）小程序营销的策略

1. H5 营销

H5 是 HTML5 的缩写，也就是超文本标记语言的第五次重大修改，而 H5 营销就是利用 HTML5 语言来完成的一种具备特色的 HTML5 页面营销。H5 营销的市场十分广阔，再小的品牌都可以用这种方式进行宣传。

（1）学会制造话题

严格来说，H5 营销也算是内容营销的一种。大多数 H5 营销案例之所以可以获得成功，其中很关键的一点就是通过制造话题引起轰动效果，让更多的人接触到营销内容。那么，H5 营销应该怎么制造话题呢？

对于这个问题，小程序运营者可以从两方面考虑：一是提供实用、有价值的内容；二是结合品牌的特性，通过创意的发挥将产品或服务与热点事件联系起来，更好地与用户打成一片。

（2）以价值求共鸣

H5 特别是功能型 H5，需要给用户提供有价值的内容。随着时代的发展，相较于物质，人们更多的是追求精神上的满足。因此，这个价值不仅仅是给用户发福利，更包括通过特定设计的融入，引起用户精神上的共鸣。

据此，小程序运营者在设计 H5 页面时，可以将品牌或产品的功能特性与用户在某方面的精神需求联系起来，生产可以满足用户精神需求的内容。

（3）追求科技突破

在 H5 营销中，页面的视觉效果是非常关键的一个部分。通常来说，相较于传统的文字内容，三维图形和 3D 特效等技术含量相对较高的内容，往往更容易获得用户的青睐，这就是科技力量的体现。所以，小程序运营者在进行 H5 营销时，还需追求科技上的突破。因为科技特别是页面制作技术的发展，看似只是呈现效果略有不同，实则可以直接影响用户的体验。

（4）广泛进行推广

无论是何种营销，都需要进行推广，而且推广越广泛，所取得的效果也往往越好。所以，小程序运营者在进行 H5 营销时，需要充分调动渠道资源，以多种方式进行营销推广。比如，可以在微信中采用公众号图文推送、微信群转发、朋友圈分享以及二维码推广等多种方式将 H5 营销的相关内容进行推广，增加宣传渠道，从而扩大营销的影响面。

2. 文案营销

文案营销即以文字为主要内容，并配以适量图片的一种营销方式。部分运营者认为，文案营销就是通过大量文字和图片，尽可能细致地将相关内容介绍清楚。其实，文案营销最重要的就是以文案的形式将创意进行特色表达，从而获得更多用户的关注。因此，即使只是简单的一句话再加上一张图片，也有可能成为一个成功的营销文案。图2-7所示为"人生进度"小程序的营销文案。

图2-7 "人生进度"小程序的营销文案

单从内容来看，这个文案无疑是比较简单的，但是它将"人生进度"作为主要卖点，即帮助用户了解人生进度作为重点内容，又将人的一生形象地比作电量，警示用户珍惜时间。

看到这些信息之后，许多受众心中不免会有这样的疑问："我的人生还剩下多少呢？"为了获得这个问题的答案，大部分受众会忍不住使用该小程序一探究竟，这样一来，小程序的使用率势必大幅提高，文案营销则获得了成功。

3. 视频营销

视频营销即运营者将与品牌或产品相关的短视频放置在网上，从而获得更多人关注的一种营销方式。例如，某视频网站"群印象"小程序运营者发布一部营销视频，该视频以《微信发朋友圈，一定要知道这个小程序！太好玩了！》为标题，看到这个标题之后，大部分对小程序和朋友圈的相关信息感兴趣的受众，可能会忍不住点击观看。该视频虽然以好玩为卖点，实际上却是对"群印象"小程序的展示。从短短几天便获得4万多的播放量来看，此次视频营销无疑达到了获得更多用户关注的目的。

4. 活动营销

活动营销是指整合相关的资源策划相关的活动，从而卖出产品，提升企业形象和品牌的一种营销方式。在小程序客户端推出的营销活动，能够提升客户的依赖度和忠诚度，更利于培养核心用户。

活动营销是各种商家最常采用的营销方式之一。在小程序上，常见的活

动营销的种类如图 2-8 所示。

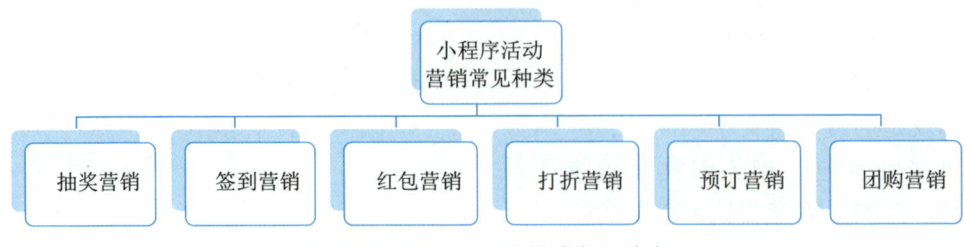

图 2-8　小程序活动营销常见种类

小程序特别是电商类小程序，最常用也是最有效的营销方式便是活动营销。许多电商类小程序通常会采取"秒杀""清仓"等方式，以相对优惠的价格吸引用户购买产品，增加平台的流量。

图 2-9 所示分别为拼多多小程序中的"限时秒杀"和"九块九特卖"界面，这两个界面中进行的优惠活动内容便是典型的活动营销。

图 2-9　拼多多小程序中的"限时秒杀"和"九块九特卖"界面

5. 品牌营销

在大数据的时代，传统的商业营销模式早已经"out"了，品牌营销方式才是当今商业营销的主流。那么，什么是品牌营销？下面通过具体图解对其概念进行分析，如图 2-10 所示。

模块二 定制旅行营销传播媒体

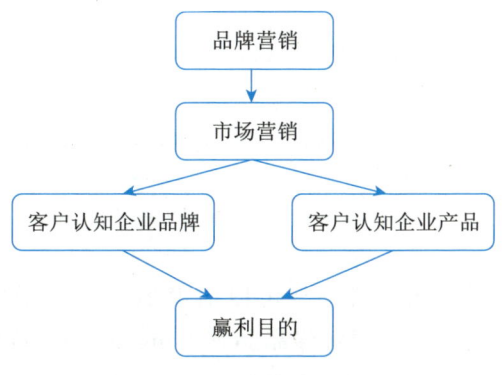

图 2-10 品牌营销概念分析

以小程序为基础，企业将自身的企业文化以及产品植入用户心目中，使用户对企业建立好感与忠诚度，这便是小程序品牌营销。

如何让消费者在繁杂的信息中发现并喜欢自家的小程序品牌呢？这就需要企业做好品牌营销，而做好品牌营销的前提便是掌握五个基本构成要素（见图 2-11）。

移动互联网的普及，使得品牌营销成为当今商业获利的主流模式。企业采用品牌营销策略，在关注消费者的内在需求与兴趣点的同时，将品牌产品与小程序进行个性结合。图 2-12 所示为小程序品牌的四大营销策略。

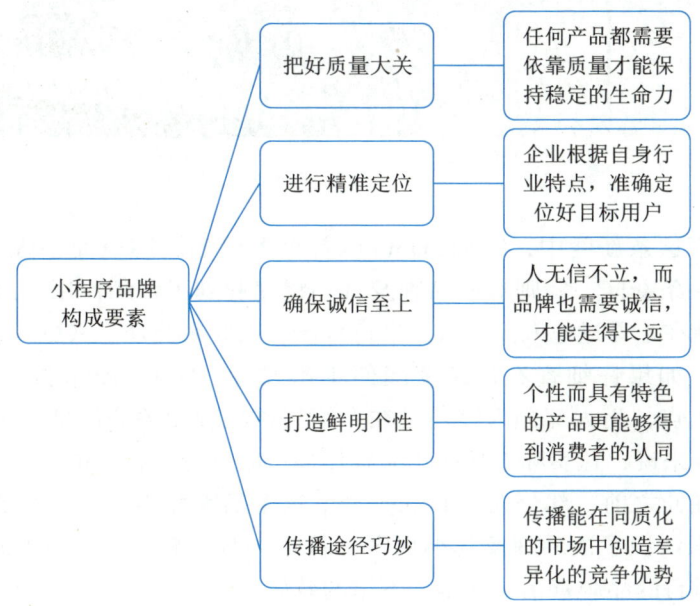

图 2-11 小程序品牌构成要素

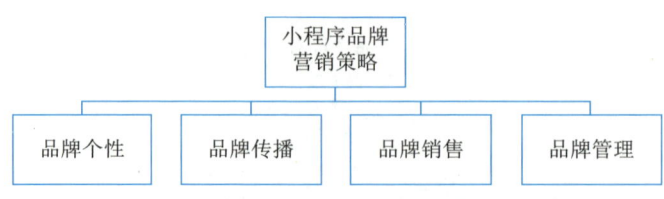

图 2-12　小程序品牌营销策略

通过一定的策略，运营者甚至可以借助他人的力量进行品牌营销。图 2-13 所示为腾讯科技关于法国奢侈品品牌 Longchamp（珑骧）推出小程序的新闻。

图 2-13　关于 Longchamp 推出小程序的新闻

在上面这条新闻中，Longchamp 以首个奢侈品品牌电商小程序为卖点，这看似是一条新闻，实则对该品牌及其小程序起到了营销作用。这种营销的高明之处就在于通过他人而非自己进行宣传，因此在受众看来更具客观性。

其实，如果仔细查看这条新闻便不难发现，Longchamp 推出小程序只是一个切入点，而大部分内容还是在介绍与该品牌相关的信息，因此，对于 Longchamp 来说，这实际上是运用品牌传播策略进行品牌营销。

可能在此之前，部分人对 Longchamp 这个品牌并不了解，但是借由这条新闻更多人认识了该品牌及其小程序。因此，不得不说，Longchamp 借由推出小程序进行的品牌营销，获得了不错的效果。

实训项目

（1）学生分组，搜集一些微信营销活动的案例，归纳分析活动过程设计、效果监测方法，选择一些有趣的细节并讨论分析，总结概括出这些活动给企业带来的影响。

（2）学生分组，收集身边的一些企业关于开展直播营销的具体形式，选取一个企业或个人作为案例，分析讨论并概括其营销分别针对的目标人群。

（3）学生分组，选择不同企业的官方微博，搜集一些营销活动信息，归纳分析其活动过程设计、效果监测方法，选择一些有趣的细节并讨论分析，总结概括出这些活动给企业带来的影响。

思考与练习

（1）主要的传统媒体有哪几种？
（2）微信朋友圈营销的定位是什么？
（3）微信群营销的特点有哪些？
（4）微信公众平台的类型有哪些？
（5）什么是网络直播？
（6）直播营销的特点有哪些？
（7）短视频的受众有哪些？
（8）短视频的盈利模式有哪几种？
（9）微博营销的方法有哪几种？
（10）小程序的应用场景有哪些？

专业词汇

（1）微信朋友圈营销：指企业或个人将微信朋友圈作为宣传推广平台，潜移默化地营销朋友圈好友，通过品牌宣传、产品展示、实景案例分享、团队文化输出、个人形象品牌建立等赢得目标用户的信任和喜爱，进而增加转化，实现营销的目标。

（2）微信群营销：就是通过建立或加入一些微信群，并在该社交关系中借助移动互联网特有的功能而创设的全新的营销方式。简单来讲，微信群营销就是商家寻找目标客户所在的微信群，并加入其中，把群成员转化为自己的个人好友，进而转化为自己的客户。

（3）网络直播：指在现场架设独立的信号采集设备，并接入导播端（导播设备或平台），再通过网络将采集到的信号上传至服务器，发布至平台上供受众观看的活动。

（4）直播营销：指在现场随着事件的发生、发展进程同时制作和播出节目的营销方式。营销活动以直播平台为载体，以提升企业品牌或产品销量为目的。

模块三
定制旅行营销内容创作

模块导读

　　定制旅行营销活动的开展离不开优质的营销内容，营销内容是在营销对象、营销渠道和营销战略确定的前提下，开展营销活动的重要武器，也是进行营销准备的起点。

　　本模块将结合定制旅行的营销特点，从内容创作思维和内容创作技术两个维度阐述定制旅行营销内容创作，帮助定制旅行从业人员快速掌握定制旅行营销内容创作的基本技能，并且能够创作出具有鲜明个性特点的内容作品。

思维导图

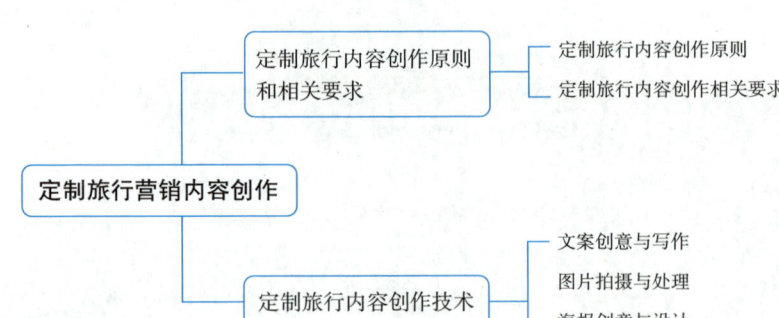

学习目标

（1）职业知识：理解定制旅行内容创作的基本思维方式，掌握常见营销内容创作的基本技术。

（2）职业能力：掌握定制旅行用户特点、渠道特性，理解营销战略，能够运用内容创作思维与技术，开展定制旅行营销创作实践。

（3）职业道德：在进行定制旅行内容创作时，能够严格遵守法律、法规，尊重和保护知识产权、肖像权等，内容积极向上、符合公序良俗，树立自身和企业的良好形象。

模块三 定制旅行营销内容创作

📋 案例导入

携程挤入内容营销赛道，在线旅游（Online Travel Agency，简称 OTA）开启"内容为王"时代

2021 年 3 月 29 日，携程召开新闻发布会，携程集团联合创始人兼董事局主席梁建章发布了"旅游营销枢纽"战略。该战略将通过"1＋3"的模式推进，以一个"星球号"为载体，聚合流量、内容、商品三大核心板块。

梁建章认为，旅游营销存在内容分散、碎片化，无法匹配精准流量，商品与内容脱节等问题。旅游领域缺乏将内容、流量和商品进行一站式管理的工具。携程打造的是"旅游营销枢纽"。这一体系将覆盖全域旅游场景，可实现找产品、找灵感、找优惠、找攻略、订交通的用户端与找外部流量、私域流量的商户端的需求一站式连通。

简单而言，携程"星球号"就是旅游商家和个人在携程上的一个"整合营销平台"，他们可以通过开直播、发图文、创作短视频、发起话题互动等方式，为自己的品牌、产品、理念等造势营销。

携程"长隆星球号"是携程首个同时聚合品牌产品、内容、活动的官方星球号。截至 3 月 5 日，"长隆星球号"总曝光量（站内＋站外）达 1.5 亿，内容生产共 65 篇，内容浏览次数在 150 万＋，用户互动次数达 2 万，总内容互动率 1.25%。"长隆星球号"粉丝总量已经超过了 2.04 万人。

新媒体时代，内容"种草"是成本最低、势能最长的流量入口。除携程之外，众多旅游 OTA 也已经开始内容营销转型，此前马蜂窝就发布了"北极星攻略"品牌，加码内容平台。也许这也会成为 OTA 接下来发展的一个新的突破口。当然，所有尝试一开始都是充满挑战的。

案例来源：中国旅游新闻网［EB/OL］.［2021-03-31］.http://www.ctnews.com.cn/news/content/2021-03-31/content_100904.html（引文有删减）

当下，在激烈竞争的市场环境下，优质营销内容已经成为旅游行业开展营销活动最具核心价值的"硬通货"。定制旅行区别于传统旅行形式，客户需求更加个性化，由此对营销内容的创作提出了更高的要求。定制旅行的营销人员不仅需要具备独具个性的内容创作思维，还要在日新月异的新媒体生态环境中，掌握各类内容创作技术。

模块三我们首先从创作思维的战略角度对定制旅行内容创作的基本原则进行分析讲解，而后结合定制旅行营销工作场景中亟须的文案创作、图片拍摄、海报设计、视频制作四个工作任务进行综合实训。

项目一 定制旅行内容创作原则和相关要求

 任务一 定制旅行内容创作原则

在定制旅行营销实践中我们发现,定制旅行的主要用户往往具有较为丰富的旅游经验,具有一定的经济实力和文化修养,对营销内容有较高的要求。定制旅行的"定制"二字将定制旅行独特性、高端性和稀缺性的特征表露无遗,这就对定制旅行营销内容创作提出了较高的要求。但是,营销内容的创作也不是无迹可循的,要时刻注意"五感"的营造。

一、对象感

开展任何营销活动的起点都是营销对象的辨识。作为一种非标准化的产品形态,定制旅行营销对象的辨识尤为重要。定制旅行在开展营销活动时,首先要建立起对象感。对象感就是明确营销对象的年龄、身份、性别、爱好、需求等,只有提供具有针对性的营销内容才能够打动消费者实现营销的转化。

细分化的市场格局要求定制师能够在建立对象感的基础上,说"受众听得懂的话",适当地运用一些独特的表述习惯和视觉符号,能够帮助对象感的建立。

二、参与感

定制旅行作为一种定制化、个性化的消费模式,与传统团队游的市场相比,消费群体的规模更小但是更加地深入,营销活动必须精准,这就需要借助用户之间的口碑传播模式,帮助定制师更加精准地找到同类型用户。建立参与感是一个很好的营销手段。

在营销内容的创作过程中,也要将参与感的建立纳入全盘的考虑。多采用游客的主观视角进行内容创作,帮助他们建立代入感。巧妙设计互动、参

模块三 定制旅行营销内容创作

与环境，通过长时间的互动，建立情感连接，帮助定制旅行项目的推广传播。

三、分寸感

定制旅行作为一种特殊的旅游服务业态，在营销的过程中，定制师分寸感的把握十分重要。过于频繁的互动营销会令潜在的游客产生厌倦，过于"高冷"的互动又给人以拒人千里之外的冷漠。

这就需要定制师在工作中不断积累和摸索，分析自己所面对的客群的特征与喜好。在营销内容创作的过程中，不断收集效果反馈，进行经常性地复盘总结，不断修正和完善营销节奏和内容创作审美，以期达到最佳的营销效果。

四、新鲜感

作为一种定制化的服务，营销内容的新鲜感是吸引用户选择的重要因素。用户希望能够获得差异化的服务，能够体验到传统团队旅行、自由行所不能体验到的项目和服务，这就给定制师提出了新的要求。

定制师在进行营销内容创作的时候，可以从两个维度进行新鲜感的营造。①内容新鲜：需要定制师不断积累和挖掘目的地旅游资源，提供具有市场稀缺性又符合游客需求的创新旅游产品。②形式新鲜：能够掌握新的媒体技术手段和创作手法，带给游客新的内容体验。

五、荣誉感

相较于传统团队游、自由行甚至是"穷游"，定制旅游属于中高端的旅游市场，消费者荣誉感的建立，显得尤为重要。定制师在进行营销内容的创作中，要有意识地进行荣誉感的创建。要注意遣词用句，合理地使用尊称、敬语，建立游客的身份认同，令游客感觉到自己被尊崇。在营销活动中，也要有意识地设计一些用户能够乐于分享的内容，在帮助用户提升自身形象价值的同时，也有利于定制旅行产品的深度传播。

定制旅行内容创作"五感"营造

任务二　定制旅行内容创作相关要求

虽然定制旅行是一项商业化的行为，定制旅行营销服务是以建立品牌形象和获客为主要目的的商业化的服务，但是从企业的社会责任、法律义务以及品牌发展的角度看，必须遵循道德和法律的约束与规范。

一、严格遵守法律法规

开展定制旅行营销活动，首先要受到国家现行法律法规的约束。随着我国法制化进程的不断推进，法律法规体系不断完善，我国出台了多部规范营销活动的法律条文，也建立了严格的预防、管理和处罚体系。主要的相关法律法规有《广告法》《电子商务法》《消费者权益保护法》《反不正当竞争法》《产品质量法》《商标法》《专利法》《食品安全法》《价格法》《网络信息安全法》以及 2021 年 11 月 1 日生效的《个人信息保护法》。

（一）《广告法》规定不能使用的极限用语

国家级、世界级、最高级、最佳、最大、第一、唯一、首个、最好、精确、顶级、最高、最低、最具、最新技术、最先进科学、国家级产品、最便宜、最新、最先进、最大程度、填补国内空白、绝对、独家、首家、第一品牌、金牌、优秀、最先、全网销量第一、全球首发、全国首发、世界领先、顶级工艺、最新科学、最先进加工工艺、最时尚、极品、终极、顶尖、最受欢迎、王牌、冠军、第一（NO.1/Top1）、极致、永久、王牌、掌门人、领袖品牌、独一无二、绝无仅有、前无古人、史无前例、万能等，均属于极限用语。

（二）《广告法》规定广告不得有下列情形

（1）使用中华人民共和国国旗、国徽、国歌；

（2）使用国家机关和国家机关工作人员的名义；

（3）使用国家级、最高级、最佳等用语；

（4）妨碍社会安定和危害人身、财产安全，损害社会公共利益；

（5）妨碍社会公共秩序和违背社会良好风尚；

（6）含有淫秽、迷信、恐怖、暴力、丑恶的内容；

（7）含有民族、种族、宗教、性别歧视的内容；
（8）妨碍环境和自然资源保护；
（9）法律、行政法规规定禁止的其他情形。

二、尊重知识产权和肖像权

知识产权，是"基于创造成果和工商标记依法产生的权利的统称"。最主要的三种知识产权是著作权、专利权和商标权，其中专利权与商标权也被统称为工业产权。2021年1月1日实施的民法典中第一百二十三条规定："民事主体依法享有知识产权。知识产权是权利人依法就下列客体享有的专有的权利：（一）作品；（二）发明、实用新型、外观设计；（三）商标；（四）地理标志；（五）商业秘密；（六）集成电路布图设计；（七）植物新品种；（八）法律规定的其他客体。"

开展定制旅行营销活动，难免会使用到较多的图文素材，期间就涉及知识产权的诸多问题。例如，在定制游服务的过程中，将游客面部清晰的游玩照片用入商用的宣传推广资料中，就会产生潜在的法律风险。

（一）字体版权保护

在营销实践中，对图片版权的保护意识已经较为深入人心，但是对字体版权的相关意识还未能够完全建立。字体，是文字的外在形式特征，是文字的风格，是文字的外衣。字体的艺术性体现在其完美的外在形式与丰富的内涵之中。字体是文化的载体，是社会的缩影。

一般来讲，一款字库的诞生，要经过字体设计师的创意设计、字体制作人员一笔一画的制作、修改，技术开发人员对字符进行编码、添加程序指令、装库、开发安装程序，测试人员对字库进行校对、软件测试、兼容性测试，生产部门对字库进行最终产品化和包装上市等几个环节。对字体厂商而言，推出一款什么样的字体，还要经历市场调研、专家研讨等环节，以保证推出的字库具有市场竞争力；同时，字体的字形以及编码，也要遵循国家语言文字的相关规定，保证字库产品符合标准。开发一款精品字库，往往需要付出2~3年的艰苦努力。字库开发是一项需要投入各种人力、物力、财力，充满激情和创造性的工作。

除了明确申明可免费商用的字体外，字体如果在营销活动中进行商用也是需要进行授权的。由于字体版权问题而被字体版权所有公司诉诸法院的案例近年来也不乏少见。

较为常用的免费可商用字体是思源宋体、思源黑体、阿里巴巴普惠体

（仅阿里平台）它们可以较为广泛地应用于客户端（淘宝、天猫等）、营销场景（页面、物料）、线下大屏幕、操作系统、IoT 硬件设备、建筑空间、公关传播、礼赠品、商家授权等多个场景。

（二）肖像权保护

肖像权是公民可以同意或不同意他人利用自己肖像的权利。法律规定，未经本人同意不得使用公民的肖像。人像、纪实摄影作品如果是没有征得肖像权人同意而拍摄的，原则上不能发表、展览，即使是单纯的不以营利为目的的展览。

民法典规定的五种合理实施行为分别如下：

（1）为个人学习、艺术欣赏、课堂教学或者科学研究，在必要范围内使用肖像权人已经公开的肖像。

（2）为实施新闻报道，不可避免地制作、使用、公开肖像权人的肖像。

（3）为依法履行职责，国家机关在必要范围内制作、使用、公开肖像权人的肖像。

（4）为展示特定公共环境，不可避免地制作、使用、公开肖像权人的肖像。

（5）为维护公共利益或者肖像权人合法权益，制作、使用、公开肖像权人的肖像的其他行为。

除了以上五种行为外，其他场合使用肖像都需要获得所有权人的同意。定制师在进行营销推广时需要特别注意。

（三）个人信息保护

在旅游服务中，定制师会接触到游客的身份证号、手机号、护照号等较多的个人隐私信息，需要特别注意相关个人信息的保护。

2021 年 8 月 20 日，第十三届全国人大常委会第三十次会议表决通过《中华人民共和国个人信息保护法》，并 2021 年 11 月 1 日起施行。个人信息保护法将生物识别、宗教信仰、特定身份、医疗健康、金融账户、行踪轨迹等信息列为敏感个人信息。

个人信息保护法要求，只有在具有特定的目的和充分的必要性，并采取严格保护措施的情形下，方可处理敏感个人信息，同时应当事前进行影响评估，并向个人告知处理的必要性以及对个人权益的影响。有一些企业通过掌握消费者的经济状况、消费习惯、对价格的敏感程度等信息，对消费者在交易价格等方面实行歧视性的差别待遇，误导、欺诈消费者。其中，最典型的就是社会反映突出的"大数据杀熟"。

作为我国个人信息保护领域的专门性法律，《个人信息保护法》明确了个

模块三 定制旅行营销内容创作

人信息的处理规则、个人信息跨境提供的规则、个人信息主体的权利、个人信息处理者的义务等。值得注意的是,《个人信息保护法》对违反该法的行为规定了严厉的行政处罚,包括最高 5000 万元人民币或上一年度营业额 5% 的罚款。

为此,定制旅行营销人员一定要恪守职业道德,维护游客的个人信息安全。

项目二　定制旅行内容创作技术

 任务一　文案创意与写作

文案是广告的一种表现形式。文案来源于广告行业,是"广告文案"的简称,也是企业达成商业目的的重要载体。

文案是一种高效的传递信息的手段,也是定制旅游新媒体营销活动的基础,不论是创作一篇营销软文还是编写一个广告标语,甚至是给客户编辑一条微信都离不开扎实的文案功底。

一、文案创作的一般步骤

(一)明确目的

旅游营销文案的目的,一般可分为塑造旅游品牌、促进旅游产品销售、推动旅游营销活动三类。不同的目的在文案创作中就有不同的创作策略。

(1)塑造旅游品牌的文案:应该更加注重符合品牌风格和调性的内容输出,突出激发用户的情感共鸣和价值认同。例如:"好客山东"的旅游目的地形象口号,重在塑造旅游目的地的整体形象。

(2)促进旅游产品销售的文案:应该更加注重对游客需求的挖掘和信任感的建立,站在用户的角度思考和竞品的对比。

(3)推动旅游营销活动的文案:需要更加注重强调活动的吸引力,阐明活动的流程,给对象带来的便捷、有价值的感受。

（二）内容创意

在确定了文案的目的之后，就要思考文案的创意。

创意可以遵循"5W+1H"原则进行思考。

（1）What：文案创意的目标是什么？我们要传递什么样的内容？

（2）Who：传播的对象是谁？这里就涉及一个"用户画像"的问题，我们要考量用户的年龄、文化程度、需求、地域、偏好等因素。

（3）Where：文案是在哪里呈现的？是网络推文、短视频还是其他的媒体形式？

（4）When：投放的时段是什么时候？

（5）Why：游客为什么要选择我们的产品、服务或者接受我们的品牌理念？

（6）How：广告创意是什么？如何实现？

（三）文案写作

在明确了目的和创意之后，就可以进行正式的文案写作。文案写作的样式多种多样，最为核心的是文案的标题和文案的结构形式。

（四）文案复盘

可通过数据、目标人群的反馈，对已做过的工作内容再次进行梳理、总结，不断地摸索符合目标人群特点、营销效果良好的文案风格和形式。

二、文案标题的创作方法

在快速阅读的新媒体时代，一个优秀的文案标题对于提高传播效果至关重要。标题必须体现核心卖点，且卖点必须聚焦，一个标题中的卖点不能超过2个，同时标题必须简洁有力，数字一般不能超过30个字。

（一）数字化

阿拉伯数字在标题中的出现能够打破汉字的结构节奏，吸引受众的视觉关注，并且提升阅读的兴趣。在文案标题的创作中，可以提炼出一些数据以阿拉伯数字的形式呈现，以提升传播效果。例如：

- 2022年，10个小众旅游的目的地。
- 定制师都在疯传的5个绝美小镇。
- 拍案叫绝的7天定制攻略。

（二）人物化

在新媒体的虚拟世界，真实的人物会给受众带来极强的真实感和可行度。直接在标题中出现人物名称会给受众带来很强的心理暗示，提升内容的好感度。例如：
- 徐霞客：游历山川追求之美。
- 马可·波罗：我在东方重新找到了仙境。
- 丁真的笑容：我在藏区等着你。

（三）故事化

相比刻板地说教，故事化的文案标题更能够激发受众内心的好奇心。例如：
- 一周连续10次登上热搜，从宝妈到旅行定制师的心路历程。
- 去年我还在屏幕前码字，今年我成为旅行定制师。
- 用1000元带你走遍不一样的欧洲！

（四）情感化

情感最能够打动读者的心理。在标题中，可以用充满感情的词语吸引读者的注意。例如：
- 绝美风景的背后，隐藏着令人唏嘘的故事！
- 如果你热爱山河大海，请不要错过这感动的瞬间！
- 30年前因为工作你错过了山河大海，现在请把宝贵的时间留给自己！

（五）稀缺化

新媒体文案标题也可以提示时间有限或数量紧缺，促进正文阅读。例如：
- "即将消失的美景"再不去！后悔终身！
- 快领！定制旅游优惠券明天过期！
- 云南最强攻略今晚删除，不看亏大了！

如何写好一个文案标题

三、文案正文的常见结构

新媒体文案的正文部分是文案的主体。以下是几种常见的结构形式：

1. 论证式

在文中开宗明义地提出论证的中心，而后分几个分论点进行论证展开。或者提出某个观点，以若干个例子进行印证的写作方法。这种方法逻辑十分清晰，可以采用小标题的形式进行分段，比较利于后期排版，比较符合快速阅读的习惯。例如：

新疆的春天美得让人心醉
——伊犁的春天
——喀什的春天
——吐鲁番的春天

2. 推进式

正文由某个现象引出话题,通过一步步层层递进的阐释演绎,带领读者寻找答案,揭示主题。这种方法适合逻辑思路清晰、文笔较好的创作者。例如:

揭开都江堰的千年秘密

——走进都江堰景区

——蜀郡太守李冰治水

——走进宝瓶口

——走进分水鱼嘴

——走进飞沙堰

——赞叹古代先贤伟大的科学精神

3. 悬念式

通过开篇抛出一个令人惊讶的话题,制造悬念的形式,吸引读者好奇,环环相扣进行解答。例如:

神农架的深处是否真的住着野人?科学家这样说

——20世纪50年代的野人事件

——20世纪70年代的目击者证言

——2000年大型野外科考

——专家结论

——开放性假设

4. 应用式

主要适用于功能性的文案,主要讲述与受众切身相关的信息内容。此类文案以表达清晰准确为目标,不讲究文辞优美,需要把核心观点进行突出强化。例如:

给定制旅行游客的四点建议

——建议1

——建议2

——建议3

——建议4

5. 情景式

此类文案类似于体验报告的形式,往往以第一人称的视角向读者"诉说"自己的使用场景和心得体会,往往能够吸引读者的观看兴趣。例如:

跟着定制师坐火车去莫斯科是一种什么样的体验

——购买车票

——二连浩特过海关
——乌兰巴托的夜
——贝加尔湖的雪
——抵达莫斯科

 案例 3-1

2021 年 7 月 30 日下午，中共张家界市委旅游工作委员会办公室发布的《致居留在张家界游客朋友的一封信》开始在网上热传，网友纷纷给张家界点赞。

致居留在张家界游客朋友的一封信

亲爱的游客朋友：

非常感谢您选择来张家界旅游。因我市出现确诊病例，根据联防联控机制相关要求，我市两个区 11 个街道调整为中风险地区。全市所有景区景点于今天全部关闭。我们非常抱歉给您带来了诸多不便，也希望在这个特别的时段，能以我们周到的服务，让您感受到张家界的另一种美。为了您的身体健康和疫情防控工作需要，特别向您作如下提示：

（1）请您在离开张家界之前配合完成三次核酸检测。全市所有核酸检测点都专门为您设置了应急免费核酸检测游客专用通道，团队游客请由旅行社组织检测，自助游客人请您就近选择检测。

（2）我们非常理解您的归心似箭，以及渴望早日离开有确诊病例所在地的急迫想法。但请您一定要冷静思考：在没有确认自身安全的前提下，您回到单位或与家人团聚，会给身边在意的人带来什么样的潜在风险？请您能够多多考虑自己和家人安全，遵守国家疫情防控要求，配合酒店、旅行社、所在街道社区（村居）做好居店自我隔离，落实各项防控措施，非必要不外出。我市相关旅行社、酒店、疾控部门等将为您居留在张家界期间提供便利温馨服务。

（3）当您完成三次核酸检测，符合离张条件后，我们将为您提供 24 小时咨询服务，以方便您顺利离张。如需帮助，请您致电 0744-8380188。如果您是团队客人，请与接待旅行社对接；如您是需要租车服务的自助游客人，请您致电张家界市旅游协会旅游运输分会许先生（电话：15974411110）。

风雨过后见彩虹。有您的理解和配合，我们一定能众志成城，战胜疫情。

张家界三千奇峰、八百秀水永远欢迎您！张家界人民永远是您的朋友！

中共张家界市委旅游工作委员会办公室
2021 年 7 月 30 日

【案例分析】

《致居留在张家界游客朋友的一封信》全文 600 余字的篇幅，诞生于突如其来的疫情时刻，通篇使用"您""客人""朋友"等敬语，在清晰明确传达疫情防控要求的同时，能够融入情感元素，温情感人。文中还留下了手机号，被网友纷纷点赞，被称为"诚意十足"的一篇旅游文案。

四、微博文案写作

微博文案分为微博短文和微博头条文章两种形式。

（一）微博短文

微博短文是指可以直接在微博首页文字输入框中发布的内容。经典的微博短文是 140 字。然而，用户也可以发布超过 140 字的微博短文，但是超过 140 字的部分会被折叠起来，点击"全文"就会显示全部内容。

微博短文的信息发布比较随意，没有严格的内容和形式的要求。优质的微博文案也离不开精心的设计。

首先，要把握微博的整体定位，如果是定位为旅游内容知识分享的账号，就需要秉持自身的一贯风格，严谨用词，保持客观理性的综合形象。如果是娱乐生活化的风格定位，则需要采用活跃偏娱乐的语言体系。

其次，要选择合适的表现形式。目前，微博可以发布纯文字和图文结合的两种形式的微博。纯文字的微博，言简意赅，要求有价值、强共鸣、真实、有趣、新颖，要从用户需求方面多下功夫。定制旅行服务的微博纯文字可以是旅行故事、活动预告、行程通知、经验分享、游客反馈等内容。图文结合的微博短文和纯文本的微博相比，更符合读图时代用户的阅读习惯。可以采用单图、多图（小于等于 18 张）或者拼图（小于等于 18 张）。图片可以是长图也可以是 GIF 动图。

（二）微博头条文章

微博头条文章是一个长文的概念。优质的长文可以帮助账号提升文章的阅读量和互动量，让更多的用户关注到账号。微博头条文章还可以通过打赏、付费阅读广告分成等形式实现变现。写作的基本技巧和一般文案大致相同。微博头条文章可以进行排版设计，调整字号，添加图片、表情等元素，可以起到提升用户兴趣的作用。

 任务二　图片拍摄与处理

一、摄影基础知识与设备

（一）相机

相机是新媒体摄影中必不可少的器材。相机的品种繁多，按照相机的记录介质可以分为传统的胶片相机和数码相机。胶片相机由于需要通过对胶片进行冲洗才能够观看所拍摄的画面，也不便于快速进行新媒体编辑，所以在新媒体营销工作中使用的频率较低。我们主要以数码相机为主介绍常用的摄影器材。

数码相机也称数字相机，简称 D-C，是英文 Digital Camera 的缩写。数码相机是集电子、光学、机械一体化的现代产品。它能将现实影像进行捕获、转换、传输和存储，以数字化形式存贮在储存卡等介质中，方便其他电子设备的编辑制作。

数码相机可以大致分为轻便型数码相机、数字单镜头反光相机、数字无反相机和具有拍照功能的手机。

1. 轻便型数码相机

轻便型数码相机就是我们平时所说的"卡片机"。体积比较小巧，便于携带，大多可以使用手动程序功能，但是镜头的口径较小，传感器的尺寸也有限，较难达到较好的成像效果。

2. 数字单镜头反光相机

数字单镜头反光相机就是我们常说的"数字单反相机"。采用单镜头反光取景系统，可分为固定镜头与可更换镜头两类。可更换镜头数字单反相机是在营销活动中运用的主流产品，产品又可分为入门级、准专业级和专业级之分，差别主要在于操控性和传感器的尺寸。全画幅的传感器的面积是半画幅的2.3倍，全画幅传感器对光线更加敏感，画面更加细腻，特别是在弱光环境下的差别尤为突出。但是半画幅相机的焦距是全画幅相机的1.5倍左右，在拍摄远处景物时更具优势。

3. 数字无反相机

数字无反相机俗称"微单"相机，包含两个意思：微，微型小巧；单，和单反一样的画质，即体积重量比单反小且具有单反画质的相机称为微单相机。微单相机操控较单反相机更加方便，画质比卡片机更加优质，体积质量较为轻便。

4. 具有拍照功能的手机

随着手机制造技术的不断迭代，手机已经具备了很好的拍照功能，较为高端的拍照手机已经超越了很多早期卡片机的画质，同时手机有很强的便携性、编辑处理及分享功能，能够及时地进行二次创作和新媒体平台的发布，这是其他器材不能比拟的优势。

（二）镜头

镜头是照相机最重要的部分，成像质量的高低是评价镜头好坏的最重要的标准。仔细观察镜头，我们可以发现上面标注了一些数值，如：

- F=50mm，说明这是一个 50mm 焦距的定焦镜头；
- F=28~105mm，说明这是一个焦距 28mm 到 105mm 的变焦镜头；
- 18~200mm 的镜头，俗称一镜走天下，基本能满足一般旅行的拍摄要求。

（三）光圈

光圈是由若干金属片组成的一个多边形孔洞。光圈的作用在于决定镜头的进光量。

光圈有三个重要作用：①控制进光量（相邻数值之间的光圈相差一级，进光量相差两倍）；②控制景深（光圈大，景深小；光圈小，景深大）；③改善光像差（收小光圈，可以减少镜头的某些像差，改善成像质量）。

（四）快门

快门是用来控制镜头进光的时间。快门速度单位是"秒"。常见的快门速度有：1、1/2、1/4、1/8、1/15、1/30、1/60、1/125、1/250、1/500、1/1000、1/2000 等。

B快门：也叫"B门"，当快门钮按下时，即开启快门，直到放开快门钮，快门才关闭。

T快门：与B快门功能一样，只是于第二次按下快门钮才将快门关闭。较常见于传统机械式单眼相机，大部分相机已无此装备。

（五）取景器

相机中都有一个透光机身由一块五棱镜和一片反射镜镜片系统组成的取景器，其中看到的景物就是实际获得的画面，同时相机的背上还有一个液晶取景屏，可以回看之前所拍摄的照片，预览不同参数下的画面，但是较为耗电，需要注意电量的合理规划。

（六）景深

简单地说，"景深"就是拍摄景物时，清晰影像的前后空间范围，处于这个范围内的景物是清晰的，不在这个范围内的景物是模糊的。景深的特点是，前景深比后景深要短。

焦距、光圈和摄距是影像景深的三个重要因素。

焦距越长，景深越短；焦距越短，景深越长。

光圈越大，景深越短；光圈越小，景深越长。

摄距越近，景深越短；摄距越远，景深越长。

在拍摄特写，如花卉、昆虫等时，要求背景虚化的艺术效果，需要采用小景深突出主体，需要采用大光圈、长焦距、近摄距来实现。

在拍摄大风光、大场面、集体照、旅游纪念照时，需要画面中不同位置的元素尽可能清晰，需用采用小光圈、短焦距、远摄距的方式实现大景深的艺术效果。

（七）曝光

摄影曝光是运用光圈、快门和 ISO（感光度）的配合，使被摄物体的反射光线通过摄影镜头，最终在传感器（CCD、CMOS）上获得影像数字信息，通过影视处理器处理，在存储介质中储存影像的过程。

光圈、快门和 ISO 是曝光的三个重要因素。

ISO：即"感光度"，是指控制感光元器件对光线的感光敏感度的量化参数。常见数值有 50、100、200、400、800、1600、3200。ISO 和快门的速度成正比。在光线较暗的环境下，提高 ISO 固然可以增加画面的亮度，但是对光信号在数字放大后所带来的噪点，需要特别注意。

数码照相机有几种常见的曝光模式，一般照相机通过拨盘的方式进行选择。

（1）手动（M）模式：由使用者手动控制光圈和快门，适合环境较为复杂或者创作特色艺术效果的时候使用。

（2）光圈优先模式（AV）：该模式下，操作者选好光圈，照相机根据所测的光自动选择合适的快门速度进行拍摄。该模式适用于优先考虑画面的景深，控制画面清晰和模糊的程度。

（3）快门优先模式（T 或 S）：该模式下，操作者选好快门，照相机根据所测的光自动选择合适的光圈进行拍摄。该模式适用运动体的拍摄。

（4）程序自动曝光模式（P）：该模式下，照相机根据测光自动搭配光圈

和快门的数值，我们也可以半按快门，转动主控盘选择自己需要的光圈和快门搭配组合。

（5）自动模式：初学者可以采用全自动模式进行拍摄，相机会通过对画面的分析选择对应的模式，如"人像模式"（大光圈，主体清晰，背景模糊）；"风景模式"（小光圈，远近景物都清晰）；"微距模式"（表现花朵、昆虫等）；"运动模式"（高速快门，自动连拍等）。

（八）数码图像文件的格式

图像格式，即图像文件存放在存储卡上的格式，通常有JPEG、TIFF、GIF、RAW等。由于数码相机拍下的图像文件很大，储存容量却有限，因此图像通常都会经过压缩再储存。

1. JPEG图像格式

扩展名是JPG，其全称为Joint Photograhic Experts Group。它利用一种失真式的图像压缩方式，将图像压缩在很小的储存空间中，其压缩比率通常在10∶1至40∶1之间。这样可以使图像占用较小的空间，所以很适合应用在网页的图像中。JPEG格式的图像主要压缩的是高频信息，对色彩的信息保留较好，因此也普遍应用于需要连续色调的图像中。

2. TIFF图像格式

扩展名是TIF，其全称为Tagged Image File Format。它是一种非失真的压缩格式（最高也只能做到2~3倍的压缩比），能保持原有图像的颜色及层次，但占用空间很大。例如，一个200万像素的图像，差不多要占用6MB的存储容量。故TIFF常应用于较专业的用途，如书籍出版、海报等，极少应用于互联网上。

3. GIF图像格式

扩展名是GIF，其全称为Graphics Interchange Format，即图像互换格式。它在压缩过程中，图像的像素资料不会丢失，丢失的却是图像的色彩。GIF格式最多只能储存256色，所以通常用来显示简单图形及字体。有一些数码相机会有一种名为Text Mode的拍摄模式，可以储存成GIF格式。

4. RAW图像格式

扩展名是RAW，其全称为RAW Image Format。RAW是一种无损压缩格式，它的数据是没有经过相机处理的原文件。RAW文件包含了原图片文件在传感器产生后、进入照相机图像处理器之前的一切照片信息。许多图像处理软件可以对照相机输出的RAW文件进行处理。这些软件提供了对RAW格式照片的锐度、白平衡、色阶和颜色的调节。此外，由于RAW拥有12位数据，可以通过软件，从RAW图片的高光或昏暗区域获取照片细节，这些细节不可能在每通道 8 位的 JPEG 或 TIFF 图片中找到。

综上所述，定制旅行营销活动中，最常用的为 JPG 格式的图片。GIF 主要用于展现动图，而 RAW 格式的图片主要用于有较高后期制作要求的摄影创作。TIFF 文件则在海报、宣传单页印刷中较为常用。

（九）常用摄影附件

专业的摄影装备层出不穷，无法一一穷举。旅游类的以拍摄营销素材为目的的摄影装备，主要有如下附件：

1. 摄影包

摄影器材属于较为精密的电子、光学仪器，由于旅游环境的复杂性、气候环境的多变，所以防水、防震性能较好的摄影包能够较好地保护设备，延缓设备的折旧。同时也提醒大家把照相机标配的挂绳戴好，可能起到很好的保护作用。

2. 储存卡

尽量选择读写速度较快的储存卡，特别是高清晰高画质照片的拍摄读写速度是较为重要的指标。储存卡作为一种消耗品，较易损坏，出行时要准备好备份的储存卡，以备不时之需。部分没有 NFC 功能或者 Wi-Fi 功能的相机，可以选择购买 Wi-Fi 功能的存储卡来解决实时传输所拍摄内容的问题。

3. 三脚架

在拍摄夜景、合影等场景时需要较长的快门时间，对稳定性的要求很高，三脚架在其中具有不可替代的作用。可以选择普通尺寸的三脚架，也可以根据拍摄需求购买迷你三脚架或者是电子的云台稳定器。

4. 电池

数字照相机对电池消耗很快，特别是在寒冷环境下锂电池活性降低，耗电很快，需要有备用的电池进行更换。主要需要对电池配备绝缘的收纳盒或袋，防止旅行环境中的不必要损伤。

5. 其他

对于创作有较高要求的可以学习更多的进阶内容，配备快门线、滤色镜、小型闪光灯等其他设备。初学者尽量轻装上阵。

二、摄影常见构图方法

摄影中的构图，就是将画面中的元素根据一定的逻辑，进行有机排布，从而达到突出主体、创造美感、传递思想的目的。

下面我们介绍几种常见的构图法。

（一）黄金分割法

摄影常见构图方法

黄金分割原理来源于古希腊美学家的发现，他们认为1：1.618或1：0.618这种固定的比例关系十分优美，具有这种比例关系的物体能够呈现和谐的美感，因此把这种比率称为"黄金分割率"。黄金分割被广泛地运用在绘画和建筑上，同样可以适用于摄影。

在中国传统的绘画理论中，九宫格法将画面分割成九个相等的区域，这种方法与黄金分割法极其接近，而且相较黄金分割更容易掌握，也是目前使用得最多的一种构图技巧。

我们可以把画面水平和垂直方向画上两条三等分线，这四条线所形成的四个交叉点就是画面的兴趣中心，我们可以把所要表现的主体放在这些线和点上。比如，地平线可以排布在水平方向的两条线上。

绝大多数的手机、相机都能够显示九宫格参考线，在拍摄的过程中可以帮助我们进行构图。

（二）点构图

中心点构图：把所要表现的主体安排在画面的中心点，形成视觉的关注点。

消失点构图：在画面中寻找透视的消失点，以此为构图的核心，常用于道路、桥梁等线性的主体。

特殊点构图：在画面中，通过不同颜色、亮度、造型的主体与画面主体的区别形成一个特殊点，吸引观看者的注意。

（三）线构图

对称线构图：在拍摄建筑物时大量运用对称线构图的形式，使得画面左右或者上下对称，形成一种形式美。同样对称线构图也适用用水面倒影的拍摄。

垂直线构图：在画面中寻找垂直的线条形成视觉节奏，主要用于城市建筑、瀑布、森林等垂直性主体的摄影作品。

对角线构图：主体沿画面对角线进行排布，可以展现山坡、海岸线等具有起伏的主体。

S线构图:主要表现桥梁、公路、铁路等具有弧线的主体,形成具有动感的画面节奏。在创作S线构图的作品时,要注意让线条尽量地流畅连贯,不要打断视觉的动线。

(四)面构图

三角形构图:在画面中寻找三角形的稳定结构,形成内在的画面关系。

在美食摄影中,经常运用三角形构图法,与三道美食或者食材形成一定的关系。

留白式构图:通过画面留白创造想要表达的意境。

框架式构图:通过门、窗、建筑物等前景形成一个框架、一个画框效果。这样的构图具有很强的装饰性和形式感。

几何式构图:通过特殊的几何图片,形成具有风格化的图片样式。大量运用于建筑、楼道、人工场景等。

(五)创意构图

对比构图:通过光影对比、色彩对比等手段形成画面的审美趣味。

模块三　定制旅行营销内容创作

光影构图：通过光线穿过空气形成的丁达尔现象（Tyndall Effect）或者是阴影形成的线条，起到构图引导的作用。

特殊视角构图：选择常人不常见的奇特视角进行画面创作，以此凸显画面。

三、旅游风光摄影技巧

（一）不同季节的摄影选题及技巧

春：春季旅游摄影以花卉题材居多，如玉兰、桃花、樱花、油菜花等，主要使用微距的技巧可以近距离地表现花卉的自然美。注意三脚架的运用，同时注意结合人文环境的美，赋予作品更多的人文内涵。

夏：主要选题为蓝天白云、森林湖泊、瀑布流水等自然风貌，另外较为出片的是荷花绽放、水鸟嬉戏的场景。注意夏季正午光照过强，镜头切忌长时间对着太阳拍摄，以防止传感器受损。

秋：主要表现红叶、丰收等景象。秋季由于太阳高度角的关系，光影效果较为丰富，可以展现黄昏侧影等场景，较易营造萧瑟的意境。

冬：主要表现冬季银装素裹的雪景。拍摄雪景时，注意适当增加一些曝光补偿，选择侧光或者逆光的角度，增加画面的层次感。

（二）不同时间的摄影选题及技巧

日出、日落拍摄：日出、日落是拍摄的黄金时段——色温较低，色彩变化较大。要注意日出时间较短比较难掌握，太阳一旦泛白就要停止拍摄，过强的光线会损伤相机的元器件。日落时间较长，比较适合拍摄。在拍摄的过程中，可以尝试人物剪影的效果。

中午：正午十分，特别是夏天的正午时分，太阳位于正上方，光线垂直而下，不利于拍摄，仅适用于表现一些特殊的题材，如大楼的天井等平时光线不易照到的地方，在这个时间可以进行创作表现。

（三）不同气象现象的摄影选题及技巧

雾：要选择层次较为丰富的薄雾，时间选择在清晨，逆光拍摄，景物尽量前深后浅，突出层次。

云海：云海拍摄的要领在于时机的把控，同时要处理好景物的关系，单独表现云海画面会显得极其单调，只有处理好山体、太阳、云海三者的关系，才能创作出一幅很好的云海作品。

彩虹：彩虹是稍纵即逝的自然现象，拍摄时要注意光线的角度，采用平均测光。

雨：表现雨景的核心技巧是选择较好的背景，雨必须有背景的衬托才能够展现，背景要选择较暗的景物；快门速度放慢，才能展现雨的线条。在拍摄过程中，要注意摄影器材的保护。

（四）不同自然主题的摄影技巧

湖景：湖景拍摄要注意光线的角度，不同的光线角度会带来不一样的色差变化。在拍摄水中倒影的时候，可以人为制造一些水波以增加变化。

溪流瀑布：溪流瀑布的常用技巧是快门速度的选择。较快的快门速度可以表现水流凝固的效果，展现力量与气势。采用 B 门等慢速手段，可以使水流形成如丝绸一般的幕状，具有较强的感染力。

山景：山景的最佳摄影时间是早晚，尽量选择侧逆光，着重层次的营造。表现山峰，采用仰拍的角度；表现群山连绵，需要登上更高的山峰，采用俯拍的角度呈现。

（五）夜景拍摄技巧

夜景拍摄的基础策略是"低 ISO+ 长曝光 + 手动对焦"，核心支持是保持相机的稳定，以此确保长曝光的实现，需要借助三脚架等辅助器材。

在拍摄城市夜景时，可以选择一个较为安全的环境，将照相机固定摆放，设置较长的曝光时间。在表现街道时，车辆的车尾灯会拉出美丽的线条，要注意如果拍摄期间有车灯直射照相机，可以用黑色的卡纸临时遮挡镜头以免影响拍摄。

在拍摄焰火时，可以采用多次曝光的技术手段，需要较强的摄影技能。

任务三 海报创意与设计

一、海报创意设计的基本原则

（一）文字信息简洁易读
海报中的文字信息要尽量地简洁易读，层面清晰明确，从用户观感出发，让读者读起来轻松愉悦。从字体、字号、色彩、倾斜等方面综合考量。

（二）信息层次分明
海报内容信息主题要突出，重要的信息在排版时要注意层次感和显著性。对时间、地点、注意事项等重点内容，要运用相关的排版技巧进行突出强化。

（三）色彩搭配合理
巧妙地运用色彩相关理论，根据所要表达的内涵进行画面创作。最常用的是以下色彩对比的方法：

1. 明度对比

明度对比是色彩构成最重要的因素，因为明度对比是拉开色彩层次的有效手段。利用明度对比，可以充分表现色彩的层次感、立体感和空间关系。高明度：轻快、纯洁、淡雅之感。中明度：含蓄、稳重、明确之感。低明度：浑厚、沉重、压抑之感。

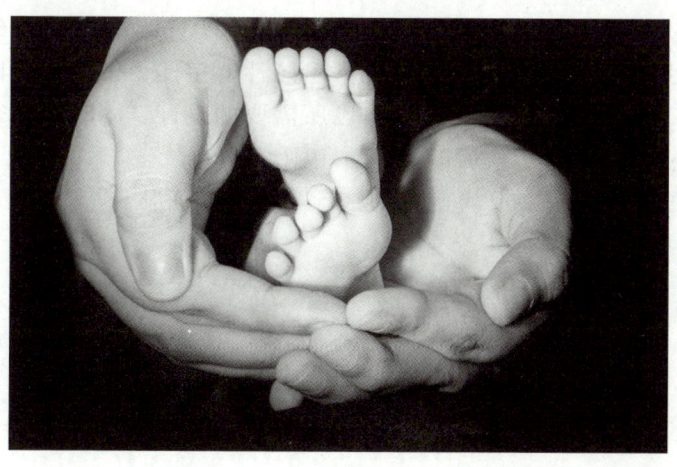

2. 色相对比

色相对比是两种以上色彩组合后，由于色相差别而形成的色彩对比效果。色相对比是色彩对比的一个根本方面，其对比强弱程度取决于色相之间在色相环上的距离（角度），距离（角度）越小对比越弱，反之则对比越强。

二、海报创意设计实训

随着云计算技术的发展，大量在线设计平台为我们提供了便捷的图文制作体验。创客贴、图怪兽等平台，能够满足绝大多数新媒体营销中的图文制作需求。下文以创客贴为例，介绍当地游海报的制作方法。

创客贴是一款多平台（Web、Mobile、Mac、Windows）图形编辑和平面设计工具。用户可使用创客贴提供的大量图片、字体、模板等设计元素，通过简单的拖、拉、拽就可以制作出自己所需要的设计。同时，创客贴提供在线印刷定制业务，设计定稿后即可下单印刷。

工作任务：设计一款"海南定制旅行"的手机海报

模块三　定制旅行营销内容创作

场景选择：根据项目需求选择设计场景或者进行自定义，该步骤主要须确定设计作品的尺寸，如印刷作品需要考虑"出血"。出血位（实际为"初削"），指印刷时为保留画面有效内容预留出的方便裁切的部分。出血是一个常用的印刷术语。印刷中的出血，是指加大产品外尺寸的图案，在裁切位加一些图案的延伸，专门给各生产工序在其工艺公差范围内使用，以避免裁切后的成品露白边或裁到内容。在制作的时候，我们就分为设计尺寸和成品尺寸，设计尺寸总是比成品尺寸大，大出来的边是要在印刷后裁切掉的，这个要印出来并裁切掉的部分就称为出血或出血位。常用出血尺寸为1~3毫米，具体设置多少出血，需要和后期制作的印刷加工厂确认，在设计时统一设置。

分类：	全部	营销海报	新媒体配图	办公文档	印刷物料	视频模板	电商设计	社交生活	插画元素
	个性定制								
场景：	推荐	手机海报Pro	手机海报	长图海报	横版海报	邀请函	方形海报	动态横版海报	
行业：	全部	通用	教育培训	餐饮美食	司法党政	零售行业	电商	旅游出行	地产家居	金融理财
	IT互联网	美容美发	文体娱乐	医疗保健	休闲娱乐	生活服务	商业服务		

模板挑选：根据项目需要我们选择"营销海报、手机海报、旅游出行"的关键词，即呈现如下搜索信息。

围绕"海南定制旅行"主题,我们在"颜色"中选择蓝色为主色调,"价格"选择"免费"。

系统筛选出了多款较符合主题要求的模板,选择其中的某款作为设计基础。

模块三　定制旅行营销内容创作

设计调整：在确定设计模板之后，可以通过拖拽对海报上的元素进行调整删减。

添加元素：可以在图片、素材栏通过关键词在线搜索的方式，快速找到适合的素材。

添加文字：可以根据事先设计好的文案，选择对应的文字模板或标题样式。特别需要注意的是，作为商用作品文字字体的版权问题。推荐两款常用的免费字体：思源系列字体、阿里巴巴普惠体。

可以通过滑块对"字间距""行间距"进行调整。

设置二维码：在"工具－二维码"选项，可快速在海报中添加二维码。二维码可添加网址、微信公众号和文本三项，并可以根据需要选择"样式"进行外观的调整。

下载及使用：在设计完成后，点击右上角的"下载"选择"使用类型"及"文件类型"进行下载使用即可。注意选择"商用使用"，需要开通会员；选择"商用使用"，能够避免后续使用的版权问题。

模块三 定制旅行营销内容创作

成品预览：

创客贴旅游海报
创意设计实操

我们还可以通过创客贴平台，设计各种常用的设计产品，包括名片、旗帜、行程单、相册、PPT等。作为一个不断更新的平台，需要我们的定制师不断地挖掘探索。

 任务四　视频拍摄与制作

一、短视频基本概念

定制旅行营销视频，从长度上看，主要还是以短视频形态为主。法国将短视频界定为用35毫米或其他规格的胶片拍摄的影片，长度不超过1600米，约等于59分钟；美国则将45分钟以下的影片算作短片。奥斯卡短片片长的要求是不超过33分钟。在中国，业界普遍认为长度在30分钟以下的影视片为短片。

近年来，网络多媒体的传播环境使短片越来越趋于短，"短片最佳长度，不要超过10分钟"，视频网站大量短片都在60秒以内。

学者保罗·莱文森认为，人类在媒介演化过程中，不断地进行着理性选择。任何一种后继的媒介，都是一种补救措施，都是对以往的某一种先天不足的功能的补救和补偿。换言之，人类的技术越来越完美，但新的媒介又带来新的问题。媒介的进化是人的选择结果，能更好地满足人的需要的媒介被保留了下来。短视频就是一种对电影、电视视频信息形态的一种补偿。影视短片的分类见图3-1。

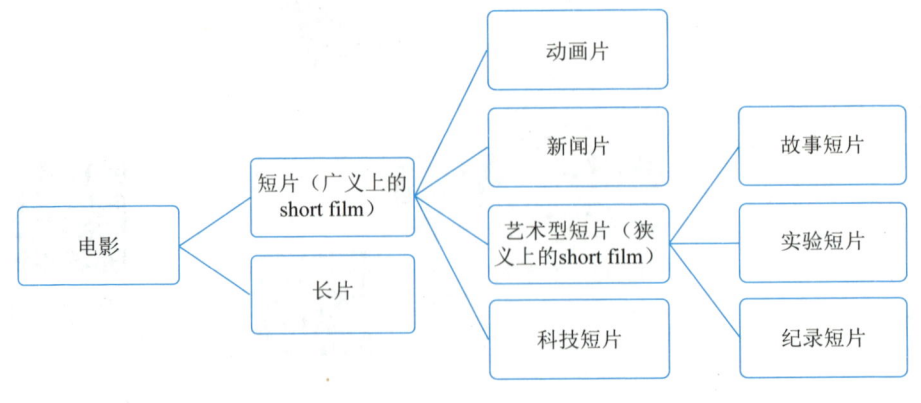

图3-1　影视短片的分类

在移动传播的时代大潮下，以手机为播放终端的短视频见缝插针地满足了人们对碎片时间的需求。短视频以简洁的故事、明确的主题，快速地满足了人们对信息的需求。由于手机电影大多是在户外观看，环境比较嘈杂，受众注意力往往不集中，那么手机电影的叙事情节只有简单、通俗、易懂，才容易被观众接受。

二、短视频拍摄常用器材

（一）入门版器材

以手机为主，配备具有稳定功能的手机云台，市场价格 300~1000 元不等。

（二）进阶版器材

以各种型号运动摄像机为主（大疆灵眸 Osmo 系列、GoPro 系列产品）。同时可以采购索尼黑卡系列，以及佳能 G7X3 等较为轻便的设备。配件可以选购加长有线的麦克风和小型的补光灯具。

（三）专业版器材

设备推荐型号为佳能 5D 系列、NIKOND850 D5、Lumix GH5S、SONY α7S Ⅱ、FUJIFILM XT3。

三、声画语言的构成要素

（一）画面构成

画面主要由主体、陪体和环境构成。

1. 主体

主体是指影像画面中主要的表现对象。主体可以是一个（组）对象，可以是人或事物，可以是主角或配角。主体是整个画面要表达的中心。

2. 陪体

陪体是指画面中陪衬主体的景物或人物。陪体具有突出主体、说明主体、均衡画面、美化画面和渲染气氛的作用；处在与主体相对应的次要位置，既要与主体相呼应，又不能喧宾夺主。

3. 环境

环境是指主体周围的人物、景物和空间。环境包括前景、后景、背景三个部分。前景指在主体前面或靠近镜头位置的人物或景物。后景指与前景相对应的，靠近主体后面的人物或景物。背景指画面中主体背后较远的景物。

（二）景别

景别是指摄影机和被摄主体之间的空间距离。具体表现为被摄主体在画面中呈现出来的大小和范围。不同的景别表现出不同的画面内容，反映出不同的创作意图，给观众不同的心理感受。

1. 远景，主要表现场面

远景指摄影机与主体距离极远，表现广阔场面的画面。远景中如果人物所占的比例极小，远景能充分展示主体与环境的对比，突出空间的广阔恢宏感。远景能够起到介绍环境和抒情的功能。

2. 全景，着重描绘环境

全景指以表现一个成人的全身为距离，展现人的整体或一个场景全貌的画面。全景往往有比较明确的表现中心，一般有两个结构元素：人物与背景。全景可以对人物行为和所发生的事件作具体交代。

3. 中景，交代展现关系

中景指以表现一个成人膝盖以上为距离，展现人体膝盖以上或场景局部画面。中景用于比较详细地交代人与人、人与物之间的关系。

4. 近景，表现突出神态

近景指以表现成人胸部以上为距离，展现人体上半身动作或物体局部的画面。近景的叙事功能：比较细致地近距离表现人物与事件。

5. 特写，传递捕捉心灵

特写指以表现成人肩以上为距离，表现人的面部或物体的某个细部的画面。特写是最为特殊的，能捕捉到主体最美妙最丰富的细节变化，在影片中不仅能起到突出某一细节或表情的作用，而且往往对表现对象具有一种明确的引导作用。特写镜头与人的日常观看习惯是相违背的，所以不可过度频繁地使用，也不可持续时间过长。

（三）镜头运动

一个镜头的内容可以是某个固定的被摄对象，也可以是摄影机在运动的过程中拍摄的连续时空中的静止或运动的对象。镜头的运动是影视艺术表情达意、传递思想的重要方法。

1. 推镜头：从面到点地观看

推镜头指镜头沿光轴方向做接近被摄对象的运动，即通过机位由远及近地向前推进运动，或者改变镜头焦距进行拍摄。

推镜头可以引导观众的目光，将场景聚焦到某个需要突出的人物或者事物上，能够起到交代细节、突出重点的表达作用。

2. 拉镜头：从点到面地纵观

拉镜头与推镜头相反，指镜头做远离被摄对象的运动。拉镜头同样可以通过变机位拉镜头和变焦距进行拍摄。拉镜头是由小范围景别向大范围景别的过渡。拉镜头可以用于对人物和事件的具体刻画，展现其行为和所处的环境。

3. 摇镜头：环顾四周

摇镜头指摄影机的位置不动，改变镜头的拍摄角度。它包括水平方向的左右摇，垂直方向的上下摇，以及上下左右的复合摇。摇的角度根据需要可多种选择，甚至是360°。

摇镜头能够扩大镜头的视野，模拟人的视线扫视，可以跟随主体的运行路径，使运动着的拍摄主体总是处在画面的最佳位置上。摇镜头能够具有代入感地展现人物活动、活动范围和环境，具有连续性。

4. 移镜头：移动勘察

移镜头指摄像机不固定，边移动边拍摄，机位发生变化。移镜头既能够像摇镜头那样展示横向空间中的景物与事件，也能够像变机位推、拉那样展示纵向空间中的景物与事件，甚至能使摄影机越过障碍或表现剧中人或观众的快速移动观察的视点，从而产生一种多景别、多构图的叙事效果。通过移镜头能够更加自由地表现人物的活动范围和不受限制地扩大叙事空间。

5. 跟镜头：追逐重点对象

跟镜头指摄影机镜头紧随运动着的人或物进行拍摄。

这种镜头运动方式非常自由，特别是在技术上解决了手持摄影的稳定性以后，跟镜头的使用在影片中出现得很多。跟镜头的叙事功能：能够充分呈现运动中的人或物，表明运动中人或物的运动方向、速度、体态以及与周围环境的关系。

镜头运动的五个要领

平：所摄画面中地平线要平，或运镜相应平衡。

稳：所有镜头都力求消除不必要的晃动。

清：聚焦主体图像力求清晰，曝光准确。

匀：技巧施加速度要匀，不能忽快忽慢。

准：技巧性镜头起幅落幅画面要准确无误。

（四）人物调度

人物调度是指导演通过人物的运动方向、所处位置的变动以及人物与人物之间发生交流时的动态与静态及表情变化等，形成画面的不同造型、不同景别，揭示人物关系及其情绪的变化以获得比较好的叙事效果。人物调度主

要有横向调度、纵向调度、上下调度、环行调度、综合调度等。

（五）镜头调度

镜头调度是指导演运用摄影机方位的变化，推、拉、摇、移、跟等运动方法，俯、仰、平、斜等各种不同视角，远、全、中、近、特写等各种不同景别的变换，获得不同角度、不同视距的镜头画面，讲述人物关系和环境气氛的变化。

特别提示

在定制旅行短视频创作中，由于呈现终端是手机屏幕，囿于终端的限制，画面有许多需要注意的地方，大远景、小字幕、颜色单调、光线暗、晃动镜头等都是需要避免的。在现有技术无法突破的情况下，从景别运用上改进是个不错的选择。远景、全景等应尽量少用。中景、近景、特写等是手机视频的常用景别，画面色彩也尽可能地鲜明、简单、生动。

由于画面细节不清，旁白、音乐、音效的功能便凸现出来，很多优秀短片的声音就发挥了重要的叙事功能。

四、优秀短视频的核心要素

1. 价值趣味

由于短视频平台是基于互联网，因此，具有趣味性的短视频内容教育更容易获得用户的关注。严肃说教式的内容，在短视频平台往往不能获得比较多的流量，较难获得观众的广泛认可。

2. 精良画质

随着拍摄设备的不断更新，轻量化的影视制作设备已经趋于普及。对画质的要求是短视频平台观众的基本诉求，清晰的画质是短视频的基本要求。

3. 优质标题

在流量经济的时代，观众的注意力被不断地消解，一个优质的短视频必须在五秒钟之内吸引观众的目光，不然就会被无情地划走。因此，一个优质的标题是短视频成功的前提。

4. 听觉质量

声音往往是短视频从入门到进阶过程中，最具区别度的一个制作领域。专业性和非专业性的区别往往在于声音的制作。因此，在声音制作上下功夫，会为短视频的制作提升很大的专业度。

五、短视频脚本

脚本是短视频拍摄过程中重要的环节，一个优秀的脚本能够提高拍摄的效率与拍摄的质量，能够让拍摄团队对拍摄任务有直观统一的认识。在正式开拍之前花功夫打磨脚本，能够节约拍摄时间、拍摄经费，更好地完成拍摄意图。

一个短视频脚本应该包括镜号、景别、运镜、画面内容、对白、花字、道具、备注等信息。

短视频脚本的学习不是一蹴而就的，需要有一个不断摸索的过程。在学习初期可以通过"轻抖"的文案工具，提取优秀短视频的文案脚本，进行模仿习作练习，后期根据定制旅行服务的需要不断摸索出适合自身的文案风格。

六、新媒体视频制作工具

（一）专业级工具

1. 剪辑软件（苹果系统）：Final Cut Pro

Final Cut Pro 是苹果公司开发的一款专业视频非线性编辑软件，第一代 Final Cut Pro 于 1999 年推出。最新版本 Final Cut Pro X 包含进行后期制作所需的一切功能。导入并组织媒体、编辑、添加效果、改善音效、颜色分级以及交付，所有操作都可以在该应用程序中完成。Final Cut Pro HD 是一个高性能、全功能的应用软件，提供绝佳的扩展性、精确的剪辑工具和天衣无缝的工作流程。现在 Final Cut Pro HD 除了可以通过 PCI 卡获取 HD-SDI 外，还支持通过 Fire Wire 接口获取 DVCPRO HD 格式并输出，并且它可以对大多数的输入格式进行剪辑。

该软件拥有较为丰富的功能和应用体验，是主流的专业视频剪辑制作软件，但是需要使用苹果电脑操作系统才能够制作。

2. 剪辑软件（Windows 系统）：Adobe Premiere

Adobe Premiere Pro，简称 Pr，是由 Adobe 公司开发的一款视频编辑软件。现在常用的版本有 CS4、CS5、CS6、CC 2014、CC 2015、CC 2017、CC 2018、CC 2019、CC2020 以及 CC 2021 版本。Adobe Premiere 有较好的兼容性，且可以与 Adobe 公司推出的其他软件相互协作。目前，这款软件广泛应用于广告制作和电视节目制作中。

Premiere Pro 是视频编辑爱好者和专业人士必不可少的视频编辑工具。它可以提升创作能力和创作自由度，是易学、高效、精确的视频剪辑软件。

Premiere 提供采集、剪辑、调色、美化音频、字幕添加、输出、DVD 刻录的一整套流程，并和其他 Adobe 软件高效集成，使使用者足以完成编辑、制作、工作流程中遇到的所有挑战，满足创建高质量作品的要求。

Premiere 软件是 Adobe 公司出品的专业视频制作软件，具有很高的普及性，同时也能够和 Adobe 公司的其他制作软件如 Photoshop、Ai 等进行很好地打通衔接。但是要注意，该软件是商用付费软件，如果需要商用化应用，需要考虑购买相应的正版软件。

3. 特效软件：Adobe After Effects

Adobe After Effects（简称 AE）是 Adobe 公司推出的一款图形视频处理软件，适用于从事设计和视频特技的机构，包括电视台、动画制作公司、个人后期制作工作室以及多媒体工作室。

Adobe After Effects 软件可以帮助使用者高效且精确地创建无数种引人注目的动态图形和震撼人心的视觉效果。利用与其他 Adobe 软件的紧密集成与高度灵活的 2D 和 3D 合成，以及数百种预设的效果和动画，为电影、视频、DVD 和 Macromedia Flash 作品增添令人耳目一新的效果。

AE 软件是较为高阶的影视后期制作软件，是较为进阶的影视制作工具，初学者可以先从尝试模板应用开始，逐步掌握制作技巧。

4. 音频制作软件：Adobe Audition

Adobe Audition（简称 Au）是由 Adobe 公司开发的一个专业音频编辑和混合环境。Adobe Audition 专为在照相室、广播设备和后期制作设备方面工作的音频和视频专业人员设计，可提供先进的音频混合、编辑、控制和效果处理功能。

Adobe Audition 最多混合 128 个声道，可编辑单个音频文件，创建回路并可使用 45 种以上的数字信号处理效果。Adobe Audition 是一个完善的多声道录音室，可提供灵活的工作流程并且使用简便。

Au 软件主要用于较为复杂的声音制作，属于较为高阶的影视制作，普通的声音制作可以在 Pr 软件中完成。

（二）通用制作工具

1. 剪映

剪映是由抖音官方推出的一款手机视频编辑工具，带有全面的剪辑功能，支持变速，有多样滤镜和美颜的效果，有丰富的曲库资源。自 2021 年 2 月起，剪映支持在手机移动端、Pad 端、Mac 电脑、Windows 电脑全终端使用。

2. 字说

字说是一款可以制作文字动画视频的 APP。用该 APP，在手机上即可制

模块三　定制旅行营销内容创作

作出有动画效果的文字动画视频。另外，还可以语音变视频，本地视频智能语音识别，一键生成文字动画视频，文字动画细节可随意编辑，有多种字体效果和风格可以设置。

实训项目

和风定制旅行公司即将推出一条扬州定制旅行主题线路。请以"烟花三月下扬州"为主要内容，以微信公众号推文为载体，为和风定制旅行公司撰写一篇扬州定制旅行营销文案。标题自拟，要求图文并茂，字数不超过1000字。另外，完成一张营销海报的创作。

思考与练习

（1）定制旅游内容创作应当遵循哪些原则？
（2）定制旅行机构应该采取哪些措施规避营销活动中潜在的版权问题？
（3）在创意文案写作过程中标题的创作有哪些技巧？
（4）春季旅行摄影中有哪些题材可以进行创作？
（5）在营销海报创意的过程中有哪些字体可以免费商用？请写出5个及以上。
（6）一条优秀的短视频作品应当包含哪些核心要素？

专业词汇

（1）短视频：是指在各种新媒体平台上播放的、适合在移动状态和短时休闲状态下观看的、高频推送的视频内容，几秒到几分钟不等。内容融合了技能分享、幽默搞怪、时尚潮流、社会热点、街头采访、公益教育、广告创意、商业定制等主题。由于内容较短，可以单独成片，也可以成为系列栏目。

（2）文案：本意是指放书的桌子，后来指在桌子上写字的人。现在指的是公司或企业中从事文字工作的职位，就是以文字来表现已经制定的创意策略。

（3）旅游摄影：指在旅游过程中产生的摄影，也就是用摄影记录旅行的过程，记录旅途中的风光、途中所发生的不寻常的事，以及见到的不寻常的人。

模块四
定制旅行媒体营销实施

模块导读

　　定制旅行媒体营销需要实现其精准性,在了解用户需求的基础上,掌握主要的营销传播途径和营销内容创作,最为重要的就是如何来实施营销。本模块主要阐述定制旅行社群营销、事件营销、病毒营销、圈层营销及关键意见领袖(Key Opinion Leader,简称KOL)营销的内涵及营销实施,并结合典型案例分析对定制旅行媒体营销的实务予以介绍。

思维导图

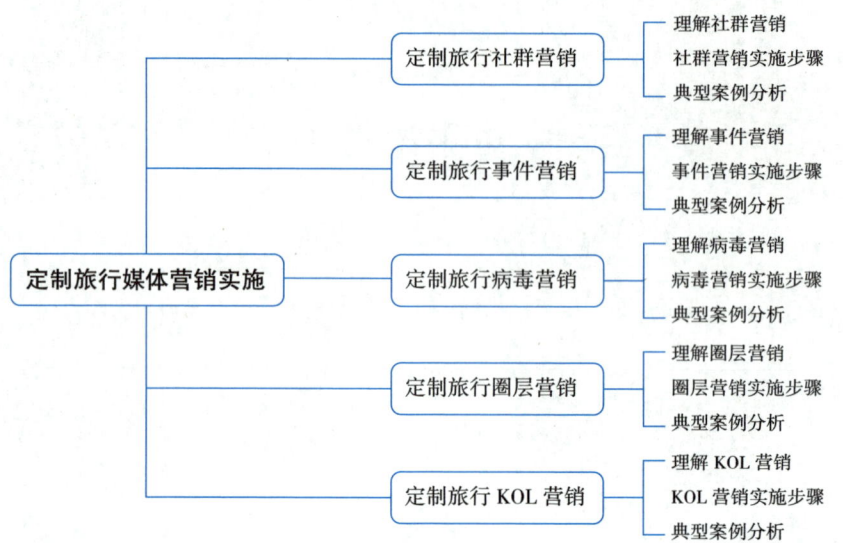

 学习目标

（1）职业知识：理解社群营销、事件营销、病毒营销、圈层营销以及KOL营销的基本内涵，掌握营销实施的关键要素与基本步骤。

（2）职业能力：通过各项目任务的学习，在实际工作中能够运用相应的知识开展定制旅行媒体营销工作，做到流程正确，方法得当，效果显著，并能在定制产品营销中综合协调运营各类方法，做到有的放矢，因地制宜。

（3）职业道德：在定制旅行营销中，坚守行业规范，各项工作符合公司企业的规定，展现良好的职业道德素养。

案例导入

"江北水城 运河古都"聊城文旅品牌营销

2022年4月12日，山东省文化和旅游厅发布《关于公布2021年山东省旅游宣传推广优秀案例的通知》，"江北水城 运河古都"聊城文旅品牌营销活动案例入选2021年山东省旅游宣传推广优秀案例。

聊城市文化和旅游局充分运用新媒体平台深入挖掘聊城红色文旅资源，传承红色基因，弘扬革命文化。围绕聊城红色纪念场馆、革命老兵、革命历史遗址等内容，通过采访老兵、出镜讲解讲述等形式拍摄制作系列红色短视频。红色记忆展播活动，共创作视频12部，播放量达139万次，点赞量达6.7万次。

聊城市利用大数据分析，实现客源地精准投放。其中，腾讯全媒体宣传、12306 APP定向推广、智能手机等精准营销形式，投放聊城的重要客源地区，精准触达人群9000万人次；同程、马蜂窝等OTA渠道商，通过大V聊城采风、特邀主持人、大众参与的形式推动活动宣传，通过线下实地探访和采风，多维度、精准宣传聊城特色文化旅游资源，各类作品整体播放量4664万，精准投放曝光量达2.6亿次。

聊城市发挥短视频平台优势，精细创作文旅短视频。深挖聊城市文旅资源，充分利用短视频平台流量优势，打造系列优秀文旅短视频。在抖音、快手、今日头条等平台，制作年轻人喜闻乐见的"虎守杏林的典故原来是这样的！""接下来几个月的聊城是这样的""聊城的晚风和爱意撞了个满怀""'孤寡''孤寡'猜猜聊城老奶奶的巧手又捏出来什么呢""茌平剪纸艺人用剪纸作品讲述动人故事"等短视频。2021年累计发布短视频1653部，累计播放量1.3亿次，累计点赞量217万，粉丝增长10余万人次。

聊城市发起线上热点话题，创新创意网络营销活动。2021年，邀请重点目标客源市场的KOL、微博大V、网红等以"一见倾心 自在聊城"为话题，对聊城的好产品、好内容进行体验营销，在微博、今日头条、抖音等平台进行图文、视频宣传；开展"共赴运河聊城好时光""千里黄河 润泽聊城"大型网络直播活动，在14个平台覆盖式宣传。2021年各类网络营销活动直播话题参与量达8000万，网络曝光量达到1.6亿次，让"江北水城·运河古都"旅游资源品牌深入人心。

资料来源：http://news.sohu.com/a/537604420_121218495（内容有删减）

聊城市文化和旅游局通过一系列线上线下相结合的国内旅游宣传推广活动，促进聊城市文旅市场高效快速复苏，打造传统宣传与新媒体营销相融合的营销战略布局。打造系列化优质短视频，紧跟国家文旅宣传重点创作创新，实现从流量话题到旅游消费的转化，聊城最终实现了经济效益和社会效益双丰收。

在竞争激烈的旅游市场中，旅游资源是船，旅游营销是帆，作为区别于传统旅行的定制旅行，需找准市场定位，建立适合的品牌营销策略，提高行业竞争力，形成差异化优势，选择专业旅游媒体进行传播，影响受众认同，不断提高自身的知名度与顾客的好感度和忠诚度，实现最终的营销目标。

在模块四的学习中，我们将了解定制旅行社群营销、事件营销、病毒营销、圈层营销及 KOL 营销的内涵，解读每种营销的具体实施步骤，并结合典型案例予以剖析。

项目一　定制旅行社群营销

 任务一　理解社群营销

随着移动互联网的崛起，微商开始腾飞，造就很多富翁，但是微商红利期一过，招商和卖货都变难了。当然，互联网在每个时代有核心的方法，先知先觉的人能抓住机会，后知后觉的人只有回忆的机会。定制旅行社群营销就是当下及未来最重要的营销方式。

一、社群营销的界定

一般社会学家和地理学家所指的社群，广义上来讲是指在某些边界线、地区或领域内发生作用的一切社会关系，或只存在于比较抽象的、思想上的关系。

社群是一种特殊的社会关系，包含社群精神、社群情感。只有通过媒介才能使这种特殊的社会关系得以连接，同时，媒介在不断地进化，这种社会关系连接的方式也一直在改变。

社群之间沟通的媒介有书信、电报、广播、电话、邮件、QQ 群、微信群等。显而易见，社群是一群有相互关系的人形成的网络，当人们产生交叉的关系和深入的情感连接，才能被看作社群。我们认为，一个完整的社群包括以下五个要素：同好性、结构性、输出性、可运营性、可复制性。

（1）同好性。所谓同好，是指对某种事物或行为的共同认可。这类群体可以因为某一个产品或某一种爱好而聚到一起，比如拥有苹果手机、小米手机，作为苹果和小米的粉丝；或者还有喜爱旅游的驴友群、爱阅读的读书会；更有的是基于某一种空间而聚到一起，如业主群、老乡会等。

（2）结构性。结构决定社群的存活。很多社群为什么很快消亡，是因为最初就没有对社群的结构进行有效的规划。这个结构包括组织成员、交流平台、加入原则、管理规范。只有这四个组成结构做得好，社群才有可能长久。

（3）输出性。它决定了社群的价值。没有足够价值的社群迟早会被社群成员遗弃。好的社群一定要能给群员提供稳定的服务输出，这是群员加入该群、留在该群的价值（见图4-1）。

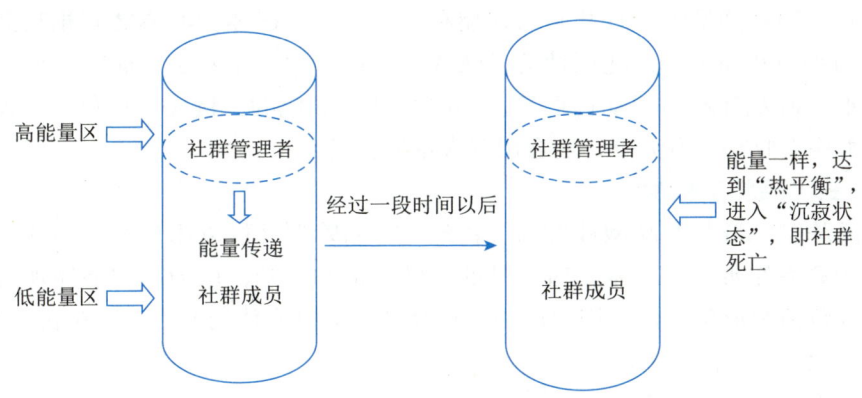

图4-1　社群营销输出传递图

（4）可运营性。它决定了社群的寿命。一般来说，通过运营要建立"四感"：仪式感，比如加入要通过申请，人群要接受群规，行为要接受奖惩等，以保证社群规范；参与感，比如通过有组织的讨论、分享等，以保证群内有话说、有事做、有收获的社群质量；组织感，比如通过对某主题事物的分工、协作、执行等，以保证社群战斗力；归属感，比如通过线上线下的互助、活动等，以保证社群凝聚力。

（5）可复制性。它决定了社群的规模。一个社群如果能够复制出多个平行社群，会形成巨大的规模。当然，在复制之前需要考虑是否具备充足的人力、物力、财力，是否形成一种群体沟通的亚文化，使得大家聊天的语气、表情、风格一致。

社群营销则是基于社群的一种新的营销模式，核心是"社群"，主要通过网络高强度的传播效应，利用受众对社群的需求和情绪，从而让受众对社群产生归属感和认可度，通过社群营销活动增加良性互动，增加群员之间的黏合度和归属感，从而达到让群员自发传播品牌，直接购买产品的目的。

二、社群营销的类型

（一）产品型社群

产品型社群是互联网社会组织结构的新模式，是家庭、企业之外的另一种联系方式。产品型社群有几个重要的特征：①中间利润为零，利润递延。②功能成为必需，情感成为刚需。③个人异端化，组织社群化。产品型社群想要成功需要两个前提条件，即情怀和势能。

（二）兴趣型社群

兴趣型社群是大家有共同的兴趣和爱好的一个群体。群体之间相互交流共同的兴趣和知识。兴趣型社群是较为常见的，比如车友会、驴友社群、骑行社群、游戏社群、运动社群等。兴趣型社群形成的关键是"同好"。大家在社群中有收获、有分享，还会出现大量的粉丝。

（三）品牌型社群

品牌型社群是产品型社群的一种延伸。品牌型社群以用户对产品的情感利益为联系纽带。用户基于对产品的特殊感情和认知，认为品牌能体现自身的体验价值和形象价值。用户认为这种品牌价值符合他们的人生观和价值观，从而产生心理上的共鸣。

（四）知识型社群

知识型社群是兴趣型社群的另一种延伸。知识型社群成员乐于分享自己的经验、知识和成果。社群成员之间相互交流和学习，并从中得到相互的肯定和尊重。因为群员在社群活动中自发地交换意见和观点，所以知识型社群经常会出现思想上的激烈碰撞。

（五）工具型社群

社群营销的类型

社交软件 APP。有社交平台、有即时语音的、有即时文字的、直播类等。各种社群软件和社群应用为人们进行社群交流提供了基础性工具。从社群渗透到社群成员个体的工作生活中。社交工具日常应用让社群成员在现实社群和网络社群两种状态下相互交叉。工具性社群具有应用性、场景性和灵活性，可以完全服务于用户特定的场景沟通需求。

三、定制旅行社群营销的特点

随着移动互联网的发展，定制旅行营销方式也多种多样，其中，社群营销占据一席之地，吸引了很多顾客。定制旅行社群营销一般来说具有以下五个特点。

（一）弱中心化

定制旅行社群营销是一种扁平化网状结构，人们可以一对一或多对多地实现互动，进行传播，并不是只有一个富有话语权的人，而是社区内的每一个人都能说，使得传播主题由单一走向分散，这也是一个弱中心化的过程。

（二）多向互动化

定制旅行社群营销通过社群成员之间的互动交流，包括信息和数据的平等互换，使每一个成员成为信息的发起者，同时又成为传播者和分享者。正是这种多向的互动性，为企业营销创造了良好的机会。

（三）情感优势明显

社群都是由有共同的爱好、兴趣而聚集在一起的人组成的，因此，成员间很容易建立起情感关联与信任，从而合力创造价值，并获得利益及有价值的信息。

（四）低成本化

由于社群的特性，定制旅行社群营销在一定程度上可以自我运行、创造、分享，甚至进行各种产品和价值的生产与再生产。在这个过程中，社群成员的参与度和创造力能催生多种有关企业产品的创新理念或完善企业产品、服务功能的建议，使得企业交易成本大幅度下降。社群具有低成本引流的价值，在社群里说的话，远远比刷朋友圈、比写公众号的浏览率高多了，花极少的费用，就可达到效果。

（五）呈现碎片化

社群的资源性和多样性特点，使得定制旅行社群营销呈现出多样化、信息发布方式松散的特点，这就意味着定制旅行社群营销呈现碎片化的趋势。虽然碎片化会使社群缺乏统一性，给企业的社群营销带来很多的不确定因素，但只要企业善于挖掘、整理，就能从中挖掘出社群的价值。

四、定制旅行社群营销的价值

谈到社群营销，很多人会想起粉丝经济，认为两者差不多是一回事。虽

然两者有一些共性，但区别还是存在的，而且各有各的优势。有了社群之后，大家都乐意通过社群来分享、获取信息，这种形式的传播效果比单独推送某一篇海量信息流的文章好得多。如今社群营销已经成为企业推广的标配，是打造品牌的最佳营销方式，其优势明显。

（一）符合定制游客户归属需求

定制游客户一般不愿意参加大众旅行团，不愿意与自己差别很大的客户互动。定制游客户并不是指高收入的群体，年轻群体也是定制游的重要市场。如行影旅行专门针对年轻人社交的需求，设计了很多具备互动、交友、分享元素的主题线路旅游社群营销，聚合天南地北的年轻人，成为具备良好体验的产品。社群运营能够聚拢情感、爱好、特征比较一致的客群，很好地规避和减少传统旅行社将各种不同人群放在一起可能产生的矛盾。

（二）能充分发挥网络运营技术

互联网技术的运营，使得旅行社行业的营销范围扩大，定制游公司使用社群营销，能够增加线上客户的互动交流，增加其对公司及产品的了解和黏性；同时能减少传统广告的开支，减少传统广告缺乏精准度的弊病。

（三）能有力推动线下活动效果

社群运营不应该理解为网络运营，线下的社群运营实际上具有更好的效果。定制旅行社群营销，应常态化开展线下社群活动，不断制造与客户之间的互动热点。

五、定制旅行社群营销的主要群体

近年来，定制旅行已被消费者广泛接受。定制旅行将每个旅游者都作为独一无二的微观目标市场，最大限度地满足旅游者个性化的需要。因此，定制旅游的消费群体不再是传统上被认知的高端消费人士，现在定制旅游主要的营销对象可以按照出行单位类别分为个人——青年学生（游学探访）、特殊爱好者（探秘探险），家庭——家庭主妇（家庭亲子）、新婚夫妇（蜜月旅拍），公司——中高端商务人士（会奖旅游、康养休憩）等。从客户特点上看，女性与"80后""90后"是绝对主体，而且有很明显的低龄化趋势。高端定制旅行在传统旅行社的业务量占比已逐年上升，客户圈稳定，大部分高端游旅行社均具有稳定的高端群。这些优质客源是定制旅行社群营销的主要群体。

从胡润公布的《2020中国高净值人群消费需求白皮书》中可知，高净值人群一般指个人金融资产和投资性房产等可投资资产较高的社会群体。旅游、健康管理、子女教育是他们最关注的服务内容。其中，超过五成的高净值人群疫情结束后有旅行计划，其中 72% 的人群最希望得到非金融服务。从旅行社提供的材料可以看出，有需求定制旅游的客户一般是有经济能力的精英人士，并以家庭和小团体的形式居多，他们喜欢特殊新颖的出行路线，享受高级的航空及酒店服务，有明确的购物需求等。另外，商务人士、文化创意团体也是定制旅行的主要客户群体。

六、定制旅行社群营销的主要适用产品

根据定制旅行社群的主要营销对象，我们认为以下七种定制旅行产品适合结合社群营销来展开整体营销，以获得更好的营销效果。

（一）家庭亲子游

家长带着小孩一起旅行。它是一种以亲缘关系为基础，建构良好的亲子互动关系，实施亲情影响的有目的、有计划的教育旅行活动。它有好几种形式：一大一小、两大一小，或是以家庭为单位定制的旅游线路。

（二）研学旅游

学校根据区域特色、学生年龄特点和各学科教学内容需要，组织学生通过集体旅行、集中食宿的方式走出校园，在与平常不同的生活中拓宽视野、丰富知识，加深与自然和文化的亲近感，增加对集体生活方式和社会公共道德的体验。

（三）蜜月旅拍游

简单来说，是指新婚夫妻一起到某一个地方度过休闲时光并拍摄婚纱照。蜜月旅拍行程浪漫，亦不失个人的空间。随着旅拍的发展，从早期的度蜜月婚纱照旅拍模式扩展到现如今记录亲情、友情的日常 Vlog、微电影等丰富内容形式，更容易引起大众的兴趣参与其中。

（四）会奖旅游

会奖旅游包括四个组成部分：会议（Meeting）、奖励旅游（Incentive）、大会（Convention）、展览（Exhibition），国际上简称为 MICE。其中会议、大会和展览旅游是指利用举行各种会议、大会和展览活动的机会所开展的特殊旅游活动；奖励旅游则是公司为了激励成绩优秀的员工、经销商或代理商而专门组织的旅游活动。会奖旅游属于典型的高端旅游市场，被看作旅游市场中含金量最高的部分。

（五）康养休憩游

康养休憩旅游集医疗资源、养生资源与旅游活动于一身，以一种新型业态的形式出现，满足了人们对身心健康的全方位需求，开始受到全球性关注。

（六）探秘探险游

一些人长期居住于繁华都市，厌倦了车马喧嚣的生活，很想找一个幽静而富有神奇刺激的场所体验探险乐趣。据此，很多国家开辟了探险旅游。如泰国的骑象探险旅游，丹麦的狗拉雪橇探险旅游等。

（七）商业展览游

比如，某旅行社提供商业展览旅游，为商务客户定制欧洲旅行，在保证旅行质量的同时，客户还可以在旅游中兼顾工作，如去德国开会顺便去奥地利和瑞士观光，去法国看服装秀正好可以去法国南部体验海岸风情。

 任务二 社群营销实施步骤

我们可以把社群营销的实施步骤分为五个部分，即构建社群、保持社群活跃度、组织社群线下活动、打造社群团队、完成社群商业变现。

社群营销实施步骤

一、构建社群

（一）寻找群员共性，明确建群目的

确定核心人群，找到群员共性，才能确定经营产品、规划社群输出内容。要保证群员有共性，也就是对产品有需要或者感兴趣。只有这样才能保证有转化率。

明确目的，即建群动机，它是后续一切活动开展的初衷。只有这样才可以明确后续整个社群运营及管理规则如何设置，用户价值闭环如何成型，商业闭环如何搭建。

如果一个社群的存在，既能够满足成员的某种价值需求，并在满足需求的过程中，又能够给运营人员带来一定的回报，就会形成一个良好的循环，甚至可以形成自运行的生态。做社群最怕的就是还没有想明白就风风火火地运营了，还没有想清楚到底能做什么的时候千万不要急着去推广，否则事后想改变社群的基调就难了。

（二）建立社群的组织架构和规则

国有国法，群有群规。社群内有发起者、有管理员、有热心人、有贡献者、有参与者。不同的层级，承担着不同的责任。在社群的结构方面，有两个主要组成部分,一个是"成员结构",另一个是"社群规则"。

一般来说,成员结构根据成员属性功能不同,主要分为创建者、管理者、参与者、开拓者、分化者、合作者和付费者七种。社群规则按照社群的发展分为五类,即门槛规则、入群规则、交流规则、分享规则和淘汰规则。

什么是社群经济

(三)选择恰当的载体

常见的社群营销载体主要有 QQ 群、微信群、微信公众号社区与论坛等。具体用哪一种社群运营载体更好,要根据社群的定位和运营规则来确定。

1. 从使用功能的角度进行选择

主流的群沟通平台是 QQ 和微信。一般来说,人数不多的时候两者都很好用,但是一旦群人数众多,QQ 群的优势就显现了出来。一方面微信群的上限是 500 人,QQ 群可以达到 2000 人;另一方面,QQ 群有群文件、群视频、禁言等多种管理手段,有利于社群的维护。

2. 从用户习惯的角度进行选择

目前来看,QQ 和微信的活跃人数不相上下。现在的中学生都习惯用 QQ,他们认为微信都是大人玩的。"95 后"是伴随中国互联网一起长大的一代人。他们习惯了网络社交的方式,对社交平台的接受度高,网络社交是他们的日常必需品,他们在社交平台上更愿意主动发言,对社交网络的依赖度也更高。由此可知,充分利用网络社群在年轻一代中开展定制旅行营销显得十分重要。

3. 从商业经济的角度进行选择

虽说很多社群都开始走向商业化,但是付费的方式一般需要额外的一些操作步骤。微信群本身是为了社交,群付费模式并不是特别方便,而商业社群的探索是基于付费模式来设计运营规则的。有的社交软件已经开始尝试纯商业社群,如支付宝下的群种类。

4. 从跨多平台的角度进行选择

社群规模变大后,进行群交流分享就需要解决跨群同步的问题。目前,基于群的在线分享工具大量出现。常用的跨群分享平台有千聊、红点、朝夕日历等。定制旅行在做社群营销时应仔细选择。

二、保持社群活跃度

社群活跃度可以通过社群分享、社群讨论、社群打卡、社群福利、建立强关系等来保持。

案例 4-1

"罗辑思维"的成功秘诀

罗振宇于 2012 年创立"罗辑思维"。仅仅用了两年时间,"罗辑思维"就积累了 10 多万铁杆粉丝,在优酷、喜马拉雅等平台播放超过 10 亿人次,由一款互联网自媒体视频产品,发展为当前最具影响力的互联网知识社群之一。截至 2020 年 8 月,"罗辑思维"以 70 亿元位列《苏州高新区·2020 胡润全球独角兽榜》第 351 位。我们认为其成功原因如下:

(1)采用独特的表演方式。罗振宇及他的团队都是脱口秀高手,用类似朋友之间的谈话方式,将原有的知识整合、解构、再组织。为提高节目的趣味性,在谈话过程中会夹杂一些幽默的语言,自嘲性的调侃话语,结合适当的面部表情,使得观众心情愉快。

(2)目标受众广泛。"罗辑思维"满足了不同种类用户的需求。其用户有中产阶级,有普通老百姓;而普通老百姓占了很大比例,这些人在一定程度上是缺少身份认同感和社交满足感的,"罗辑思维"通过社群满足了他们的需求。

(3)打破固有思维。"罗辑思维"的美女领导脱不花讲了"罗辑思维"的几个管理特点。具体如下:没有上班的起止时间,没有打卡机;除了创始人,没有层级;除了财务之外,没有部门;全员都为战斗小组。从营销传播的角度,"罗辑思维"做的是打破公司边界,拉近了用户和公司之间的关系,消除潜在客户的戒备心理。

(4)核心主播。罗振宇作为"罗辑思维"的当家主播,吸引了众多的粉丝,有了流量自然也就拥有了客户基础,也为之后的产品转化打下了基础。因此,打造核心主播是"罗辑思维"的一大成功之处。

(5)社群客户评级。"罗辑思维"通过把社群客户按照需求不同进行客户分级,把成员分散到一系列的社群内部,之后再在社群内组织活动,以此来进行营销。

【案例分析】

"罗辑思维"是对传统营销模式的创新,之所以能够成功,是罗振宇把社群经济作为品牌的诞生地、价值的策源地、产品的发源地、管理的聚集地。他充分认识到社群营销对于传统营销的发展和影响,站在社群的高度构建企业,为需求提供极致的服务,服务社群道德,量化社群引爆和传播效率。在此基础上,将社群人格化,将产品和价值观同时贩卖,让消费者内心十分愉悦。

（一）社群分享

社群分享是提高社群活跃度最有效的方式。不管是哪种形式的分享，都需要花费一定的人力、精力。仅仅有参与感，还是不够的。娱乐化、游戏化是众多成功社群的惯用路数。如果一个社群给人带来的不是轻松愉快，而是压力感爆棚，那么大多数人都会选择逃离。所以群规不要太过于死板，该松的时候松，该严的时候严。

（二）社群讨论

社群讨论主要是找一个话题，让每一个成员都参与进来，通过相互的讨论获得高质量的输出。

（三）社群打卡

社群推行打卡签到积分制。积分本身有激励作用，能够使成员有正反馈和激励。在网络中，"打卡"常用来提醒为戒除某些坏习惯所做的承诺，或者为了养成一个好习惯而努力，而社群打卡就是社群中的成员为了养成某一个好习惯所采取的某一种行为。

（四）社群福利

在群运营中，除了红包，送一些小礼物也可以给用户带来惊喜。好的社群是个有机整体，每个成员都要"动"起来。许多潜水者在"抢红包"时才会浮出水面，所以这个时候可以吸引粉丝参与话题讨论。俗话说，三人行必有我师。每个人都有自己独一无二的技能，让人人都有输出价值的机会，这样不仅提升了群员的自我价值感和成就感，同时利用红包和物质奖励政策，更让大家都有存在感和参与感，这样便可以调动起群员的积极性。

（五）建立强关系

要建立强关系社群，就必须建立社交关系的"交叉覆盖"。就如与自己关系亲密的人，你往往拥有他的手机号码、QQ号、微信、邮件……各种联系方式，甚至找不到他还可以通过其朋友找出他在哪里。

在弱关系中，人和人之间只有一层连接。对于强关系来说，有一个六度空间，也就是说，人和人之间的连接，包括职业圈连接（邮件、微信、QQ）、生活圈连接（微信朋友圈、QQ空间）、人脉圈连接（社群）、兴趣圈连接（俱乐部会员）、私密圈连接（陌陌）、血缘圈连接（老乡会、同学会、战友会）。实践证明，连接越多，关系越强。定制旅行社群营销应该建立多维度的连接，让这种强关系更好地推动定制产品的销售。

三、组织社群线下活动

在社群运营过程中，要营造社群成员归属感，产生自己人效应，除了线上的互动，线下的活动也分外重要。真实的接触，更能激发那些源于热爱的、自由人之间的联合。

线上聊得再深，不如线下见一面增进社群成员之间的感情。在社群运营的过程中，要不定期地开展线下活动。比如，同城聚会、大型的社群聚会等。

线下的聚会一般分为如下三种：①核心群大型聚会：这样的线下聚会较麻烦，所以每年一至两次就不错了。②核心团队小范围聚会：基于小区域几个人小聚，能聊的东西比较多，也不会见外，一起吃吃饭，随便聊随便玩等。③核心＋外围社群成员聚会：这种看社群的组织模式，组织活动的频率可一周一次至一个月几次。定制旅行运营良好的社群会通过线下组建俱乐部、开展沙龙研讨等来加强线上到线下的连接，提升商业转换率。

社群营销运营重点关注的工作

四、打造社群团队

为了促进社群的发展壮大，需要考虑如何培养新人，如何发挥核心成员的能力，如何开展绩效考核等。

（一）培养社群运营新人

有一定规模的社群运营团队必须定期引入新人，新人对社群活动的积极性高，时间投入多。社群运营者要积极主动地挖掘新人，培养新人，给新人机会，让他们尽快和老员工融为一体。只有愿意培养新人和能够持续不断地推出新人的社群，才是一个健康的社群。

（二）留住团队核心成员

核心成员是社群的管理者和运营者，他们熟悉社群的流程和制度，投身于社群运营的日常工作中，维系社群的正常运转。他们参与程度高，对社群的归属感、成就感比普通成员更强，对社群贡献大，他们的存在是社群良性发展的重要条件。留住核心团队成员自然会成为社群发展的重要一环。

（三）开展社群绩效评价

在一个组织的价值创造过程中，存在"二八"规律，即20%的人创造组织80%的价值。在每一位团队成员身上，"二八"规律同样适用，即80%的工作任务是由20%的关键行为完成的。因此，必须抓住20%的关键行为，对之进行分析和衡量，抓住业绩评价的重心。常见的重点有用户新增量、群活动频率、群成员活动参与度、变现转化率等。

五、完成社群商业变现

（一）定制旅行社群产品开发的基础

社群产品开发我们应以特定的社群产品特性、社群群体或者产品消费群体为基础设计一条产品信息，进而在群里自由传播并引发讨论，从而实现产品的销售。社群的整个方向要符合产品的用户需求。你的产品是什么，你的用户在哪里，你就应该朝着这个方向走。一般来说，定制旅游社群产品开发主要基于社群文化、社群需求、产品本身、个性社交和社群成员几个方面。

社群产品开发方法

（二）定制旅行社群产品的定价策略

社群产品的定价策略是"免费产品和服务＋付费产品和服务"，用户也就自然被分成了免费用户和付费用户两类。

采取免费产品和服务主要是为获取免费用户，利用免费用户增加流量。虽然从免费用户那里不能获得直接收益，但是可以通过为用户提供免费服务增加流量。

提供给付费用户的产品和服务的种类和范围更广，并且以提供差异化的服务为主。如互联网视频网络公司可以向付费用户提供院线新片提前看、观看全程免广告、使用高速通道播放流畅度等服务，这是因为付费用户和免费用户的需求价格弹性具有差异性，可通过为付费用户提供差异化的服务获得收入。

（三）定制旅行社群变现模式与方向

1. 定制旅行社群变现模式

社群变现有的是现金类的变现，有的是非现金类的变现。现金变现是直接获取利润；非现金变现是从建群、互动、评论、分享干货链接到转发、资料共享、邀请好友进群，也就是任何有益于这个社群的行为。从另一个角度划分，社群变现还可以分为直接变现和间接变现。直接变现即通过社群营销直接可以带来收入的变现模式，如收取会费、广告费、加盟费，产生购买行为等。而间接变现模式是把社群当作一个媒体平台，用来维护粉丝关系，而不是直接产生利益，如浙江遂昌高坪乡所做的众筹卖大米公益活动，通过本次互联网众筹活动高坪乡被授予"浙江省休闲农业旅游基地"和"摄影创作基地"称号。

2. 定制旅行社群变现方向

营销变现类。社群营销直接变现的最便捷有效的手段就是针对社群用户直接销售，让品牌粉丝在社群中直接完成购买交易。但想要成功激活社群成员的购买欲望，需要明白社群成员不是普通的购买者，他们对品牌倾注了更多的情感，要想直接变现，就必须让他们感动，甚至感受到"特权"，让他们感受到身在社群中，远比普通购买者更有地位、更受尊重。

分销代理类变现。定制旅游产品可以借助社群的力量，让社群成员成为分销代理人，这就直接架起了开发商与潜在客户之间的桥梁。让社群成员成为分销代理人，收取一定的佣金红包，再加上一定的荣誉奖励，让越来越多的成员成为社群代理人，可使得社群销售力量更强大。

会员收费类变现。定制旅行社群如果不能在内部直接变现，很容易造成成员流失、忠实粉丝不足的情况。收费制度的建立，让社群有了资金储备，就可以定期举办活动、建设更高档次的平台、引进高素质的管理团队、邀请高档次的嘉宾等。

社群成员结构和社群规则

案例 4-2

小米的社群营销

小米跟联想、酷派，甚至华为等这些国产的品牌最大的不同在于，它真正拥有一群热爱小米的忠实粉丝。可以说小米的核心就在于小米的社群。

2010 年，小米就发布了 MIUI 操作系统，但是在一年之后第一部小米手机——小米 1 才正式发布。在手机正式发布之前，小米已经有了 50 万用户，为什么？因为小米通过做软件积累了 50 万用户，积极与用户沟通，尽力满足用户需求，甚至和用户一起开发 MIUI，这样这 50 万用户早就与 MIUI 有感情了。在别人先做硬件，然后去找用户时，小米已经先用软件聚集了用户，而这些被聚集的用户就是小米的社群。

互联网时代，品牌的养成模式跟工业时代是完全不同的，要求应先建立一个核心的粉丝群体，也就是早期的使用者，协同用户一起把产品做好，这样用户的品牌忠诚度就很高。这些粉丝群体人不在多，而在精。当品牌和这些天使用户们一起把产品做好的故事传播出去之后，品牌的美誉度也形成了，在品牌发展的后期可以选择做一些投放广告来提升知名度。

像小米这样拥有社群的企业，它是自带流量的，它的广告费能够大幅度地降低，因为它的铁粉本身就成为品牌主动的推销员。它不需要大量的库存，也不需要把产品产出来再卖，因为它可以提前让粉丝们去预订，然后根据订单量去生产产品。它还不需要去找各类销售渠道，因为它的社群本身就是销

模块四　定制旅行媒体营销实施

售渠道，而且这个销售渠道不依赖于某一个平台的流量。一旦有社群，无论产品放在哪个平台，京东也好，当当也好，还是微信也好，都会有人去找着买。当一个品牌的广告费用、库存成本、渠道费用都能大幅度降低时，实际运营成本将远远低于传统企业。这样，小米可以通过砍掉毛利率，将更多的用户聚集起来以产生持续性购买。它还通过售卖各种各样的配件、品牌的衍生品，以及线上的软件渠道分发来进行赚钱。小米把价格实惠的手机当成了入口，通过手机聚集来的用户才是真正的资产。

【案例分析】

小米社群是自带流量的，它的社群本身就是销售渠道。小米社群营销成功的原因如下：①聚集粉丝。小米主要通过三个方式聚集粉丝：利用微博获取新用户，利用论坛维护用户活跃度，利用微信做客服。②增强参与感。比如说，开发MIUI时，让米粉参与其中，提出建议和要求，由工程师改进。这极大地增强了用户的主人翁感。③增加自我认同感。小米通过爆米花论坛、米粉节、同城会等活动，让用户固化"我是主角"的感受。④全民客服。小米从领导到员工都是客服，与粉丝持续对话，以时刻解决问题。

社群的价值需要通过社群变现来得到体现，社群变现是社群的价值维度不断新增的过程，也是赋予社群新生的过程。事实上，社群跟变现，本来就是一个互相牵引的关系。对社群运营者来说，如何将社群变成钱，是每个人想知道的答案。社群变现常见的方式有会员、分享、咨询、卖货、广告、电商等。总之，就是要先有输出，包括各种用户需要的有价值的内容，然后在与用户建立非常深入的情感之后，持续为用户提供更多有价值的产品或者服务，才能实现变现。所有能帮助社群进行链接和裂变的动作都很关键，都可以叫社群的变现。

　　任务三　典型案例分析　　

一、案例介绍

游侠客："旅游＋社群"营销模式

游侠客作为专业的旅行网站，主要的关键词有"旅行者的社交网络、旅游电子商务品牌、个性化原创线路、旅游和交友"。游侠客秉承社交为主要

— 173 —

元素,所有公司为了拓展客源,需加深对当地的主要经济模式和客户需求的了解;要紧密跟随旅游业的发展,让公司从轻资产公司逐渐变为多种资产结合的公司;考虑到原创很容易被抄袭,游侠客局部布局了线下资产,如酒店、餐饮等。

社群营销一共经历了四个阶段:互联网户外论坛社群、QQ社群、微信社群以及APP社群。鉴于社群的不断进步,游侠客一直认为旅游行业非常适合做社交。旅游可以谈论的东西非常多,比如可以聊的有天气、服装、美食、交通、住宿等,话题是源源不断的。

游侠客在不同阶段的社群营销侧重点也不同。2009年游侠客刚成立时是从户外论坛社群开始的,比如BBS、天涯、百度论坛等。当时采用在线上报名、线下出行、线上发帖的方式,发游记以后队员会跟帖回复,游客精彩的照片也会呈现在论坛里面。这种互动一方面可以让用户提出一些建议,方便产品策划者吸取经验优化线路。另一方面可以成为内容,让网站内容不断更新,流量也逐步上升。游客可以通过浏览这些帖子来决定自己的旅游选择。游侠客把论坛作为自己的社群,根据产品形态分为户外徒步、摄影、草原行游等不同的圈子,每个圈子的活跃度都很高。

QQ作为即时通信工具比论坛更加便捷,游侠客又非常有意识地把户外论坛的人引入QQ社群。在鼎盛时期,游侠客大概有1500个普通群、500个超级大群。QQ会员建群,每个群的容量有2000人,这就是超级大群。QQ有个功能是同城活动,在群里面聚集了3400多人。2015年6月的荧光夜跑超过1000人,因为这种免费活动对用户来说没有什么成本,看热闹的,顺道来的,提前报名来的,都行。对旅游活动来说,这种线下活动用户转化是非常高的,客户来线下体验进行实质享受。游侠客极力拓展客源的办法就是办好线下的活动,这样实现了线上线下的联动。

近些年微信社群不可小觑,游侠客自然也不会错过。说起微信,团群到地域大群,现在很多出行的人会建微信群,游侠客将群主命名为游小侠。群都是有生命周期的,活动结束以后这个群的生命周期基本上就已经结束了。怎样在有限时间内尽快转化呢?活动结束的时候,游侠客会引导用户加入地域大群。以武汉为例,分为武汉户外活动群、武汉摄影活动群、武汉亲子活动群等,只要客户有意向就会加入大群里面,这些大群就是游侠客长期运营的。

游侠客还会建立各类兴趣群,比如瑜伽群,会请资深瑜伽老师来分享瑜伽,可以在室内分享,也可以去雪山脚下;目的地群,有些目的地是有时效性的,随着目的地风景的时效性,群的生命周期也具有时效性,在特定时间内让群变活跃。

游侠客在2016年之前，每年会举办一次线下的千人摄影分享大会。随着技术的发展，也不断尝试线上分享会。2018年11月，丙察察踩线直播分享会，呈现了设计、踩线、优化的过程，稀缺的资源和严密的场景思维，获得了较好的反响。每个分享会所带来的结果不一样，产品经理选择的照片给人的感觉比较好，比较专业，比较真实，这是一种提升客人的亲切度和信任感的旅游社群营销。

APP社群是从APP开发以后逐步完善的功能。一般来说，用户已经拥有了APP，还注册了账号，那离下单就不远了，APP社群更关注转化。

随着旅游不断向前发展，游侠客在沙漠探险、火山徒步、潜水、越野跑、瑜伽旅行、大型活动和亲子活动以及跟着电影去旅行等方面不断地优化社群营销，更好地服务于更多的定制游客。

资料来源：游侠客运营总监俞艳苓：旅游+社群的营销模式分享（https://www.qinzhiqiang.com/archives/3903.html.）

二、案例分析

我们可以从社群营销的构建、运营和商业变现等主要环节来进行分析。

（一）游侠客的社群构建

游侠客的成功之处在于，以优质内容、IP目的地、攻略、游记、酷炫视频等为引领，结合个性的产品吸引兴趣相投的人群组成群组，这些细分群组可能是某兴趣群（滑雪群）、某地区群（北京群）等。依靠用户在各个模块上的分享和交流而产生原始的旅游信息，通过这些信息的积累和重新组织再吸引更多的用户，这即是"人—网站（产品）—人"的互动社区产品生态。如此，平台即打造了一个用户生态体系。

（二）游侠客的社群运营

旅游作为大众的低频消费品，注定要与具备高频属性的社群相结合才能创造奇迹。旅游虽是低频事件，但是人们随时想要去旅行的心却是一直活跃着的。再配合以交互性强、实现方式快的社群，用户运营和拉新的目标就近在咫尺了。当然，这样还远远不够。游侠客同时还运用小程序、一些"四两拨千斤"的营销手段、线上线下的大型活动，增强社群趣味性、用户黏性。"游小侠"就是这样一位"人物"。"游小侠"的年龄可大可小，"游小侠"的专业涉猎广泛，"游小侠"的角色既是管理员又是用户身边的朋友，"游小侠"游走在各个社群，随时为用户解决一切交友出行需求。"游小侠"很会"聊"，

可以和用户打成一片,彼此成为知己朋友;"游小侠"很会"勾引",用户裂变拉新不成问题。

(三)商业产品变现

游侠客的注册用户现在以"80 后"为主,分布在各个年龄阶段。游侠客的产品,秉着先感动自己后感动客户的理念。只要内容是优质的,感兴趣的人早晚会关注并喜爱上。摄影游、主题游、亲子游、定制游……越来越多的产品线路和越来越复杂的产品体系架构,"旅游+交友"的模式,在跟团游和自助游之间,创建出全新的出游方式,用情怀打造的产品必定有助于流量的获取,必定是产品、服务高水准的口碑前提。另外,游侠客的变现也不仅仅依靠旅行产品的变现,摄影、教育旅游开发等多种模式进行商业变现。

项目二　定制旅行事件营销

 任务一　理解事件营销

在信息爆炸的当下,每天都有大量热门事件层出不穷,而且其中总有一些会成为全民瞩目的焦点。作为营销从业者,我们需要学会顺应大环境,通过借势"热门事件"而造势,从事定制旅行营销更需要抓住热点进行事件营销。

什么是事件营销?怎样利用有新闻价值的热门事件来进行事件营销呢?又该如何做好定制旅行事件营销呢?诚然,事件营销的机会无处不在,关键在于我们能不能在长期积累的前提下,另辟蹊径找到新闻事件的切入点,制定构思巧妙且独具个性化的营销战略。只要方法得当,事件营销所产生的效果是其他营销手段都望尘莫及的。比如,河南博物院借势河南卫视 2021 年春节晚会节目《唐宫夜宴》的营销,洛阳龙门景区借势河南卫视 2021 年七夕晚会节目《龙门金刚》的营销,都是适当引用当下的社会热点,进行品牌活动嫁接,营销效果事半功倍。

将事件营销进行细分,可分为注意力、吸引力、冲击力及传播力、公益力、炒作力等相关辐射内容(见图 4-2)。恰当地利用事件营销,可以起到其他营销手段难以企及的广告宣传效果。

模块四　定制旅行媒体营销实施

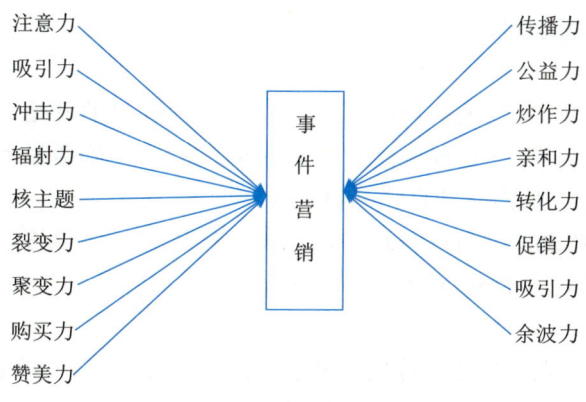

图 4-2　事件营销细分图

一、事件营销的定义与特点

（一）事件营销的定义

事件营销（Event Marketing）是指企业通过策划、组织和利用具有名人效应、新闻价值以及社会影响的人物或事件，引起媒体、社会团体和消费者的兴趣与关注，以求提高企业或产品的知名度、美誉度，树立良好品牌形象，并最终促成产品或服务的销售目的的手段和方式。

简单地说，事件营销就是通过把握新闻的规律，制造具有新闻价值的事件，并通过具体的操作，让这一新闻事件得以传播，从而达到广告的效果。

事件营销是国内外十分流行的一种公关传播与市场推广手段。事件营销集新闻效应、广告效应、公共关系、形象传播、客户关系于一体，并为新产品推介、品牌展示创造机会。它是建立品牌识别和品牌定位，并快速提升品牌知名度与美誉度的营销手段。20 世纪 90 年代后期，互联网的飞速发展给事件营销带来了巨大契机。通过网络，一个事件或者一个话题可以更轻松地进行传播和引起关注，成功的事件营销案例开始大量出现。

新闻的传播是有着非常严格的规律的。当一个事件发生之后，它本身是否具备新闻价值就决定了它能否以口头形式在一定的人群中进行小范围的传播。只要具备的新闻价值足够大，那么就一定可以通过适当的途径被新闻媒体发现，然后以成型的新闻的形式来向公众发布。新闻媒体有着完整的操作流程，每一个媒体都有专门搜寻新闻的专业人员，所以只要当一件事情真正具备了新闻价值的时候，它就具有了成为新闻的潜在能量。

（二）事件营销的特点

1. 目的明确性

事件营销应该有明确的目的，这一点与广告的目的性是完全一致的。事件营销策划的第一步就是要确定自己的目的，然后明确通过何样的新闻让新闻的接受者接受，从而达到自己的目的。

通常某一领域的新闻只会有特定的媒体感兴趣，并最终进行报道。而这个媒体的读者群也是相对固定的。

2. 风险共生性

事件营销的风险来自媒体的不可控和新闻接受者对新闻的理解程度。虽然企业的知名度势必因事件营销而扩大，但是倘若民众一旦得知了事情的真相，很可能会对该公司产生一定的反感情绪，从而最终伤害到公司的利益。

网络彻底打破了传播主体与受众之间的信息不平衡，所以事件营销绝不是恶意炒作，必须首先做到实事求是，不弄虚作假，这是对企业网络事件营销最基本的要求。这里既包括事件策划本身要真，还包括由事件衍生的网络传播也要真。而且要求事件的策划和网络传播都要做到：自觉维护公众利益，勇于承担社会责任。

3. 成本低廉性

事件营销一般主要通过软文形式来表现，从而达到传播的目的，所以事件营销相对于平面媒体广告来说成本要低得多。事件营销最重要的特性是利用现有的非常完善的新闻机器，来达到传播的目的。由于所有的新闻都是免费的，在所有新闻的制作过程中也是没有利益倾向的，所以制作新闻不需要花钱。事件营销应该归为企业的公关行为而非广告行为。虽然绝大多数的企业在进行公关活动时会列出媒体预算，但从严格意义上来讲，一件新闻意义足够大的公关事件应该充分引起新闻媒体的关注和采访的欲望。

4. 新颖时效性

事件营销往往是通过当下的热点事件来进行营销，因此它不像许多过剩的宣传垃圾广告一样让用户觉得反感，而事件营销更多的体现它的新颖性，吸引用户点击。一般通过一个事件营销就可以聚集到大量用户共同讨论这个事件，然后很多门户网站都会进行转载，短时间内就可以起到立竿见影的宣传效果。但同时其新闻热度持续时间也非常短暂，很快就有新的热点代替此次事件营销成为网络用户新的聚焦方向。

5. 力求完美性

力求完美，即要求网络事件策划要注重企业、组织行为的自我完善，要注意网络传播沟通的风度，要展现策划创意人员的智慧。

在利用网络进行事件传播时,企业应该安排专门人员来把控网络信息的传播,既掌握企业的全面状况,又能巧妙运用网络媒体的特性,还能尊重公众的感情和权利,确保沟通渠道的畅通完整,最终保护企业的自身利益。

二、事件营销的主要模式

事件营销主要有两种模式:借力模式和主动模式。

(一)借力模式

所谓借力模式,就是将组织的议题向社会热点话题靠拢,从而实现公众对热点话题的关注向组织的议题关注的转变。要实现好的效果,必须遵循以下原则:相关性、可控性和系统性。

1. 相关性

相关性就是指社会议题必须与组织的自身发展密切相关,也与组织的目标受众密切相关。最具代表性的就是爱国者赞助《大国崛起》启动全国营销风暴。《大国崛起》将视线集中在各国崛起的历史阶段,追寻其成为世界大国的足迹,探究其崛起的主要原因,对于中国的崛起有着很深远的启示。而中央台播出的每集节目出现的"爱国者特约,大国崛起"的字幕,同时画外音道白:"全球爱国者为中国经济助力、为国家崛起奋进!"震撼了每一个中华民族的拥护者,也极大地提升了爱国者的品牌形象。运动鞋本土品牌匹克赞助神舟六号并没有成功,而蒙牛牛奶获得成功,其关键原因就是运动鞋产品与宇航员的相关性太低,人们不会相信宇航员好的身体素质源于匹克运动鞋,但大众会相信是喝蒙牛牛奶造就了宇航员的强壮的体格。

2. 可控性

可控性是指事件营销的发展能够在组织的预期和把控范围内。如果事件营销的话题辐射与蔓延超出了组织的控制范围,则很有可能达不到期望的效果甚至事与愿违。

3. 系统性

系统性是指组织借助外部热点话题必须策划和实施一系列与之配套的公共关系策略,整合多种手段以实现结合与转化,即外部议题与组织议题相结合、公众对外部议题的关注向组织议题关注的转化。例如,日本的电解质饮料"宝矿力水特"品牌赞助了2018年雅加达亚运会,并位列第三名赞助商。但其并没有运用多种手段,借助多种媒介向大众广而告之。当地民众仅在终端看到其为期不足一周的宣传,而在亚运会举办的大部分时间内没有感受到品牌方所采取的宣传措施,甚至直到比赛结束,大多数观众都不了解其赞助

了亚运会。这样的赞助对品牌的增力就达不到组织的期望与要求。

（二）主动模式

主动模式是指组织主动设置一些结合自身发展需要的议题，通过传播使之成为公众所关注的公共热点。主动模式必须遵循以下原则：创新性、公共性及互惠性。创新性就是指组织所设置的话题必须有亮点，只有这样才能获得公众的关注。公共性是指避免自言自语，设置的话题必须是公众关注的。互惠性是指要想获得人们持续地关注，必须要双赢。

我们来看看两家本土家电企业创维和奥克斯的案例。21世纪初，彩电市场的竞争异常激烈，各家陆续推出各种概念产品。其中，最具代表性的是创维的六基色概念，其通过媒体持续地向公众传播六基色为什么健康，获得了极大的社会认知。在这个过程中既有创新性（六基色概念），又有公共性和互惠性（彩电市场混乱，公众很想知道什么才是健康的彩电）。奥克斯在其成本白皮书《空调制造成本白皮书》上，毫不含糊地一一列举了1.5匹冷暖型空调1880元零售价的几大组成部分——生产成本1378元，销售费用370元，商家利润80元，厂家利润52元。言无不尽的奥克斯，还将几大部分成本条分缕析地予以解密，成了事件营销主动模式的典范。

事件营销用好了事半功倍，而且可以节省大量的传播预算。随着互联网的飞速发展及事件营销相关信息知识的普及，越来越多的本土企业势必运用事件营销为品牌加分。

三、事件营销的关键要素

新闻能否被着重处理，取决于其价值的大小。新闻价值的大小是由构成这条新闻的客观事实适应社会的某种需要的素质所决定的。新闻价值的要素同时也是事件营销成功的要素。一则成功的事件营销必须包含下列四个要素之中的一个，这些要素包含的越多，事件营销成功的概率越大。

1. 重要性

重要性指事件内容的重要程度。判断内容重要与否的标准，主要看其对社会产生影响的程度。一般来说，对越多的人产生越大的影响，新闻价值越大。

2. 接近性

越是心理上、利益上和地理上与受众接近和相关的事实，新闻价值越大。心理接近包含职业、年龄、性别诸因素。一般人对自己的出生地、居住地和曾经给自己留下过美好记忆的地方，总怀有一种特殊的依恋情感。所以在策划事件营销时，必须关注到受众的接近性的特点。通常来说，事件关联的点越集中,就越能引起人们的注意。

3. 显著性

新闻中的人物、地点和事件的知名程度越是著名,新闻价值也越大。国家元首、政府要人、知名人士、历史名城、古迹胜地往往都是出新闻的地方。

4. 趣味性

大多数受众对新奇、反常、变态、有人情味的东西比较感兴趣。有人认为,人类本身就有天生的好奇心或者称之为新闻欲本能。

一件事件事实只要具备一个要素就具备新闻价值了。如果同时具备的要素越多、越全,新闻价值自然越大。当一件新闻同时具备所有要素时,肯定会具有很大的新闻价值,成为所有新闻媒介竞相追逐的对象。

富亚涂料通过经理喝涂料而成名的事件,无疑是近年来影响很大的事件营销经典案例之一。这一事件被国内媒体普遍转载。为什么它具有这么大的威力呢?就是因为它的新闻价值比较高。这一事件满足了人们对新闻趣味性的追求。整个事件发生过程,曲折有趣。

理解事件营销

 **任务二 事件营销实施步骤**

一、选择触发定制旅行的事件

(一)选择触发定制旅行事件的切入点

事件营销的重心就是分析自己企业和产品的定位,看自己是否具有足够的新闻价值。

东京奥运会因新型冠状病毒疫情延期一年于 2021 年夏季举行,初次参加国际比赛的我国 14 岁小将全红婵以 5 跳 3 次满分的完美发挥获得跳水女子 10 米台的冠军,瞬间引发全国人民的广泛关注与喜爱,她的一举一动都受到网络的追捧。而在"从没去过游乐场"的全红婵休假刚刚开始之际,"全红婵被旅游圈狠狠宠了"等多个话题被刷榜热搜,不少文旅机构凭借快速反应吃到了这波微博流量的红利。在此事件中,新浪旅游提供了一系列的做法与思路,向文旅机构展示了微博事件营销到底应该如何进行。例如,新浪旅游展现出显著的话题传播能力,与一批蓝 V(新浪微博的机构、企业、媒体等非个人用户认证

标识）互动，并展示出它高效的话题与粉丝破圈能力。特别是投放了超粉后，让全红婵被旅游圈狠宠的话题推广到体育、旅游、娱乐等多个圈层，让这个话题的流量红利持续扩大。热点营销事件不会只有一个，定制旅游创业者只有不断强化自己的营销能力，才能在流量时代获取最大的流量红利。

我们将定制旅游事件营销的选择切入点归结为三类，即公益、聚焦和危机。这三类事件都是消费者关心的，因而具备较高的新闻价值、传播价值和社会影响力。

1. 支持公益活动

公益切入点是指企业通过对公益活动的支持引起人们的广泛注意，树立良好企业形象，增强消费者对企业品牌的认知度和美誉度。随着社会的进步，人们对公益事件越来越关注，因此对公益活动的支持也越来越体现出巨大的广告价值。

 案例 4-3

云台山为全国人民免门票

2021 年夏天，特大暴雨洪灾、反复肆虐的疫情让河南紧紧牵住全国人民的心。河南云台山景区在这双重挑战下闭园 42 天，直到 8 月 28 日重新开门迎客。为感恩社会各界的无私援助、致敬坚不可摧的民族力量，该景区决定自重新营业起至 2021 年 9 月 29 日，向全国人民免收门票。

【案例分析】

世界地质公园云台山通过免一个月门票收入的公益行动来感恩、答谢全国人民在灾情、疫情期间对河南人民的援助支持，此举一经推出，受到全国游客的热烈欢迎，纷纷来到焦作，打卡云台山景区。此举对景区在全国人民心中树立良好形象起到了积极作用，并使广大游客对云台山景区有知恩图报、大气担当的企业认知。

2."搭车"聚焦事件

这里的聚焦事件，是指消费者广泛关注的热点事件。企业可以及时抓住聚焦事件，结合企业的传播或销售目的展开新闻"搭车"、广告投放和主题公关等一系列营销活动。随着硬性广告宣传推广公信力的不断下降，很多企业转向了公信力较强的新闻媒体，开发了包括新闻报道在内的多种形式的软性宣传推广手段。在聚焦事件里，体育事件是企业进行营销活动的一个很重要的切入点。企业可以通过发布赞助信息、联合运动员举办公益活动、利用比赛结果的未知性举办竞猜活动等各种手段制造新闻事件。由于公众对体育竞赛和运动员感兴趣，他们通常会关注参与其中的企业品牌。同时，公众对于自己支持的体育队和运动员很容易表现出比较一致的情感。企业一旦抓住这种情感，并且参与其中，就很容易争取到这部分公众的支持。

若没有现成的聚焦事件，旅游企业也可以有意识地策划一些重要事件（活动），以吸引媒体与公众的关注，达到旅游形象宣传的效果。比如，2009年1月9日，澳大利亚昆士兰州旅游部门策划了一个赢得"世界最好工作"的竞聘活动，在全球范围以竞赛方式招聘大堡礁的巡护员，以优厚的待遇、优美的风光吸引公众眼球。此次竞赛活动吸引了200多个国家3.47万人参加，最终，英国人本·索撒尔赢得了这项工作。对这一竞聘活动，全球许多媒体都进行了报道（我国中央电视台及许多媒体也都给予关注并跟踪报道），使澳大利亚大堡礁国际知名度迅速提升。据报道，昆士兰州旅游部门策划这一营销方案，共花费170万澳元，但收到的宣传效果价值达1.2亿澳元。

由于既定事件利用的有限性及突发事件利用的不可预知性，所以旅游事件营销更多的是策划性的事件营销。这种策划可以说是"无中生有"，策划得好，可以取得很大成功。但是也存在很多策划水平有限，宣传效果一般，并未达到预期目的的案例。

3. 巧妙危机公关

企业处于变幻莫测的商业环境中，时刻面临着不可预知的风险。如果能够进行有效的危机公关，那么这些危机事件非但不会危害企业，反而会带来意想不到的广告效果。一般说来，企业面临的危机主要来自两个方面：社会危机和企业自身的危机。社会危机指危害社会安全和人类生存的重大突发性事件，如自然灾害、疾病等。企业自身的危机是因管理不善、同业竞争或者外界特殊事件等因素给企业带来的生存危机。据此，我们将企业的危机公关分为两种：社会危机公关和自身危机公关。当社会发生重大危机时，企业可以通过对公益的支持来树立良好的社会形象。另一方面，社会危机会给某些特定的企业带来特定的广告宣传机会。

 案例 4-4

地震后九寨沟景区"换新颜"

2017年8月8日晚，四川省阿坝州九寨沟县发生7.0级地震。这次地震造成九寨沟部分著名景点毁坏、基础设施严重受损，景区开放受到极大影响。经过近 4 年的恢复重建，2021 年九寨沟以全新的面貌展现在游客面前。目前，景区的基础配套设施更加完善，旅游服务提档升级，智慧景区实现新跨越，基本形成了以九寨沟景区为核心的"一核多极"的全域旅游新格局。12 个新景区新景点、7 条精品旅游线路、17 个乡村旅游综合体，从景点旅游到串珠成线的全域旅游、从传统观光游到"旅游+"的综合立体游的转变，呈现出一派新景象。2021 年 9 月 28 日景区全域恢复开放，当天共接待 7248 人次，游客对景区评价度颇高。

资料来源：https://news.sina.com.cn/o/2021-09-28/doc-iktzscyx6842596.shtml

【案例分析】

从 2017 年到 2021 年，经过近 4 年的恢复重建，从震后的严重损毁到如今新景区景点全域开放，涅槃重生的九寨沟，成为四川加强生态文明建设、开创全省文旅经济高质量发展新局面的主力军。九寨沟人把危机转变为成长的阶梯、升维的途径，利用新闻宣传树立了自己浴火振翅的高大形象。

不可抗力、管理不善、同业竞争或者外界特殊事件都有可能给企业带来生存危机。针对危机，企业必须及时采取一系列自救行动，以消除影响，恢复形象。企业在面对这类危机时，应采取诚实的态度面对媒体和公众，让公众知道真实的情况。这样才能挽回企业的信誉，将企业损失降至最低，甚至化被动为主动，借势造势进一步宣传和塑造企业形象。企业应该强化危机防范意识，确保危机发生的第一时间当机立断，快速反应，占据主动地位，采取果决行动以控制事态，使其不扩大、不升级、不蔓延，将有害的"危"转化为营销的"机"。

（二）触发定制旅行事件切入点的风险分析

事件营销中的三大切入点可以按可控度进行排列，从大到小分别是公益、聚焦和危机。可控度降低的同时，影响度是递增的，即风险越大，营销效果越好。根据这样的分析，我们得到了下面的事件营销切入点的风险分析图（见图 4-3）。

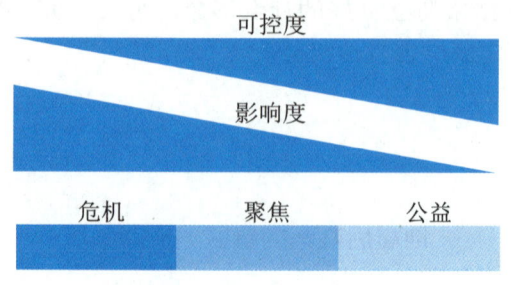

图 4-3　事件营销切入点的风险分析

在图 4-3 中，从右到左的事件中，企业可以控制的因素越来越少，事件的不确定性逐渐增加，企业所面临的风险也就越来越大。在公益事件中，企业通常占据着主动地位，几乎不存在风险。聚焦事件的主要风险在于营销活动不能与企业、产品的战略发展相融合，甚至破坏企业长远的战略形象。如很多企业在进行体育营销时仅使用单调的抽奖手段，与企业和产品形象相去甚远，结果收效甚微。危机事件最能吸引眼球，同时风险也最大。特别是处理企业自身危机时，更应该小心谨慎。

定制旅行的事件营销在进行危机公关时，必须有效地控制媒体风向，决不能引起公众的质疑和反感。否则，不但达不到定制旅行的事件营销所需要的营销效果，还会令企业面临生存危机。

二、策划吸引定制旅行者关注的方案

为了更好地吸引定制旅行用户，定制旅游事件营销策划活动要做好以下工作。

（一）深入做好活动调研

定制旅游事件营销策划中最重要的是目标客户定位和终极目标确立。在策划事件营销之初，我们一定要通过调研，确定活动面向的对象是谁，我们去做的事件营销活动最终要实现什么样的目标。对于活动的对象，不能笼统地将其划分为老客户、新客户等。这种宽泛的客户划分会导致活动的效果大打折扣。如果我们把活动对象划分为年龄在 25~40 岁之间、城市居住、有孩子、最近 3 个月没有产生旅游消费行为的女性客户，相较于全体女性客户，定制旅游事件营销活动策划的思路就会明晰、扩展很多。同样，有了明确的最终目标，才可以建立活动前的数据指标，作为活动成功与否的检验标志。在活动完成后，观察分析这些数据指标是否得到提升，就可以判断出这次活动有没有效果及产生了多大效果。还是以之前举例的活动对象人群为例，活动目标可以设定为激活这些沉睡女客户。那么，就可以以这些客户在相应的活动后，有没有新发生购买行为作为指标，这样就可以评判此次事件营销活动的效果如何。目标的确定不能脱离品牌的核心理念，其中要考虑的主要是公众的关注点、企业的诉求点和事件的核心点三个方面，如果能够做到三位一体，必能击中目标。

如今的事件营销，面临着事件的把握与制造、风险的规避与控制、资金的预算与把控等许多问题，企业只有给予全方位的支持，找准目标客户并制定明确目标，才能达到战略的跃升。

（二）全力做好营销策划

精确的活动人群和活动目的，会使事件营销活动策划更加精准，策划时所要关注的范围会更加细致，各方面情况会被考虑得更加周到。

只有从消费者关心的事情入手，事件营销策略才能打动消费者，实现营销目标。这同样是事件营销的前提条件。善于借势和积极造势是事件营销成功的关键，有些历史性重大事件是独一无二、可遇不可求的，企业要迅速地抓住这一时机。

所谓借势，是指企业及时地抓住广受关注的社会新闻、事件以及人物的明星效应等，结合企业或产品在传播上欲达到之目的而展开的一系列相关活动。

1. 借助明星效应营销

明星是社会发展的需要与大众主观愿望相结合而产生的客观存在。根据相关理论，当购买者不再把价格、质量当作购买顾虑时，利用明星的知名度去加重产品的附加值，可以借此培养消费者对该产品的感情、联想来赢得消费者对产品的追捧。比如，2019年6月携程签约新代言人彭于晏，因为他的粉丝人群与携程非常看重的年轻化市场高度重合。由彭于晏拍摄的携程最新TVC广告片及平面广告也于同期在全国机场、高铁站、携程旅游线下门店等场景同步投放。

2. 借助体育赛事营销

体育营销主要就是借助赞助、冠名等手段，通过所赞助的体育活动来推广自己的品牌。体育活动已被越来越多的人所关注和参与，体育赛事是品牌最好的广告载体，体育背后蕴藏着无限商机，已被很多企业意识到并投入其中。体育营销作为一种软广告，具有沟通对象量大、传播面广和针对性强等特点。2021年9月第十四届全国运动会在陕西举办，陕西多个景区对全运会期间来陕游客、持全运会门票游客、全运会火炬手、志愿者推出各种景区免费或旅游优惠活动，古城西安因此次体育盛事让世人再次感受到它新的魅力。

3. 利用新闻事件营销

企业利用社会上有价值、影响面广的新闻，不失时宜地将其与自己的品牌联系在一起，来达到借力发力的传播效果。在这一策略的使用上，海尔集团的做法堪称国内典范。在"2001年7月13日"北京申奥成功的第一时间，中央电视台就播出海尔的祝贺广告。当夜海尔集团的热线电话被消费者打爆，可以印证大家因申奥成功事件对海尔的关注度的提升。相信国人在多年后再回味这一历史喜悦时，肯定会同时想起曾经与他们一同分享成功的民族品牌就是海尔。

在做事件营销时,除了要会借势,也要会造势。所谓造势,是指企业通过策划、组织和制造具有新闻价值的事件,吸引媒体、社会团体和消费者的兴趣与关注。

4. 紧追舆论事件营销

企业通过与相关媒体合作,发表大量介绍和宣传企业的产品或服务的软性文章,以理性的手段传播自己。关于这一点,国内很多企业都做得不错,此类软性宣传文章现如今已经大范围,甚至大版面地出现在各种相应的媒体上。抖音发布的《2021抖音五一数据报告》指出,最受欢迎云旅游直播间TOP5榜单穿越湖北恩施狮子关水上栈道、四川乐山峨眉山杜鹃花节赏花、上海外滩灯光秀、四川甘孜徒步和青海海东徒步。借势相关旅游直播平台,旅游企业得到了"无本万利"的宣传效果。

5. 选择专题事件营销

企业为推广自己的产品而组织策划一系列宣传活动,以吸引消费者和媒体的眼球达到传播自己的目的。

北京环球影城2021年8月从内部压力测试开始,就成为自带流量的热门打卡地。让人出乎意料的是,影城七大园区中,变形金刚园区里面真人扮演的霸天虎,力压哈利·波特、小黄人、功夫熊猫、侏罗纪恐龙等其他园区经典角色,成为北京环球影城中最先出圈的网红。威震天凭借"话痨"属性迅速走红,在各社交平台上都可以看到它与游客互动合影的短视频。短短一个月的时间,微博"北京环球影城的威震天"的话题阅读量已经达到了2.3亿,讨论数达6万。威震天的话题度持续升温,还遭到投诉举报,事后又受到广大游客和网友的理解支持。恰恰证明了北京环球影城这种为丰富沉浸式体验感而设的情景活动,通过营造氛围感、增加互动性,让影视经典IP更深植入消费群体,使其成为影城的卖点之一,获得极大的成功。

我们要强调,在事件营销策划的过程中尽可能考虑到每个细节及各种突发情况,以求在执行过程中避免产生较大的调整变化。能够顺利执行的策划才是真正成功的策划。

三、仔细落实事件营销活动筹备

活动筹备就是按照策划内容,提前做好各项准备工作。事件营销活动要准备的必需品包括事件具体需要的道具(活动需要的文案、图片等)安排,对新闻媒体和公众需要发布的企业背景资料,收集、分析媒体报道、舆论的专业工具等。

事件营销实施步骤

在活动筹备过程中，重要工作之一是设置一些数据收集统计点。例如，这次活动的签到人数、每小时入场人数及离场人数、男女比例、年龄情况、咨询问题有哪些。设置越多的数据观测点，就会为以后的活动优化提供更有力的数据基础。

四、高效推进事件营销操作执行

事件营销在执行阶段，除了按照预定流程认真执行之外，还需要关注活动中的各种数据以及客户的状态，而不是单纯地出一个结果就可以。注意通过数据观测点收集数据。

五、用心完成事件营销总结复盘

某一事件营销活动结束后，应当将收集到的数据进行分析统计，着重比较哪些方式对哪类客户较为有效。分析的过程中，要注意客户的细分，要找到同一类客户的行为和渠道共同点。很多事件营销策划者没有进步，或者一次又一次的活动策划之后营销没有得到很大的改善，都是因为缺乏这种深入分析，不知道下次应该继续使用怎样的策略、不必要的开支有哪些。因此，总结复盘是至为关键的一步，也是后续成功的基础。

 **任务三　典型案例分析**

一、案例介绍

河南卫视节目爆火事件推动文旅文创融合大发展

2021年河南卫视多个节目爆火网络，其背后是深挖文旅文创的支撑，节目火爆出圈事件也为旅游发展带来了新的机遇与挑战。

2021年河南卫视的春晚舞蹈节目《唐宫夜宴》火遍网络，至2月底共计斩获5次微博热搜、20.4亿播放量。这支5分钟的舞蹈从服装、化妆、道具到舞台编排，再到运镜调度，几乎完美。14位演员眼部那两抹月牙形的妆造叫"斜红",是唐代最潮的妆容;她们的服装是融入三彩元素的襦裙;她们手持的乐器:笛、钹、曲颈琵琶、霫篥、竖箜篌、五弦琵琶、排箫均取材于河南博物院馆藏文物。美妙的音乐配上俏皮的舞蹈,宛如从博物馆中"复活"的"唐宫美人",也助力创意取材地河南博物院火出了圈。

2021年2月25日(农历正月十四)晚,河南卫视元宵晚会《元宵奇妙夜》与观众见面,并受到大家更为热情的支持。截至2月27日,两天时间河南卫视《元宵奇妙夜》相关话题阅读、观看量超6亿。整场晚会从创意到拍摄最终呈现,一共只有5天时间。晚会时间共计30分钟,所有场景都是郑汴洛六大景区景点实地拍摄。整场节目以河南博物院中的镇馆之宝为吸睛点,以穿越时空、次元交汇为时间轴,将河南历史文化中最耀眼的元素与精彩的歌舞、戏曲、武术等艺术表演形式结合起来,使观众大饱眼福。随后,河南博物院以唐宫美人为IP推出的文创产品也成功出圈,主要包括手办盲盒、书签、保温杯、手机壳等衍生品,并以"仕女乐队"为主题,在淘宝官方店铺开设专栏,其中唐宫夜宴版手办盲盒尤受消费者欢迎,成为店铺热销的文创产品之一。

从《元宵奇妙夜》到《清明时节奇妙游》《端午奇妙游》《七夕奇妙游》,以及2021收官之作《中秋奇妙游》,河南卫视的奇妙游系列节目在持续创新中频频"妙"出圈。河南卫视深挖传统文化内涵,以一以贯之的风格诠释奇妙的中国传统节日,采用"网剧+网综"的形式将节目与故事情节相结合,给观众带来一场异彩纷呈的视觉饕餮盛宴。《芙蓉池》《纸扇书生》《洛神赋》《龙门金刚》《墨舞中秋帖》等节目彰显文化自信,一次又一次以文化输出惊艳出圈。

河南的一些传统景区,如云台山、龙门石窟、老君山等,在新思维的引领下,采用了较为符合目前社会传播规律的方式,与新媒体合作,取得了显著的效果。而最核心的一点是,河南景区和河南卫视都抓住了自身的中华传统文化这一根本,在另辟蹊径的同时,坚守传统文化的定位,形成自有的独特风格即差异化优势,厚积薄发,收获丰收硕果。

2021年10月30日,中共河南省委新闻发布会上,省委宣传部常务副部长曾德亚表示,河南广播电视台推出中国传统节日系列奇妙游,通过技术创新赋予传统文化新的表达,迅速火爆"出圈",网络点击量达400多亿。节目的出圈不仅传播了中华文化、中原文化之美,而且促进了跨界融合,形成了文明传播、文化解读、文艺创新、文创开发这一文化生态链条。《端午奇妙游》播出后,郑州入围端午十大旅游目的地;《中秋奇妙游》播出后,河南博物院成为国庆假期搜索热度最高的五个博物院之一;考古盲盒、唐宫文创等

产品在网上销量火爆。

河南卫视的节目火爆出圈这一事件很好地带动了旅游消费，不得不说节目是很好的事件旅游营销方式。我们不难看到，只要策划得当，事件营销及时，能深耕文化底蕴，文旅文创融合发展必将大有可为。

二、案例分析

本案例为事件营销的典型借力模式。

河南卫视的奇妙游系列晚会好评如潮，没有大制作，没有大明星，仅凭几个传统文化的舞蹈类节目巧妙的编排，就可以频频出圈，其内在原因是河南卫视对中华文化的尊重和重视——不仅符合广大民众精神文化需求，而且满足所有人对主流媒体能够扛起文化宣传者、文化传播者责任的期待。

河南的旅游业及各大城市、景区将组织的议题——自我宣传包装向社会热点话题——河南卫视的奇妙游系列晚会备受关注好评靠拢，从而实现公众对热点话题的关注向组织议题的关注的转变，是非常成功的借力模式事件营销。

本案例融合了事件营销的诸多特点。

1. 目的明确性

2021河南卫视春晚、元宵奇妙夜、清明奇妙游、端午奇妙游、七夕奇妙游、中秋奇妙游等系列晚会，目的明确而统一，都是尊崇和展现中华文化。事件营销策划的目的也同样明确统一，宣传大美厚重的河南。

2. 风险共生性

事件营销要求实事求是，不仅事件策划本身客观真实，还包括其衍生的网络传播也真实可信。河南卫视自觉维护公众利益，勇于承担社会责任，以厚重的文化底蕴和创新的节目呈现获得全民的认可与喜爱。

3. 成本低廉性

事件营销最重要的特性是利用现有的非常完善的新闻机器，来达到传播的目的。由于所有的新闻都是免费的，在所有新闻的制作过程中也是没有利益倾向的，所以接近零成本。网友超高的点击率、好评率和转发率都建立在认可系列晚会品质的基础之上，网络的飞速传播都是网友的自发行为，做到了接近零成本宣传推广。

4. 新颖时效性

因为事件营销要更多体现它的新颖性，才能吸引用户点击。2021河南卫视奇妙游系列晚会通过一个接一个的事件营销聚集到大量用户共同讨论此事件，然后很多门户网站进行转载，短时间内起到立竿见影的宣传效果。河南卫视奇妙游系列晚会不断用新的热点来代替上次事件营销成为网络用户新的聚焦方向，连续六次晚会让大家惊喜不断，使其时效性延续近一年之久。

5. 力求完美性

完美要求网络事件策划要注重企业、组织行为的自我完善，要注意网络传播沟通的风度，要展现策划创意人员的智慧。而河南卫视的成功就是因为它站在腾飞长空的中华巨龙的肩膀上，深植于三千年中华文化的沃土中。

本案例"搭车"聚焦事件。借河南卫视奇妙游系列晚会的万众瞩目，目前已经六次刷新国人对河南的好感与向往。

那么，河南卫视节目火爆出圈后，能带飞旅游业吗？

《唐宫夜宴》14 位唐朝少女，以堪称神还原的妆容服饰，憨态可掬的肢体表达向大家展示了大唐盛景，引得观众也想同她们一样徜徉在博物院的厚重历史之中。河南博物院统计的数据显示，2021 年春节期间其网络搜索热度同比增长 500% 以上，上榜全国十大线上本地预订人气景区。

清明时节奇妙游中兼容儒释道三大文化的《纸扇书生》途经嵩阳书院、嵩岳寺塔、中岳庙、老君山。导演钱林林在接受大象新闻专访时表示，"奇妙游"就像"视频邀请函"，4 月份刚好是黄河文化月，希望借此机会带着网友在人间四月天，共赏中原春色。2021 年清明假日期间，河南省旅游市场共接待游客 1566.33 万人次，与 2019 年同期相比增长 9%，旅游总收入为 75.77 亿元，恢复到 2019 年同期的 85%。

端午奇妙游的水下舞蹈《祈》再现了"翩若惊鸿，婉若游龙"的洛神仙子。2021 年端午小长假 3 天，河南共接待游客 1236.65 万人次，旅游收入 55.62 亿元，与 2019 年同期相比分别增长 30.97%、23.27%。携程数据显示，郑州首次入围端午十大热门旅游城市。"去哪儿"平台上，端午期间，带有河南博物院考古盲盒券的门票套餐最受欢迎。

中秋奇妙游一如既往地被全国网友刷爆。2021 年中秋小长假 3 天河南省共接待游客 1489.56 万人次，旅游收入 74.86 亿元，与 2019 年中秋假期相比分别恢复 92%、94%。

这些政府机关和网络平台的数据直观地向我们展示了河南对其深厚文化底蕴的坚守和对推进传播的创新。节目给全国人民带来"沉浸式中华文化课盛宴"，不仅彰显文化自信，而且带来旅游的复苏与腾飞。"三座城、三百里、三千年"等王炸定制旅游产品更被广大的消费者熟知与践行。

项目三　定制旅行病毒营销

 任务一　理解病毒营销

听到"病毒"这个词，大家可能会想到生物学概念的病毒或者计算机的病毒。在大众的认知中，病毒一般具有强破坏性、高传染性，并能够对机体产生极大的影响。病毒营销是指通过受众的积极性和人际关系网络将营销信息廉价复制，使得营销信息像病毒一样快速传播和扩散，将营销信息短时间内传递给更多的受众，从而达到营销目的的过程。病毒营销中的核心词为营销，而非病毒；病毒只是描述营销的具体传播方式，并非是依靠病毒传播来开展营销活动；将病毒的特点运用于营销领域，能够产生极大的作用。

一、病毒营销简介

（一）病毒营销的产生与发展

病毒营销又被称为病毒式营销、病毒性营销（Viral Marketing），是一种高效的市场营销方式。最早明确病毒营销这一概念的是贾维逊（Steve Jurvetson）及德雷伯（Tim Draper），他们在1997年发表的《病毒营销》一书中提出：病毒营销是一种具有强大力量的市场营销工具，它利用顾客作为传播者，使公司信息能够快速得到扩散，从而达到增加品牌知名度或者其他的营销目标，并初步定义为"基于网络的口碑传播"。

随着病毒营销在广告领域的飞速发展，国内学者也开始对病毒营销有所关注和解读。冯英健在《网络营销基础与实践》一书中提出，病毒营销是通过用户的口碑宣传，海量复制，从而快速将营销信息向其他用户进行传递的营销方式；吴爱丽在《病毒营销》一书中指出，病毒营销是一种强大的营销手段，是一种信息传递策略，通过公众将信息廉价复制，告诉其他受众，从而迅速扩大自己的影响。由于众多学者、专家对病毒营销的研究和探索，病毒营销理论体系不断充实完善，应用在各行业的网络营销中，定制旅行营销

模块四 定制旅行媒体营销实施

领域更是应用广泛。

（二）病毒营销与口碑营销

我们在学习病毒营销的过程中，应充分区分理解病毒营销与口碑营销（见表4-1）。两者都是利用消费者实际的社交网络进行传播，且传播方式多样，但是病毒营销是通过潜在消费者快速复制信息并传播，达到高曝光率，传播动机主要是由于信息新鲜有趣或者可以使潜在消费者获益匪浅且易于传播，被潜在消费者广泛认知从而达到扩大知名度的效果；而口碑营销是基于用户自身良好体验而主动传播，表明消费者的绝对认可，最终达到提升美誉度的效果。因此，在进行定制旅行市场营销策划过程中，需要根据企业最终目的有针对性地选择合适的营销手段。

表4-1 病毒营销与口碑营销的对比分析

项 目	病毒营销	口碑营销
传播动机	新鲜有趣	信任有加
传播内容	广泛认知	绝对认可
传播效果	知名度	美誉度

定制旅行产品作为旅游产品的组成部分，同样具有综合性、生产与消费同一性、无形性、高附加值等特点。在策划定制旅行市场的病毒营销中，需要以一种区别于其他产品的全新的角度去切入潜在旅游消费者的世界，根据定制旅行市场中潜在旅游消费者的需求，设计满足潜在旅游消费者需求的产品或服务，再通过多渠道以病毒扩散的形式被大众广泛认知，从而吸引潜在旅游者，提高企业知名度。

（三）病毒营销在定制旅行市场的运用

定制旅行市场作为旅游市场的一个细分组成部分，是定制旅行产品商品化的场所，是以定制旅行市场需求为起点的。定制旅行企业通过提供有形的旅行产品和无形的服务，最终实现满足定制旅游消费者需求以及本企业目标为目的。病毒营销作为市场营销的一种方式，同样可以作用于定制旅行市场。病毒营销在定制旅游市场的运用主要是借助各类信息传播工具，如微信、微博、抖音等APP，利用消费者对于定制旅行营销信息的积极性，主动向自身的人际关系网络进行扩散，使得定制旅行营销信息像病毒一样快速复制、迅速传播给更多的消费者，从而建立对定制旅行品牌、服务以及相关产品的认知，最终达到高效宣传、实现盈利的目的。

二、定制旅行病毒营销的特点

定制旅行病毒营销能快速高效地实现传播目的，主要具有以下特点。

（一）低廉的传播成本

传统的旅游市场营销策略中，针对潜在旅游消费者，主要有发放优惠券、打折出售、组织团购等营销推广策略，以此来刺激潜在旅游消费者的购买欲望。此类营销策略效果较明显，所投入成本也相对较高，且以促成即时成交为主要目的。而定制旅行市场病毒营销不同于传统旅游市场营销，通过包装"病原体"，不引起潜在旅游消费者对于广告营销信息的本能抵触情绪，使定制旅行信息表面上看来新鲜有趣。当目标定制旅游消费者被"病毒感染"后，会自发自觉运用多重渠道参与到后续的营销信息传播过程中，成为病毒营销信息的主动传播者。因此，病毒营销传播成本相对较低。

然而，病毒营销并非无成本，其主要渠道推广成本在于将病毒营销信息推广给第一批目标定制旅行消费者，后续的营销推广费用则转嫁给目标定制旅行消费者的多渠道主动传播。因此，相较于其他营销方式的多渠道广告推广费用，病毒营销的确是一种质优价廉的高效营销方式。

（二）倍数的传播速度

试想下，在平时的生活中，你是否会与你的朋友讨论电视上的旅游广告？事实上，传统媒体反复推送企业产品营销信息的方式越来越不被大众所认可，在消费者观看感兴趣的资讯时，突如其来的广告容易引起消费者抵触情绪。各企业通过传统大众传媒推送广告的方式属于"点对多"的辐射传播方式，属于"广撒网"，针对性不强，大众很少会进行二次甚至多次传播。

与大众媒体旅行广告为主要手段的传统营销方式不同，定制旅行病毒营销不仅是要将营销信息传递给潜在旅游消费者，更重要的是让潜在旅游消费者建立起与品牌情感上的联系。定制旅行病毒营销属于潜在旅游消费者自发的、扩张的信息推广形式，潜在旅游消费者就是品牌建设与推广的一部分，他们利用人际关系等渠道将营销信息传递给与消费者自身有某种联系的群体或个体，并不断地将目标消费者转化为营销信息的免费推广者，以类似于病毒传播的形式，将营销信息倍数传播。这属于"多对多"的辐射传播方式，属于"重点捕鱼"，潜在旅游消费者一般都会再进行二次甚至多次传播。

例如，某景区即将开业，营销方案为将景区宣传链接转发到朋友圈3天（所有人可见），便可以领取该景区的门票一张。当最近有出游打算的目标旅游消费者看到此条信息，第一反应或许就是将景区宣传链接转发朋友圈，甚至会将此条信息转发给想要同去的亲朋好友。于是，无数个参与转发、点赞的潜在旅游消费者便成为病毒营销中的推广主力，同时使"低免疫"潜在旅游消费者成倍数增长，景区相关的营销信息也实现了爆炸式增长。

（三）丰富的传播途径

病毒营销需要借助不同的传播渠道与途径来获得不同的营销效果。常见的几种途径为微信、QQ、微博等社交软件，以及抖音、快手等短视频网站与其他的社区、社群APP等。常见的传播形式有：短视频、网络文章、网络产品、网络广告、网络链接、网络游戏等。对于定制旅行品牌而言，需要选择最能够直击目标旅游消费者，帮助定制旅游品牌在最短时间内找到潜在旅游消费者，扩大品牌知名度与新的销量增长点的传播方式与形式。

例如，携程旅行在2018年国庆黄金周期间在抖音平台打造了"携程fun肆之旅"活动。人们只要使用活动同款音乐和贴纸，添加话题即可参加，点赞第一名可获得iPhone Xs Max（256G），点赞排名前5名、15名、25名可获得500元旅行礼品卡。携程旅行通过此次活动，聚焦年轻人群体，通过给予用户奖励号召用户在黄金周期间用抖音添加"携程fun肆之旅"话题来记录美好旅行，在国庆小长假期间获得了极大的曝光量。这种病毒营销传播方式以极小的成本获得了巨大的流量。

（四）高效的传播效果

定制旅行病毒营销的核心要点在于，如何找到强吸引力的"病原体"以及能够打动潜在旅游消费者的"引爆点"。传统大众传媒传播方式存在信息干扰强烈、受众抵触等问题，消费者为被动接受营销信息并非主动获取；而在定制旅行病毒营销中，潜在旅游消费者更容易接受"病原体"背后的营销信息，让消费者觉得心甘情愿，从而提高病毒营销的接收效率，增强传播效果。

定制旅行病毒营销的优势在于通过群体内的互相传播，使得定制旅行营销信息被多向地、交叉地、快速地传递给自己所属的群体，实现营销信息到达率和覆盖面的快速增长。这类群体往往为目标旅游消费者，相较于其他营销方式，此类旅游消费者更容易被转化。潜在旅游消费者接收定制旅行病毒营销信息的渠道与途径也比较私人化，接收信息环境简单，干扰小，说服效果更加显著。

例如，在携程与抖音平台合作的"携程fun肆之旅"活动中，携程的传播成本主要为与抖音平台的营销成本，以及金额相对较小的礼品成本，但是携程最终在国庆黄金周旅游旺季中获得了49.9亿次的播放量、众多旅游消费者的争先参与，实现了携程的营销目标。携程便是选择了在恰当的时机与合适的平台，借助大众所喜闻乐见的"病原体"进行病毒营销，从而获得了高效的传播。

三、定制旅行病毒营销的价值

传统的旅游大众传媒营销形式主要是通过媒体广告、人员推销、公关宣传等方式进行，这样的营销方式虽然可以获得一定的回报，但是营销成本会大大增加，营销效果也具有一定的不确定性。随着旅游行业竞争加剧，以及以互联网为基础的网络营销的迅速发展，满足潜在旅游消费者的需求成为定制旅行企业的经营核心，潜在旅游消费者主导的营销时代已经来临，定制旅行病毒营销模式的价值日益凸显。

定制旅行病毒营销在宣传旅游企业或是旅游产品的同时，更加注重给予潜在旅游消费者同类产品的选择、使用、核心优势等相关信息，为潜在旅游消费者营造一个互动的空间。定制旅游企业通过与潜在旅游消费者互动树立良好的企业形象和产品形象，通过与消费者互动让营销信息相互传播扩散，最终，让旅游消费者与定制旅行企业产生内在联系，将"易感"旅游消费者变成合格的"销售"，借助其紧密的人际网络，让其他潜在消费者在病毒营销的过程中"中毒"。定制旅行病毒营销更加注重内在价值的传递、内容的深度互动、系统的整体布局，与传统的旅游大众传媒营销相比，发展前景更加广阔。

知识链接 4-1

病毒营销战略六项基本要素

美国著名的电子商务顾问拉夫·威尔森（Ralph F. Wilson）博士将一个有效的病毒营销战略归纳为以下六项基本要素：

1. 提供有价值的产品和服务

有价值的产品和服务即为"病原体"。"病原体"可以有很多种，在此只列举常见的几种：情感病毒（比如，爱心、爱情、人文关怀等），利益病毒（比如现已明令禁止的上线吃下线的传销等），娱乐病毒（比如游戏、动画等），生活态度病毒［比如耐克观点"just do it（想做就做）"］。一般的"病原体"也许并不能在竞争激烈的"病源家族"中发挥作用，所以要创建有感染力的"病原体"，使其成为爆炸性的传播话题，通过心灵的沟通感染消费者，进而不断蔓延开来。

2. 提供无须努力的向他人传递信息的方式

病毒只在易于传染的情况下才会传播，因此，携带营销信息的媒体必须易于传递和复制,如 E-mail、网站、图表、软件下载等。病毒营销在互联网上得以极好地发挥作用是因为即时通信变得容易而且廉价,数字格式使得复制更加简单。从营销的观点来看,必须把营销信息简单化使信息容易传输,越简短越好。

3. 信息传递大范围扩散的可能性

锁定你的目标群体,要挖掘并突出他们共同的喜好。一个范围广大并且有着共同心理、生活、消费特征的群体是最容易大范围传播"病毒"的群体。

4. 利用公众的积极性行为

打着"情感幌子"的行动更容易得到别人的信任。顾客的需求是不同的、是不断改变的,市场营销人员传递的营销信息应该完全迎合顾客的需求。营销人员不仅需要考虑到传递信息的内容,更应该考虑到受众在接受信息时的情境和脉络。

5. 利用现有的通信网络

社会科学家告诉我们,每个人都生活在一个 8~12 人的亲密网络之中,网络之中可能是朋友、家庭成员和同事,根据在社会中的位置不同,一个人的宽阔的网络中可能包括几十、几百或者数千人。

6. 利用别人的资源

最具创造性的病毒营销计划是,利用别人的资源达到自己的目的。只有善于利用别人的资源来销售自己的产品和服务,才能最大限度地降低自身经营的成本。像网络中的即时通信工具,它就是利用了用户要同别人联系的需求这个资源,达到了自己销售的目的。

资料来源:吴爱丽. 病毒营销[M]. 重庆:西南财经大学出版社,2007.
(内容有删减)

四、定制旅行病毒营销的主要对象

携程大数据显示,42% 的定制旅行用户出行含老年人,其中 29% 的出行中有 2 位及以上老年人;出行老年人年龄普遍偏大,60~69 岁老年人占 55%,70 岁以上老年人占 34%。20% 的定制旅行是情侣、夫妻二人出行。定制游者的共性在于追求品质,看中旅游的质量而不是数量,相对而言有一定的经济实力且喜欢新事物,但是此类旅游消费者一般而言没有太多时间和精力研究攻略、搜集信息,因而需要定制旅行企业根据其需求提供相应的产品与服务。在了解定制旅行用户画像后,我们将定制旅行病毒营销的主要营销对象锁

定在老年人群体以及有一定积蓄、追求品质、"免疫力低"的年轻人群体。

目前，我国每年的老年人旅游人数已经占到全国旅游总人数的20%以上，银发市场规模庞大。"有钱、有闲、有伴"是老年人定制游消费者的真实写照，他们更加重视精神体验，也更加青睐个性化的定制游产品。针对有一定积蓄且追求品质、"免疫力低"的年轻人，定制旅行企业只要将病毒营销信息传播给他们平时接触较多的渠道，便可以获得有针对性的传播。比如，那些爱刷抖音的人，定制旅行企业只需要将病毒营销信息传播给相关的KOL（关键意见领袖），KOL的粉丝通过刷到他的抖音便会了解到定制旅行相关的营销信息，进而传播给更多的人。在病毒营销传播渠道的选择上，要因人而异，选择目标旅游消费者喜爱的渠道进行营销信息传播。

五、定制旅行病毒营销的主要适用产品

（一）按营销渠道分类

定制旅行产品按照渠道可以分成线上定制旅行产品和线下定制旅行产品。例如，携程旅行、去哪儿旅行、同程旅行等旅行类APP均有定制旅行板块，一般分为个人定制、团建/公司定制、高端定制等类型。除了旅游综合类APP，还有专做定制旅行产品的线上公司。例如，北京六人游国际旅行社股份有限公司等，游客只需要在网站上输入定制旅行需求，便会有定制师进行一对一的服务；不需要线下见面，仅仅靠电话、微信等沟通软件便可完成交易，只要是有需求的旅游消费者，均可进行定制。

线下定制旅行产品更加接近传统的旅游市场，主要的旅游消费者群体为企业团体定制旅行消费者或者是家庭/集体旅游消费者。线下的旅游企业也会安排专人与旅游消费者进行一对一服务，来共同商定定制旅行产品的具体内容，满足线下定制旅行消费者对个性化旅游产品和服务的消费需求。

就渠道而言，定制旅行病毒营销更加适用于线上定制旅行产品。想要突破市场，不能够漫天撒网，必须有针对性地进行营销。线下定制旅行产品运用病毒营销具有一定的局限性，营销信息没有办法得到最大范围的复制与传播，同时线下定制旅游产品进行营销也需要运用网络渠道与途径，如通过微信来进行相关营销信息的转发与分享，借助社交渠道复制传播信息。

（二）按消费层次分类

不同消费层次的定制旅行消费者对于定制旅行产品的需求存在着差异。

根据消费层次，我们可以将定制旅行产品分为中低端定制旅行产品和高端定制旅行产品。中低端定制旅行产品依然是当下旅游消费市场的主流，主

要就是对当下现有的交通、酒店、目的地游览及活动等定制旅行产品要素进行组合预订服务以及其他的协助服务等。高端定制旅行产品较中低端定制旅行产品单笔利润会高，客户群体多为高收入群体，但是此部分高收入群体规模有限，不能成为消费主体。

就消费层次而言，中低档次的旅游消费更适合病毒营销，而且在未来很长一段时间均为旅游消费市场的主体。对于中低档次的定制旅行产品，需要结合定制旅行市场规模与情况，加快对现有资源的深度整合与设计，通过薄利多销、质优价廉的模式获取利润。

（三）按参与度分类

根据定制旅行策划过程中的参与度，可以将定制旅行产品分为定制旅游者主导型、定制旅行企业主导型、平衡型三种。定制旅游者主导型主要是定制旅行企业按照定制旅游者的需求进行定制旅行产品策划，定制旅游者将广泛参与到定制旅行产品策划中去，通常这样的产品旅游者满意度较高；定制旅行企业主导型主要是在定制旅游者对于自身需求并不明确，对于旅游资源与旅游产品不够了解，难以抉择的情况下，定制旅行企业根据定制旅游者的大致需求，提供方案供定制旅游者选择，定制旅游者在定制旅行企业提供的产品基础上进行调整，参与度相对较低；平衡型主要是定制旅游企业根据定制旅游者的初步想法，给予定制旅游者指导，引导其做出决策。

就参与度而言，定制旅游企业主导型以及平衡型比较适合病毒营销。这部分旅游消费者"免疫力"较低，在定制旅行中参与度也相对较低，容易受外界"病毒信息"的影响。在进行病毒营销中，针对此部分人群的营销主要是以扩大品牌影响力为主，而并非具体的定制旅行产品。

（四）按定制旅行消费者需求分类

根据携程大数据，定制旅行根据客户群体不同可分为散客定制旅行和团队定制旅行。散客定制旅行需求一般有：亲子主题游、海岛拓展游、人文观光游、摄影观光游、游学等；团队定制旅行需求一般有：会议旅游、团建拓展、团建旅游等。就定制旅行消费者需求而言，团队定制旅行一般有特定的主题以及目的，定制旅行企业需要根据团队的具体目的与要求制定适合的定制旅行产品；此类定制旅行适合进行线下渠道营销，反复沟通，确定细节。相较于团队定制旅行，散客定制旅行更适合病毒营销。针对不同的细分市场，采用灵活的病毒营销内容，以定制旅游者需求为导向来进行病毒营销。在进行营销信息投放时，也可以有针对性地选择"易感人群"进行投放，以期取得最好的营销效果。同时，散客定制旅行可以打破时空的界限，通过网络一对一服务完成所有对接服务。

案例 4-5

未知的旅行

马蜂窝旅游网于 2016 年 9 月 6 日成立未知旅行实验室,这是一家以探索"旅行与人性"微妙反应为主旨的非常规理想主义实验室。对于世界上与旅行相关的一切未知与可能,未知旅行实验室都试图与全球旅行爱好者展开共同探秘行动,并通过屡次打破常规的旅行实验,向广大旅行者传递"Don't fear the unknown(不要惧怕未知)"的价值观。

Eatwith 作为国际顶尖社交美食体验平台在全球享有盛誉,马蜂窝未知旅行实验室特与其联袂为旅行者打造了一个活动——"好吃的圣诞"。2018 年 11 月 29 日至 12 月 3 日,参与者可以通过马蜂窝旅游移动客户端及相关官方平台参与活动。按照活动规则,成功邀请 10 位好友为自己助力的参与者可获得抽奖机会,奖品充满神秘色彩,中奖者将获得一套双飞往返机票飞往全球九大城市之一,还有一顿充满当地风情的圣诞大餐。这个活动意在鼓励旅行者前往未知的城市,充分融入当地生活,切身感受当地美食和体验多文化的交流与碰撞。

整个活动中最具有趣味性的地方就在于其未知性,所有的活动参与者并不知道自己的目的地是哪个国家或城市,也不知道接待自己的东道主是何许人物,有着怎样的人生故事,更不知道犹如盲盒一般的异域美食——打开来出现的是火鸡、羊排,还是沙拉和寿司。通过此次活动,所有参与者都有机会前往世界各地,感受别样的圣诞假日,在未知中收获独特的旅游体验。

中国年轻人普遍的旅行需求已经从简单感受上升到了深度体验,但在一场旅途中最难的就是在有限的时间里真正地感受当地生活,与当地人深入心灵地交流,充分地了解当地的文化和历史,这却是旅行中最为精彩的部分。假设没有时间和金钱这个客观条件的限制,大家一定愿意出国享受一顿真正的圣诞大餐。

资料来源:https://xian.qq.com/a/20181129/010662.htm(内容有删减)

【案例分析】

此次营销活动以"深度旅游体验"为"病原体"吸引了众多热爱旅行的参与者,引起了消费者的共鸣,激发了讨论热度,同时这类人群也是马蜂窝的目标旅游消费者。在活动期间,参与者可以通过马蜂窝旅游 APP 及官方微博、微信参与活动。根据活动规则,成功邀请 10 位好友为自己助力的参与者,就有机会参与抽奖。操作简单,吸引力大,使目标旅游消费者自发自觉地成为"病毒信息"的主动传播者,通过私人渠道,不断扩大此次活动的影响力。

马蜂窝通过此类活动提高了旅游消费者对于品牌的认知度,让更多的潜在旅游消费者了解到马蜂窝不止有游记、攻略，还是一个综合类旅游平台。同时，此类活动能够引发旅游消费者的情感共鸣，即使没有被抽中，其背后所蕴含的"情怀"依旧能够获得旅游消费者的认可与好感。最后，此类营销活动与目标旅游消费者群体进行了良好的互动，为精准服务旅游消费者、满足旅游消费者的多样需求打下了坚实的基础。

任务二 病毒营销实施步骤

吴爱丽根据生命周期理论，将一个完整的病毒营销分为四个阶段：病毒制造阶段、病毒投入阶段、病毒反应阶段、病毒更新阶段，每阶段的重点内容如表 4-2 所示。

表 4-2 病毒营销四阶段

阶　段	重点内容
病毒制造阶段	精心设计"病原体"
病毒投入阶段	将"病毒"投放到免疫力低的易感人群之中
病毒反应阶段	将传播力转化为购买力
病毒更新阶段	更新病毒"病原体"

根据病毒营销四阶段以及定制旅行企业及产品的特性，我们将定制旅行病毒营销的实施步骤主要分为七步，如图 4-4 所示：

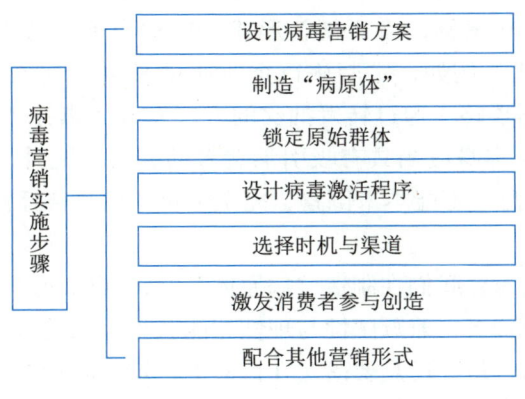

图 4-4 病毒营销实施步骤

一、设计病毒营销方案

制定有效的营销方案,可以使定制旅行企业确定具体的营销目标。定制旅行企业的营销活动应该是,以定制旅行市场调查为起点,运用科学的方法,全面搜集信息,进行深入细致地调查,分析具体数据,最终得到科学的结论。

在定制旅行市场调研的过程中,定制旅行企业一方面需要掌握国家旅游相关产业政策、竞争对手营销方式等各类信息,做到知己知彼;另一方面需要掌握定制旅行旅游者消费心理、购买行为、潜在的定制旅游需求等各类信息,分析定制旅行消费者的消费行为和价值取向,更好地为定制旅行消费者服务和发展忠诚客户。定制旅行企业在设计病毒营销方案的市场调研过程中,还需要掌握当下社会中的时事热点、流行文化、旅游目标消费者热衷的社交媒体,为"病原体"设计打下基础。通过对网上定制旅行相关的大数据进行搜集整理,再利用分词、聚类、情感等来了解和分析不同平台、不同群体的旅游消费者的消费偏好,以此来设计出能够与旅游消费者产生共鸣的"病原体"创意。在市场调研后,定制旅行企业需要制定具体的病毒营销方案,使得病毒营销更具有针对性,在现有条件下实现收益最大化。

二、制造"病原体"

认识"强感染性"的"病原体"

一个"病原体"是否具有"强感染性"关键在于,它是否为广大定制旅行目标消费者所接受。所以我们需要制造有感染力,能引起定制旅行目标消费者强烈共鸣的"病原体"。

定制旅行企业进行病毒营销时,不能简单模仿其他成功案例,需要创新形式,针对当下旅游市场营销环境,选择合适的表现形式。例如,定制旅行企业通过 KOL 在小红书 APP 投放亲子游相关景区体验与攻略,通过转发抽奖的方式发放优惠券或者抽取免单。"病原体"的设计除了本身应当具有吸引消费者的利益点之外,还应当注重所携带的产品/品牌信息,不能本末倒置,完全侧重于信息传播而忽略了定制旅行企业的营销目的。

我们还需要注意,我们在制造"病原体"时,可以通过给"病原体"注入温情来打动旅游消费者,兼顾感性与理性才能获得大众的认可。另外,病毒营销只是手段与方法,最终还是要落实在目的上,定制旅行企业在病毒营销过程中千万不能欺骗旅游消费者。例如,打着"带着父母免费定制旅行"的噱头进行病毒营销，消费者进行大量分享或点击后，最终发现只是定制免费，旅行并不免费，这种恶意诱导的方式会给旅游企业形象带来极其不良的影响，最终会被旅游消费者所摒弃。

如何构思"病原体"

三、锁定原始群体

在旅游市场高度细分化的今天，任何一家定制旅行企业都不可能囊括所有的旅游目标消费者。因此，在进行病毒营销时，原始群体的选择至关重要，不能漫天撒网，毫无针对性地开展病毒营销，只有选对了旅游目标消费者，才能够节省营销费用，提高营销效率。

在"病原体"设计完成后，找准 KOL（关键意见领袖），让 KOL 发挥其强有力的影响作用。需要注意的是，KOL 并不一定就是购买定制旅行产品/服务的旅游目标消费者，但是他们对普通的旅游消费者有劝服作用。例如，全网爆火的带货主播李佳琦，就是比较典型的 KOL。当然，这里所说的 KOL 并不局限于带货的主播，也有可能是普通群体中的 KOL。例如，某个"驴友群"中的群主，也能够对群体中的个人产生影响。实际上，针对特定的消费群体更容易传播，因为群体中的个人具有共同的目标和群体归属感。例如，"驴友群"中的"驴友"可能就是十分热爱自由行的旅游消费者，倘若群主在群中进行相关病毒营销信息传播，往往能够达成一呼百应的效果。定制旅行病毒营销中的第一批参与者往往是病毒信息二次/多次传播的 KOL，其参与度直接影响到病毒营销的传播规模与传播效果。通过借助与定制旅行企业品牌/产品相关的关键人物进行传播，将会取得事半功倍的效果。通常可以把旅游消费者的社会地位、经济地位、家庭地位、自我定位、年龄定位作为五维定位模型，来找准定制旅行病毒营销"易感人群"。

四、设计病毒激活程序

为了避免病毒信息经过一段时间的传播而出现休眠状态，从而影响定制旅行企业病毒营销目的的达成，需要设计病毒营销的病毒激活程序，目的在于当病毒出现休眠状态时，病毒激活程序将促使病毒恢复到活跃状态。

通过高曝光使病毒始终保持活跃状态。充分利用营销渠道与工具增加病毒载体的曝光率。少量的信息投入可能很快就会被淹没在网络信息流中，因此在病毒营销中，我们需要给目标旅游消费者营造病毒营销环境，多渠道、多方式进行营销，形成多点效应，运用不同类型的营销工具实现定制旅行营销信息的

全面开花,避免病毒营销信息在单平台投放一段时间后出现休眠状态。

病毒载体一定要能够溯源。倘若"病原体"内容优质,却无法得到大范围传播,很大程度上是旅游消费者没有办法溯源,无法接收到真正的定制旅行营销信息,病毒也就无法大范围传播。我们可以通过在短视频网站标记相关旅行话题、使用原创音乐、POI(信息点),以及@定制旅行品牌官方等形式来进行溯源。如果是网页链接、网络图片、网络游戏等一定要链接定制旅行公司或者相关营销内容的信息,如公司电话、邮箱、公众号、网店、二维码等。当低免疫力旅游消费者被感染后,可以第一时间溯源,达到定制旅行企业进行病毒营销的目的。

五、选择时机与渠道

定制旅行病毒营销目的是最大范围内获取流量,传播自身营销信息。因此,我们在选择病毒营销的时机时,必须根据旅游营销环境以及"病原体"来进行。如果"病原体"与当下大众专注的话题相关,则能够顺利地引起目标旅游者的注意。反之,如果不把握好时机,选择过时的内容作为病毒载体,则无法起到好的传播效果。选择了好的时机,还应该找到时间上的最佳切入点。选择原始群体最关心的领域与时间点作为切入点,激活与本企业相关的"病原体",往往能取得事半功倍的效果。

病毒营销需要借助不同的渠道与途径,不同的渠道与途径将会带来不同的效果。常见的几种途径为微信、QQ、微博等社交软件以及抖音、快手等短视频网站以及其他的社区、社群APP等。依托以上常见途径进行病毒营销较火的渠道有社群引流、自媒体种草等。在进行定制旅行病毒营销时,可以对各个渠道进行试点投放,并通过比对成交量与新增量,了解渠道投入效果。定制旅行企业需要根据企业自身定位与企业自身业务进行投放渠道优化,了解每个渠道的ROI(投资回报率)最优点在哪里,有针对性地进行投放。

六、激发消费者参与与创造

定制旅行病毒营销传播成本相对较低,优势主要在于依靠旅游目标消费者的多渠道主动传播。因此,定制旅行公司在进行病毒营销时要思考的关键问题在于,如何让低免疫旅游消费者在感染病毒后,主动传播病毒。这要求我们在设计病毒营销方案时,将旅游目标消费者纳入方案之中,而并非让其被动接收营销信息。旅游目标消费者是病毒营销方案中的重要一环,病毒营销需要激发旅游消费者参与与创造。

要保证旅游消费者积极地参与与创造，要确保病毒营销活动的可参与性和趣味性，同时要规则简单、容易操作。这样，旅游消费者不会直接放弃，还会觉得有利可图，利用利益点激发旅游消费者参与并主动传播。例如，转发定制旅行营销链接到朋友圈，积赞 88 个，便可以获得 200 元无门槛旅游代金券；或者转发定制旅行营销链接到 3 个百人群，便可以获得 200 元无门槛旅游代金券。近期有出行计划的旅游消费者会毫不犹豫进行主动传播，最终达成成交；近期无出行计划的旅游消费者在朋友圈或群内看到类似消息后，也会对该企业产生深刻的印象，成为潜在客户。所以，激发旅游消费者参与与创造实质是调动他们获取利益的积极性。

除了利益点外，我们还可以举行各类营销活动，使旅游消费者可以参与进来。例如，携程联合抖音打造的"短视频 + 旅行"全面种草模式，号召旅游目标消费者在黄金周用抖音记录美好旅行。还可以发起话题/挑战赛。一般而言，参加话题/挑战赛可以释放旅游消费者自我表达的需求，此类互动可以带来巨大的流量。

七、配合其他营销形式

在进行定制旅行营销时，单单依靠病毒营销无法达到最佳效果，需要配合其他营销形式进行组合营销，综合运用，发挥各类营销的优势，最终实现目标利益最大化。在线上进行病毒营销时，我们同样需要做好线下企业的宣传活动，塑造品牌形象，提高目标消费者的转化率，扩大企业的知名度。做到线上线下统一，内部外部统一，任何营销形式最终都要落实到定制旅行的产品与服务上。

📄 案例 4-6

黄山景区向全国医护免票一年

2020 年 2 月 14 日傍晚，黄山市文化和旅游局发布消息：该市从新冠肺炎疫情结束后旅游景区恢复运营之日起，包括 49 家 54 处 A 级景区在内的全市所有旅游景区，以及大型文旅演艺项目《徽韵》，对全国医护工作者（含港澳台地区），一年内门票全免，致敬奋斗在抗击疫情一线的医护工作者。

黄山向全国医护工作者免票之举，得到了各大新闻媒体的转发转载，赢得了社会各界的一致好评，网友纷纷称赞"美丽的黄山更是有情怀的黄山"。

《人民日报》法人微博发表"人民微评"认为:"多地景区向医护免费开放,这个热点'蹭'得好。医护人员战役中顽强拼搏,日夜奋战,专业精神和职业风采让人动容。尊重医生,不要口号要行动,不仅在疫情防控时,更要在日常生活中。制度安排有温度,社会氛围有温情,医生更有获得感。"

【案例分析】

黄山市文化和旅游局借助新冠疫情这一热点事件进行病毒营销,在社会上引发非凡反响,使得黄山市成功"出圈",这是借助事件进行病毒营销的典型案例。热点本身就是常见的"病原体"。黄山市文化和旅游局找准与"病原体"的结合点,树立正确的社会价值观,走心营销,通过各大官方媒体借势营销,最终起到了塑造地区形象、提高景区知名度、带动区域旅游消费的作用。

 任务三　典型案例分析

一、案例介绍

同程98元机票盲盒

2021年春,新冠疫情逐渐稳定,旅游行业也在逐渐回暖。不少旅游公司推出"旅游盲盒"。其中,最为出圈的当数同程旅游98元机票盲盒。

公众号"同程机票"于2021年3月4日发布了一篇推文,名为"98元拆机票盲盒,不喜欢?全额退!""同程98元机票盲盒"正式上架小程序。但在南航奇遇旅行和去哪儿99元盲盒等竞争产品的包围下,大部分旅游KOL对该产品持消极态度,认为此产品没有足够的成熟度。但在4月2日,一则短视频瞬间引爆抖音,名为"别人98元买到三亚青岛上海,我成都到稻城!!"。截至4月4日,"机票盲盒""98元盲盒机票"等抖音话题相关视频的总播放量破亿,至此,机票盲盒正式开始火爆全网。累计超过2000万用户进入活动页面抢购,先后登上微博和抖音等各大社交平台和自媒体平台热搜榜,引发央视等权威媒体的持续关注,还吸引了多家在线旅行平台争相模仿。

(一)同程盲盒全网走红的原因

1. 用户异地出行需求量大幅上涨

2021年4月初,国家展开全面接种新冠疫苗的推进工作,广大群众对于

模块四 定制旅行媒体营销实施

新冠病毒也不再谈之色变，此时有旅游意愿的用户大幅上涨，从而导致机票供不应求，纷纷涨价脱销。但与此同时，大部分航司的机票盲盒已经下架，仅存的南方航空奇遇旅游盲盒也因擅自更改购买规则而深受用户诟病。这时，一度被看低的同程盲盒自此走入大众视野。在日活跃用户数量上亿的抖音平台，一条看似平凡的短视频，却一夜爆红，为OTA盲盒销售打响了春天里的第一枪。

2. 盲盒之下隐含的产品逻辑

相较于泡泡玛特等传统盲盒产品，机票虽然在业务形态上不同，究其本质所隐含的产品逻辑却是大同小异：以用户的好奇心与对未知的期待作为消费点。98元的盲盒机票价格相较于在OTA平台上售卖的机票价格，近乎白菜价格。因此，打开机票盲盒，就像是一个以小博大的，充满趣味性和未知性的过程。此外，盲盒未经使用可退款的相关规则，也为广大用户的机票盲盒消费加上了一层保险。从消费者视角出发，若机票合理，则可享受高性价比出行旅游；若不合理，便可进行退款，因此也不会产生实际损失。

3. 社群裂变模式

同程用98元白菜价机票盲盒作为卖点，吸引潜在优质种子用户先行参与，当种子用户被唤醒后，经实名认证后再邀请5个好友助力，而这5个助力好友会再次邀请25个好友助力，以此类推，通过不断反复地拉新、裂变、再拉新，从而完成病毒式传播，大幅提高活动知名度。4月2日当晚，同程旅行APP搜索量成功占领旅游领域iOS榜首之位。

（二）同程机票盲盒全网爆火的运营之道

1. 选择开放式平台进行触达

同程盲盒的初始启动仅仅是通过同程公众号发布了一篇推文，并未使用其他的宣传渠道。因此，在初始之期就能够触达到产品的人，其本身就是资深的旅游爱好者。他们热衷于探索各种新奇事物，也乐于去体验盲盒并及时地给予反馈。在产品初期，机票盲盒并未完全成熟，有较多的漏洞，此时同程通过不断地积极吸取用户意见，并相对应地做出改进与完善，最终成功地将这部分优质的种子用户留存了下来。

在自身产品经过不断锤炼日益完善后，同程把传统的Banner、封闭式平台的触达方式进行了颠覆式的改变，开始尝试选择开放式平台来进行触达，如抖音、微博等网络社交平台与自媒体平台。目的地未知、日期未知和低价三重因素形成的吸引力，足以使用户因为对未知的期待而产生强烈好奇心，搭配上看似吐槽实为赞扬的文案，同程盲盒迅速完成触达用户的目标，在第三方平台获得大量用户。

2. 简化用户购买流程

从活动初期的好友助力需求量为 5 个用户，到中期的好友助力仅需要 3 个用户，再到目前的隐藏好友助力模式，活动的参与门槛逐渐降低，让本次活动的参与用户不断增多。究其原因在于，活动触达的实际用户数已经远超预期设定的活动用户数值目标。为保证这部分已经被触达但未购买产品的顾客的用户体验，从而选择放弃再进一步的拉新。同程运营的最终目标并不在于一时的拉新数据，而是希望通过活动增加用户，提高黏性，将用户都留存下来，因此同程并未急于大肆拉新，而是对已存在的未购买用户给予产品体验的机会。

3. 把握用户的受众心理

回顾同程盲盒火爆全网的过程，可以发现其根本原因在于同程极其擅长把握用户心态。所有人都具有社会属性，每个个体都有从他人身上获取情绪满足的需求，同程紧紧地抓住这一关键点，借助抖音这个顶级流量平台，通过相关话题的发布与推送，引发用户的从众与攀比心理，从而不断地吸引潜在用户的参与。用户无论是抽到较为普通的省内机票，抑或是抽到理想中的高性价比机票，都会激发用户吐槽或者炫耀的情绪，这种情绪会产生支配作用，诱导用户群体在社交平台上分享自己的经历与看法。到目前为止，抖音平台的全网播放量已近亿，微博热门话题"盲盒机票"也达到了 260 万的热度，而在虽然较为私密但更有针对性的微信朋友圈，更有无数的用户自发参与并分享此次活动，从而使同程盲盒机票在短期内就成功破圈。

资料来源：http://www.woshipm.com/operate/4439068.html（有删减）

二、案例分析

同程 98 元机票盲盒之所以能够在众多旅行类盲盒产品中脱颖而出，主要有以下几点原因。

（一）"病原体"具有极强的吸引力

机票盲盒从大众心理出发，既可以满足大众对于盲盒的猎奇心理，又不必承担开盲盒的经济成本，用户一旦对机票盲盒结果不满意，便可申请全额退款，同时用户又可以在社交圈进行吐槽或炫耀，引发攀比心理。相比市场上其他旅行盲盒产品，同程旅行的机票盲盒在产品流程设计上更简单，让更多的人群参与到活动中来。且同程 98 元机票盲盒时机把握较好，找到了较好的切入点，取得了事半功倍的效果。

（二）原始群体为资深旅游爱好者

同程 98 元机票盲盒刚上线时，并未大肆推广，而是利用已有客户群体——资深旅游爱好者助力"病毒传播",此类客户群体忠诚度高,参与度高,传播力度较大。通过这类高忠诚度客户参与产生二次传播邀请新用户,而参加活动又需要实名认证,邀请好友助力,通过如此拉新,反复裂变,从而完成了病毒传播,在抖音、微博、小红书等平台引发众多用户参与话题讨论,成为2021年春季旅游营销领域第一个现象级爆款。

(三)选择抖音进行触达,掀起流量高潮

机票盲盒的主要消费群体以Z世代为主,此类目标消费者热爱新奇,敢于尝试新事物。因此,同程选择年轻人接受度较高的APP——抖音进行触达,同时将进场时机选在疫情好转、同类产品萎靡的时候,天时地利人和,从而瞬间引爆话题。在进入大众视野后,同程根据消费者需求,不断调整"病原体",使其更具有吸引力和感染性,多渠道营销,最终实现企业营销目标,相比于能否盈利,同程的营销目标主要在于帮助平台吸引流量和带来品牌效益。

项目四　定制旅行圈层营销

 任务一　理解圈层营销

一、圈层营销的概念

(一)圈层

随着旅游需求的多样化和客群的多元化,大众消费经济逐渐向小众经济过渡,定制化旅游产品与服务,正是在这种基础下诞生。定制旅游与传统跟团游产品在营销上孕育出了一种截然不同的手段,即"圈层营销"。

什么是圈层呢?古人说"物以类聚,人以群分"。从广义上讲,圈层即具有相同社会属性或相似兴趣爱好的人群集合体。欧洲近代产生的"文化沙龙"是圈层活动的最初表现之一。而在现代,我们把相似的人贴上标签,比如"朝阳大妈"(地理划分)、"佛系青年"(心理划分),"Z世代"(人口统计划分),这些相似特征的人组成的小圈子就是圈层。圈层并不是新鲜事物,然而随着互联网带来的信息技术革命,社会经济各元素重新被分类、聚集,人们

倾向于和有共同兴趣、态度、爱好、价值观的人群打交道，形成了特定的社交和消费圈子，并由此形成了圈层文化以及其带来的小众经济形态即"圈层经济"。本书所讨论的圈层是更广泛的对于个性化、定制化出行服务有需求的圈层。

（二）圈层营销

知道了圈层的含义，圈层营销的意思就很好理解了。圈层营销这个词最早在地产行业使用，在高端豪宅项目的营销中经常会用到圈层私宴类活动。地产行业产品与定制旅行产品有一定共同点，都属于客单价较高，决策较复杂，且消费频次较低的产品。圈层营销就是以一个小圈子的客户作为目标客群，通过针对他们的一些信息传递、体验互动，进行准确有效的营销。

圈层的形成来自人与人的连接和信息的传播。自邓肯·瓦茨和史蒂夫·斯托加茨在自然杂志发表小世界网络模型以来，诸多中外学者发现，经过较短的路径紧密联系的一群人形成了传递性极好且相对独立的小圈子。信息可以沿多个路径从一个小圈子流入另一个小圈子，信息在特定人群中的传播具有定向性和扩散性。

相比于互联网时代人们常提的精准营销，圈层营销更倾向于把人聚到一起，通过小圈子强连接的人际传播形式打通信息流转触点，引爆营销话题，让产品影响力指数级扩散，甚至最终影响到圈外人士，从而使营销内容的影响力突破特定圈层，甚至达到"出圈"的营销效果。

二、圈层的分类及特点

（一）圈层的分类

从主流视角看，业界对圈层的划分有三层阶段性演进。第一阶段，以社会阶级划分。从"金领""白领"的城市精英，到人人向往的"新中产"，圈层曾被认为是社会阶层的代称。第二阶段，以消费品类相近而划分。随着电商爆发，平台和品牌通过海量的用户数据，以消费行为划分消费者，相比前一阶段以社会阶级划分更加高效。例如，爱美妆家居的"精致妈妈"、爱保健和旅游的"都市银发"等。越来越多的消费人群标签涌现出来。第三阶段，以兴趣爱好划分。在这一阶段，品牌基于Z世代的消费特征，围绕个体兴趣爱好和品牌受众沟通。

除了上述三种划分圈层的方法外，还有一种以自身"文化身份"划分圈层的方法，即以"文化身份"作为自我身份认同的核心来源。该划分法认为，圈层需要包括文化载体、表达体系、交流场域、权力体系四大必备要素。文化载体通常指抽象概念转化为特定的风格、行为、物品，比如美术分平面、插画等类别，插画又分儿插、美漫、Q版、原画等风格。表达体系就是圈层的语言系统、视觉符号系统等，比如饭圈以偶像为话语体系，二次元以视觉风格和人设为核心构建沟通体系。交流场域指传播渠道，包括线上和线下。权力体系则是这个圈层的意见领袖、成员级别、入圈标准等。

品牌想要在圈层传播上实现突破，除了渠道层面的铺量和圈层领袖的发声，更需要与目标群体玩在一起，从而赢得他们心底的认同。

（二）圈层的特点

1. 强连接——高转化

邓肯的研究激发了大量学者进行人与人的连接的研究，他也在后续著作中提出"六度分隔理论（Six Degrees of Separation）"：在世界上任意两个陌生人之间，最多通过六个中间人就能建立联系。而尼古拉斯·克里斯塔基斯在《大连接》中进一步提出，连接也有强弱之分，相距三度之内是强连接，强连接可以引发行为；相聚超过三度是弱连接，弱连接只能传递信息。正因为小圈子内人与人之间强链接带来的信任感，让圈层营销的转化效果高于其他营销方式，尤其是对于需要高信任度的低频次高消费项目。

2. 强分享——高传播

圈子的形成来自人和人之间的连接，而在一个圈子中，往往有一些核心人物，他们所短连接的人数远远超过其他人，具备成为"超级传播者"的潜质。这些超级传播者既可以提高信息传递的范围和效率，他们对于产品的认可度和亲身体验，更能提升整个圈层对于产品的口碑传播。从这些原点人群开始，打造产品的社交货币属性，用分享和分销的模式去推动建立圈层的价值系统，就是圈层营销的过程。

理解圈层营销

三、圈层营销的方法

圈层消费市场有着明显的群体特征，同一圈层用户因兴趣或价值观而聚合，圈层中的关键用户（KOC）构成圈层文化和产品扩散的中枢。高度的认同感使得圈层用户消费意愿趋高，而年轻、原创、个性、定制等是圈层用户消费的需求标签。在圈层经济时代，消费者更愿意相信社群内的口碑传播，更注重个人体验的主观感受，在品质之上更愿意为具备个性、特色、创意的产品买单，定制旅行的溢价也正是来自旅行品质的升级和"量身定制"的个性化服务。对于定制机构和定制师来说，怎样利用圈层营销的方法实现新用

户的增长和老用户黏性的提升呢？

（一）整合性营销

圈层营销是一种整合性营销方法，虽然常以私人聚会、旅行分享会等活动为落点，然而，圈层营销并不只是举办单一的聚会活动。圈层营销实施中常出现的误区是过于强调销售导向，只注重目标客户购买意向的锁定。此外，对于定位的圈层缺乏深入的研究，对于目标客群的理解仅建立在想象的基础上，难以产生精神层面的共鸣。圈层营销需要更趋向于整合，手段与资源更丰富，周期更长久，真正从引导客户需求的角度去发现契机，才能形成圈层的自我扩容、逐步升级和再复制能力，从而为未来积累更多的忠诚客户。

圈层营销在实际应用过程中，特别需要注意：

- 产品和服务对于目标客户群是否是独一无二，具备高价值的？
- 如何利用 4C 营销法则进行圈层研究分析？
- 如何利用圈子和圈子之间的连接，抓住连接者和关键用户？
- 如何描绘传播轨迹，设置口碑传播的机制和激励？

对于定制机构来说，优秀的圈层营销不仅仅出现在销售环节，更应该延伸到产品价值创造阶段，甚至是企业市场的定位阶段。定制旅行不同于传统旅行，往往是需求先于产品供给。因此，采取圈层营销的定制师，应该在市场定位阶段，就需要根据自身的资源优势和整合能力、创意和执行等能力，评估与自身产品能力符合的圈层。

一个专业的定制机构，应能够为其目标圈层提供最适合其需求的产品和服务。比如，一个亲子旅行定制机构定位的圈层客群，是"居住在顺义别墅区，有 4~10 岁的孩子的高收入家庭"。根据机构对该圈层的研究，发现目标客群家庭中，爸爸的工作一般较忙，平均每年有两次是母亲独自带娃出行，且母亲希望能和其他闺蜜一起带娃出行。于是，针对孩子提供半托管的管家式服务，让妈妈们在旅行中，除了和孩子一起探索世界，还能享有自己和闺蜜独处的放松时间，就成为打开该圈层的一个服务差异化抓手。

（二）活用 4C 营销法则

4C 营销是指在合适的场景（Context）下，针对特定的社群（Community），通过有传播力的内容（Content）或话题，利用社群的网络结构进行人与人的连接（Connections），快速实现信息的扩散与传播，以获得有效的商业传播与价值。

4C 营销需要研究能够聚集消费者及消费需求的场景。比如，携程旅行在成立初期推广机票与酒店业务时，也面临着用户需求分散、消费频次低的问题。为了聚合消费群体，携程网在初期把营销目标定位在出行需求相对集中的一个小圈子中，即政企集团类客户——携程能够通过 24 小时的客服和预订服务，帮助集团的行政解决差旅管理的问题。目标客群找到了，然而，一家家的电话营销或拜访显然是无法集中消费场景，而且推广的时机也不一定是在用户出现出行需求的时候。于是携程调整了营销策略，选择了在机场、火车站等商旅客流较大且需求集中的地方进行推广，找到了消费者与消费需求都集中的场景。

对于实施圈层营销的定制机构来说，社群的重要性不言而喻。社群是圈层的载体，是定制师集中触达小圈子的一种连接方式。社群是基于圈层成员的线下关系沉淀。在移动互联网时代，新型的社群与社交关系也常常出现在线上平台上，比如通信工具（微信、QQ）、新媒体（微博、小红书）和视频社区（B站、快手）。对于定制师来说，需要综合利用社群的线上和线下场景，根据圈层的社交偏好和具体营销场景、营销平台的运营规则，设计合适的传播内容和路径。

（三）深耕内容创意

随着各种新媒体和信息平台信息量的指数级增长，处于信息大爆炸中的潜在用户会自动过滤与其弱连接的信息。有针对性和传播性的内容，是激发圈层消费兴趣的关键。圈层营销的内容应该是能够引发圈层内大多数人共同兴趣和话题的内容。内容的方向，既可以来自时事热点，如擅长"蹭热点"的杜蕾斯营销内容，也可以来自情绪引导，如制造身材焦虑的各种轻断食和代餐产品营销内容，还可以来自针对目标客群生活方式和痛点的知识分享，如时尚礼仪课程、国际教育、海外保险等主题交流活动。

比如，对于前述的亲子旅行定制机构而言，妈妈是消费定制服务的实际决策人，除了用目的地的特色体验激发她们的出行兴趣，还可以和经常组织这个圈层中女性活动的社群和品牌合作，如高定时装、红酒培训、高端物业、财富管理等类型的公司联合举行活动。另外，女性对于视觉的敏感度更高，也更喜欢交互性体验，通过摄影课程、手工工作坊等方式，也可以很好地引发她们的兴趣。

四、圈层营销的适用性和价值

品牌是否适合做圈层营销，可以从自身发展阶段、核心竞争力、营销目标三个维度进行衡量。总的来说，圈层营销主要用于帮助即将或已经进入成熟期的品牌，强化辨识度，建立深度持久的链接。当品牌本身具有文化基因，或所属强调文化身份、情感链接的品类中时，这些价值可以发挥更大的作用。

- 短期合作，视圈层为传播媒介：短期代言或单次联名合作，适用于决策链条短的快消品类和初尝阶段的品牌。

- 中期合作，视圈层为营销平台：对某个圈层持续投入，参与甚至组织社群活动，推出与圈层文化密切相关的系列产品。该类做法适用美妆、酒水、科技、运动服饰等品类功能区隔不大，文化价值为关键区隔的品牌。
- 长期合作，视圈层为品牌战略：以圈层为阵地，进行商业全链条的打造。主要分为孵化全新品牌和现有品牌升级两种情况。

圈层营销最早被地产行业广泛应用，是因为圈层的"强连接"对于高客单价产品的营销效果是通过其他"弱连接"媒介和渠道很难达到的。它也正在成为未来高端市场的主要营销手段之一。高端消费品通过目标锁定一个圈层或者营造一个圈层，制造该圈层的共同文化氛围、兴趣品位，从而形成一种归属感，达到圈层内部营销影响力的最大化。

高端消费者尤其是其中的富裕阶层十分注重人脉网络，他们常会加入一些高端社交圈。高端社交圈中的成员之间具有很大的影响力，如果一个品牌能得到其中一个成员的信任，由他推荐给其他的成员，该品牌将迅速被整个圈子广泛接受。同时，圈层营销也可以影响到圈层外部。品牌可以利用普通消费者对圈层的高关注度，创造一种专属于某个圈层的消费品位和价值取向，影响那些羡慕或者想要加入这个圈层的消费群体，带动他们向高端圈层靠拢，促使他们模仿消费。

对于定位高端和奢华旅行的定制品牌来说，大众营销的精准度很低，高客单价和决策成本也让其难以通过在线旅游平台形成销售转化，圈层营销是这类机构的首选方式。中青旅旗下高端定制品牌"耀悦"，就是一个典型案例。耀悦通过与跨界品牌合作组织线下活动，与《国家地理频道》联合推出旅行 IP 等方式，不断积累着奢华定制旅行、户外探索有需求的高端客群。在 2020 年疫情后，耀悦加强了旗下名师社群 IP"悦物派"的业务，不仅邀请各领域名师和专家为客户做知识分享，还与名师们共同运营其粉丝社群，在各社群中通过专业知识内容＋旅行内容进行联动营销，进一步加强对高端、高知圈层的渗透影响力。

五、营销"出圈"

比如，蜜雪冰城的唱主题曲免费赠饮营销，B 站献礼五四青年节的演讲广告片《后浪》、快手的《可爱中国》等，效果都很不错。出圈也罢，破圈营销也罢，跨界混搭也罢，成功的例子不胜枚举。通过有限的传播平台及流量，精细化挖掘并成功获客，是企业永远需要探索的方向。

"出圈"之后再"入圈"，圈层就成了一个新的话题。互联网时代是一个

模块四 定制旅行媒体营销实施

圈层整合、跨界连接的时代。圈层是更深刻的连接，不仅仅是我们个体只为个体、社群只为社群、内容只为内容的单一行为。在跨界圈层的生态下，我们能挖掘新的场景，找到陌生的惊喜，能够形成更佳的微妙情感和体验。就像原本单一的大型商场，提供教育、社交、聚会、娱乐等多维度的复合需求，激活不同圈层的消费者会集于此。

 任务二　圈层营销实施步骤

一、定位圈层，明确方向

在实施圈层营销前，先要进行圈层的定位，明确营销计划的目标客群和营销目的。目标客群所在的圈层的人群共性是什么？人与人之间主要是以什么样的方式连接？他们有哪些共性的需求？通过一次圈层营销活动的策划，我们想要实现的目标是短期的产品销售，还是长期的品牌影响力？充分的战略思考，是一次成功的圈层营销活动的前提。

（一）分析圈层

在圈层的分类中，我们提到了社会阶级、消费品类、兴趣爱好、文化身份四种圈层类型。不同圈层的形成方式是不一样的。比如，投资圈是由职场和业务形成的链接，圈子里的关键人物也往往是在公司、行业组织和职位上有影响力的人，话语权相对集中；汉服圈则是由共同的爱好和消费品类链接而成，消费者之间社会地位平等，话语权相对分散。除了话语权和关键人物的分布，不同圈层类型的利益诉求也不一样，需要采用不同的营销方法。因此，圈层营销是一种利用圈层实现信息传播和营销目的的方式；圈层营销的方法并不是一成不变的，需要使用前文提到的 4C 营销法则，根据场景、人群、内容和连接灵活变换。

（二）理解圈层需求

在使用 4C 法则实施圈层营销前，需要根据圈层的需求寻找切入点。用户的需求包括三点：痛点、爽点和痒点。痛点的关键词是解决烦恼（问题），爽点的关键词是即时实现（时间），痒点的关键词是愿望实现（虚拟满足）。

1. 痛点

含义：指长期或反复出现的问题，经常给用户带来不便或惹恼用户。

用户情绪：恐惧感，一种强烈压抑的情感状态，这种感觉程度强于难受感。

例子：医疗产品解决人的健康问题（因为人害怕得病），教育产品改善人的生活质量问题（因为人害怕教育程度低影响他们的工作机会）。

切入点：能帮助用户降低恐惧。如在旅游产品上，管理出行安全风险，降低因出行目的地的语言、文化、环境差异带来的不确定、不便利因素，明确服务保障体系。

2. 爽点

含义：指用户期望在短时间内被满足的某些需求。

用户情绪：即时满足的需求，可以带来愉悦感。

例子：线上超市半日达（顾客能在半天内收到货），外卖点单（下单在短时间内收到外卖），游戏充钱升级（充钱即刻体验升级后的功能）。

切入点：最大化时间效益。例如，在定制游行程服务过程中，安排VIP快速通道、赠送当地手工艺品、策划惊喜环节（旅行中的生日会）等。

3. 痒点

含义：指用户通过某些需求，实现自我虚拟构想。

用户情绪：获得满足感，通过满足人的虚拟自我，实现理想的自我。

例子：网红/明星代言产品，游戏实现虚拟愿望。

切入点：通过运营策略，让用户持续地获得满足感。例如，在行程后整理精彩照片制作成定制日历送给客人留念；再如，组织旅行慈善活动，让旅行者为当地贫困儿童准备礼物。

二、营造场景

由于用户的消费行为都是在特定的场景下进行的，用户也是透过场景来认知产品的，在不同的场景下具有不同的需求，所以圈层营销需要将产品卖点与用户需求相对接，有效地触动用户的痛点，引起消费者的情感共鸣，激发购买欲望，建立起良好的互动关系，并形成消费者黏性和忠诚度。

营销场景的第一层含义，就是在不同的场景下提取产品卖点，采用适合该场景的营销方法激发消费需求；而另一层含义，则是根据圈层的用户需求和产品营销目标，主动营造适合的场景。

场景不等同于销售渠道，而是由人、地点、时间等多重维度界定出来的、传播环境和相关因素的总和，是营销活动发生的背景。场景关注的是顾客在物理位置上的集中、需求的集中、群体的情绪及状态的集中。

（一）场景可以是时间

熟悉抖音短视频或微信公众号运营的新媒体营销人员一定都被要求过研究发布信息的时间，并且尽量让这个时间固定下来，形成惯例。职场内容喜欢在早上 8~9 点发布，而美食内容则是在下午 5~6 点，旅游内容往往在周五，这就是利用时间场景进行营销的例子。

新媒体营销人员在发布营销信息时，都会先问自己，我的用户现在处在什么状态呢？同样是晚上八点，大城市 CBD 区域的白领可能刚下班，而郊区的小镇青年可能已经晚饭后散步归来，准备休息。针对不同的时间发布针对性的内容，是非常重要的，时间场景的选择一般有以下方法：

（1）关注用户群在时间安排上的行为规律。比如，该圈层用户的度假安排一般会提前多长时间？欧洲企业的员工因为年假较多且规律，常常在半年前就开始规划出行，而互联网企业的员工则可能在最后一秒才预订机票。

（2）时间场景的选择要考虑前后时间点可能产生的影响。比如，避开重大节庆、事件和活动等可能影响活动招募和执行的时段。

（3）选择时间要有备选方案。预订的时间可能会受到其他场景、话题的冲击而不适合发布。

（二）场景也可以是地点

为什么奢侈品牌进入新市场往往会选择当地最好的五星级酒店的商业走廊或临近街区？为什么旅游局喜欢在机场高铁站等位置投放广告？这都是地点作为重要营销场景在不同类型产品的体现。

人的一切商业行为都与地点有关，有的地点是触发行为的"强"因素，而有的地点是处于次要地位的"弱"因素。移动互联网的发展和大数据应用的普及，让人的行动轨迹更加有迹可循，也让位置要素变得十分重要。

地点不仅包括位置要素，也包括环境要素。对于一家门店，环境要素包括店面的装饰、气味、光线及其他环绕在消费者和产品周围的有型物质，构成消费氛围，并影响用户的感知和情绪。比如，酒吧和剧场就会营造较昏暗的氛围，而咖啡厅则会选择让客户产生积极情绪的背景音乐。另外，环境也受到外部性因素的影响。例如，用户会对临近的商户进行归类，这也是为什么时装品牌愿意支付高昂的租金租下商场一楼奢侈品大牌的邻近商铺的原因。

大多数定制机构都是轻资产运营的机构，不会租赁大而豪华的办公室，也不会在商场开设形象旗舰店。这时候，就需要"借"地点实现营销场景了。比如，定制师可以与地产公司合作，在高档物业的会所举行摄影展和旅行分享会，一方面帮助物业公司完成活动指标提升服务附加值，另一方面在"借"场地的同时，也"借"到信任背书和精准的目标人群。

（三）场景还可以是情绪

情绪是人对事物的态度的体验。情绪的分类有很多，比如艾克曼（Ekman）基于人类的六种基本面部表情，提出人类的六种基本情绪——高兴、悲哀、恐惧、愤怒、惊奇、恶心。美国心理学家普拉切克提出人类的八种基本情绪：悲痛、恐惧、惊奇、接受、狂喜、狂怒、警惕、憎恨。

人类首先是情绪的动物，以至于有人说：80%的购买是基于"感性的情绪"而不是"理性的逻辑"。某种程度上，对于消费者来说，情绪的力量远远大过了理智。广告行业就经常把广告产品和一些积极、愉快的画面摆在一起，这样久而久之，我们就会把从这些画面中获取的正面情绪转移到广告的产品上，这被称为"情感调节"，是情绪营销的一种常用手段。

情绪营销就是把消费者个人情感差异和需求作为企业品牌营销战略的核心，通过借助情感包装、情感促销、情感广告、情感口碑、情感设计等策略来实现企业的经营目标。无论物质生活多么富足，人们在情感上的需求是永恒的，所以在情感主导的消费时代，消费者购买商品已不再是简单地关注价钱质量，更多是为了满足自身的情感需求。作为企业，应该根据自身的品牌特性，抓准目标圈层客户的情感需求，在营销方案中放大情感共鸣点。

有效的圈层营销场景设置是时间、地点、情绪的结合。定制游机构"无二之旅"就是一个很好的案例。在品牌初创期，根据创始人的投行背景，选择了自己熟悉的圈层——金融街的金融机构年轻的高资产客户群作为圈层目标。考虑到这个圈层的人群普遍下班较晚，并且需求的层次已超出普通的高物质标准，他们在以下三方面做到了场景贴合：①办公室设置在北京金融街，距离客户步行距离10分钟以内，并提供定制师上门沟通服务；②上下班时间延后，配合客户的作息时间；③与其他定制机构主打高端资源配套不同，推出口号"有温度的旅行"，主打情感连接和共鸣。

 任务三　典型案例分析

一、案例介绍

银河漫游指南致力于垂直文化圈层的企划服务和变现，日本"二次元"定制旅游是它们在行业内独树一帜的品牌。

模块四 定制旅行媒体营销实施

目前，银河漫游指南的获客渠道主要是以口碑为主，也就是朋友推荐。中国高净值人群，不会明着在朋友圈打广告，却会在跟朋友聊天的时候，提到这次玩得挺开心，朋友就会问，哪个机构给安排的。此外，以兴趣为核心聚集客户也是银河漫游指南的获客方式之一，未来可能会侧重这种方式。针对特定人群的喜好，比如二次元、音乐节、威士忌等，策划一些宣传招募活动。银河漫游指南在每一个类别里都是邀请了这个领域最出色的人，可以满足很多别人服务不了的客户。

银河漫游指南客户的衍生需求很多，大到移民、置业、商务会议、版权引进，小到威士忌私桶订制、角色扮演（COSPLAY，Costume Play）道具的准备等个人类需求。大部分别人能实现的，银河漫游指南都能实现；但别人不能实现的，银河漫游指南会尽最大的努力去实现。换言之，银河漫游指南相当于私人消费顾问，甚至银河漫游指南还帮助企业做过行业 PR 解决一些棘手问题。

比如，红叶季的高台寺漫天人山人海，高台寺住持会把对别人不开放的区域开放给银河漫游指南的客户，安排客户在有四百年历史的茶室里，观赏顶级的茶道，享受顶级的茶怀石精进料理，安安静静地欣赏在外面看不到的景致。因为是银河漫游指南的客人，才有这样的待遇，这件事价格不高，但只有银河漫游指南提供，不单卖。

银河漫游指南旅行顾问会在前期充分跟客户沟通，了解客户需求。很多时候，客户不一定很清楚自己的需求，但银河漫游指南很清楚如何揣摩客户真实的需求。此外，银河漫游指南十分注重行程的私密性，这也是众多名人和公众人物成为银河漫游指南客户的原因。保证行程和隐私不被透露是最基本的，还会额外安排人防止被偷拍，或是被尴尬地围堵；服务过的客户，大部分都是不能对外宣传的。

银河漫游指南曾接待一名著名媒体出版人，他与家人去日本度假。银河漫游指南给他安排了北海道洞爷湖边认为最好的酒店，有温泉、滑雪场和米其林厨师提供餐饮服务等。然而，出版人 7 岁的孩子以前经常在阿尔卑斯山滑雪场滑雪，觉得银河漫游指南安排的雪场难度太低了，没有尽兴。银河漫游指南免了他们后两天的接待费用，道歉之余，询问客户能不能延长假期，免费安排后面的行程。

读完本案例后，请小组讨论以下问题：

（1）银河漫游指南是否适合用圈层营销进行产品推广？

（2）请为银河漫游指南的京都"二次元"定制游产品设计一个圈层营销方案。

（3）你怎样看待银河漫游指南对于客户免单的处理方式？

二、案例分析

从该案例中，我们可以看到，银河漫游指南对于目标客群的定位是"垂直文化圈层"，而其对于圈层的需求分析基于三点：①兴趣。以兴趣为核心聚集客户是银河漫游指南获客的主要方式。因此，其营销宣传和招募活动也会针对特定人群的喜好，比如二次元、音乐节、威士忌等，并且邀请这些领域的关键用户参与分享，从而达到提升信任、加强连接的效果。②特权。定制威士忌私桶，在历史悠久的茶室里观赏顶级的茶道等，银河漫游指南的这些服务，并不是大多数旅行机构能够提供的，这也是其长期经营垂直文化圈层的定制旅游逐渐积累的特殊资源。③私密。目标客群特别是一些高端客人，对于隐私是非常注重的，银河漫游指南注重对于客户隐私的保护和安全保障，也是赢得圈层用户信任的关键。

该案例是定制游机构实施圈层营销的一个典型案例，机构的定位、产品和服务的定位，以及其营销推广的定位实现了多层次的统一。因此，该机构在其目标圈层中得到了较好的认同，具体体现在其用户的主动口碑推荐上。口碑传播是圈层营销的关键路径。因此，很多机构也会为了维护良好的口碑，不计成本地维护圈层中的关键用户，甚至在客户可能发生负面情绪前，主动为客户提供赠送的额外服务，甚至免单，以获得长期的客群收益。

项目五　定制旅行 KOL 营销

 **任务一　理解 KOL 营销**

后疫情时代，互联网的发展促进了新媒体技术的发展，而随着媒介技术与媒介环境的不断优化，催生了各类新媒体。在低门槛与去中心化的社交媒体平台上，旅游消费者不再是信息的被动接收者，也成为信息的主要传播者，人人都可以成为意见领袖。在这样的媒介环境下，基于社交媒体的关键意见领袖（Key Opinion Leader，简称 KOL）营销得到了不断的发展，内容与形式

模块四 定制旅行媒体营销实施

也更加丰富。KOL 营销正成为旅游企业不可或缺的新型营销模式。

一、了解 KOL 与 KOL 营销

关键意见领袖（Key Opinion Leader，简称 KOL），指在特定群体或特定领域中具有一定权威性，对于特定群体有较强号召力和影响力的人。该群体范畴没有绝对限定，可以大到一个行业、一个亚文化圈，也可以小到一个兴趣小组。"互联网+"时代的 KOL 得益于高效的信息传播，更容易产生广泛的影响，如微博、微信、抖音等自媒体平台凭借其多元性、多样性、交互性的特点越来越受到品牌的信赖，这些平台涌现出越来越多的 KOL。

KOL 与带货主播的区别

当 KOL 成为社会化媒体营销策略时，通常是指在特定群体或特定领域中，被认为是较其他大众群体，拥有更多、更准确产品信息，能够在品牌与消费者之间建立起有效的联系，获取消费者的信任，最终对消费者的购买行为产生影响，促进消费，实现营销目标。它不仅仅代表个人或一个团队，更多地代表的是一个具体化的符号。简单概括，就是企业借助 KOL 的影响力将营销信息传递给目标消费者，最终完成交易和转化的过程。目前在短视频与电商直播平台中运用较多。

1. KOL 的发展

20 世纪 40 年代，美国哥伦比亚大学的传播学奠基人保罗·F. 拉扎斯菲尔德在《人民的选择》一书中首次明确提出"意见领袖"这一概念。他认为：对于媒介所传播的信息和观点，有部分受众会积极接受，并加以传播，这些人即为意见领袖；而另一部分人则主要依靠与这些"意见领袖"的接触来指导自己的行动。

意见领袖从古至今在人类社会中一直存在，通过 KOL 开展营销活动也并非互联网时代的产物，尤其是新媒介中的 KOL 较传统大众媒介 KOL 呈现出更多的可能。在国内，最早的 KOL 营销形式为代言人模式，品牌方通过在电视、报纸等传统媒体上，以其社会名人群体的专业性与权威性向大众传递品牌信息并促成成交。随着互联网的普及程度增强，在网络渠道上有一定影响力的 KOL 成为品牌方的新选择，他们专业性更强，受众更加专一，品牌方借助 KOL 的号召力来传播品牌信息进行营销。随着移动互联网的崛起，社交类平台、短视频类平台、内容社区类平台、生活服务类等平台正在争夺用户流量与时间，KOL 存在形式也更加多元，品牌方开始深挖各平台营销新玩法，整合多平台资源进行联合营销，不断构建营销矩阵，形成品牌增幅效应。

2. KOL 的传播模式

KOL 的传播模式在于，通过制作优质内容发布在相应平台上，吸引对此领域感兴趣的粉丝，与粉丝产生良性互动，获得粉丝的认可与信任。当粉丝量积累到一定程度，品牌方/商家会自行筛选或者选择第三方机构合作选择合适的 KOL 进行品牌营销推广。在此基础上，KOL 会根据品牌方/商家的营销要求，结合自身与粉丝定位，打造营销形式和内容，吸引旅游者的关注甚至二次传播，从而达到品牌方营销目的。如图 4-5 所示，定制旅行 KOL 营销可以直接触达潜在旅游消费者，对于潜在旅游消费者而言，通过关注 KOL 发布的优质内容，可以缩短消费路径，获得高性价比的旅游服务。但是需要注意的是，品牌方在选择 KOL 营销的过程中，要注意甄别是否为优质 KOL，能否完成营销任务。

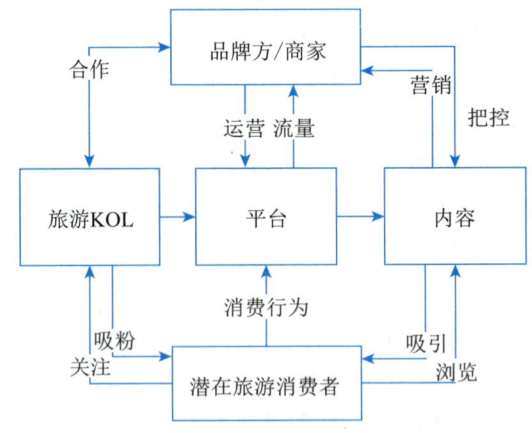

图 4-5 定制旅行 KOL 传播模式图

案例 4-7

急速菜菜——旅游行业的"李佳琦"

为了应战 2019 年双 11，推动行业业态改版，飞猪启动了达人带货计划，撮合旅行达人与商家合作的"达人生态体系"正式建立，并首次开通了淘客数据接口，这意味着所有通过达人引导的成交都会被真实记录。这一记录，一个令人惊讶的结果就出来了，嬉游公众号的主理人急速菜菜发现，10 月 21 日飞猪双 11 预售第一日嬉游单日引导预售额达 4000 万元，平均三秒成一单，七天迅速破亿。被飞猪官方称为"旅游行业的李佳琦"。

急速菜菜认为，要做好旅游行业的KOL，一定要深耕一个行业，一头扎进去。在嬉游公众号2018年的回顾文章里，他写道："写旅行的公众号挺多的，嬉游和它们的区别是我相信自己会更有专业度。"大部分的旅游KOL喜欢用煽情手法，堆砌名人故事、上美图、画出一个诗和远方的大饼，嬉游的写法相对平白，但句句直戳旅行痛点。这得益于他在旅游行业供职多年的经验，能够给出更专业的攻略。之所以能够创下七天超一个亿的纪录，超过其他所有旅行达人的总和，得益于深厚的专业能力，也得益于引爆精准流量的洞察。小流量撬动大平台，有一个前提，那就是流量本身足够优质和精准，这需要长时间的内容精耕才能练成。这里说的内容，有两个维度：一个是在远方，一个是在路上。大部分旅游KOL只停留在了在远方。所谓在远方，即写景、煽情、堆图，刺激你内心对于远方的向往，但是怎么去，在路上的问题却没有解决，比如机票、酒店等。

从专业的层面看，在远方和在路上是两个完全不同的专业维度，这直接导致了旅游圈的KOL转化能力不行，因为真到了决策环节，消费者还是希望有一个更专业的人指导自己在路上怎么更舒服、更省钱。嬉游的特点就是不做单纯的种草，而是将旅行和航空、酒店、信用卡结合在一起输出内容，既在远方，又在路上。大部分旅游KOL像是个文艺青年，而嬉游却透着一股老司机带你选旅行产品的专业感。这样一来，整个公众号的流量就更精准了。

随着网红市场进入深水区，分化开始了，深耕供应链的KOL开始浮出水面，市场的关注度越来越高。坚持克制与真实的内容、深耕供应链的嬉游正在重新定义KOL，重新定义网红和流量。

资料来源：https://baijiahao.baidu.com/s?id=1649647495356019031&wfr=spider&for=pc（有删减）

【案例分析】

旅游类KOL嬉游双11成交1.4亿元，一方面来自多年的从业经历，另一方面在于深耕内容。嬉游非常在意广告的原生价值，即是不是真的被粉丝所需要。如果强推粉丝不需要的，那是广告；但如果正好是粉丝需要的，广告就变成了内容。这样做，带来了粉丝对于广告的认可，知道每一次广告，带来的都是真福利。时间一久，嬉游广告的价值产生了叠加效应，最终七天引爆超过一个亿。坚持深耕供应链，用内容连接产业的结果就是，马太效应出现了。坚持价值至上的流量越来越精准，消费流量的KOL影响力越来越弱。相信好货自带流量的KOL进入一个良性循环，厚积薄发成为现象级。

二、KOL 营销的分类及特点

（一）按综合营销价值分类

按综合营销价值，KOL 可分为头部 KOL、腰部 KOL 和长尾 KOL（如图 4-6 所示）。到目前为止，并没有一个准确的数值来衡量 KOL 的具体营销价值，而各平台用户数量、KOL 活跃程度、粉丝黏性等均不一致，决定了各平台 KOL 综合营销价值各不相同。就总体而言，KOL 综合营销价值是基于粉丝数量、与粉丝的互动能力、活跃程度、营销信息转化率等情况综合判断的。

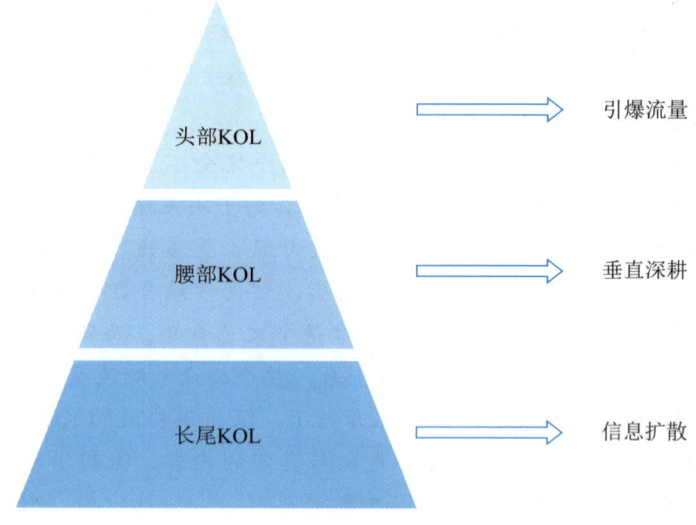

图 4-6　综合营销价值 KOL 分类

头部 KOL 的特点在于，个人 IP 属性强，覆盖率高，触及人群较广，能够迅速提高品牌知名度。有些知名平台的头部 KOL，在相关领域内甚至比明星拥有更高的影响力，他们通常创作内容质量较高，粉丝黏性极强。个人影响力和号召力保证了头部 KOL 拥有较高的转化率，是品牌方拥簇的对象，达成一次合作，品牌方还可以做二次宣传。相对而言，头部 KOL 也会存在合作费用偏高等问题。

腰部 KOL 的综合营销价值，介于头部 KOL 与长尾 KOL 之间，影响力次于头部 KOL，粉丝数据更真实，相对在垂直细分领域有更强的针对性，更能够激发深度的圈层传播内容。相对于头部 KOL，腰部 KOL 的性价比更高，可选择性更多，而且腰部 KOL 的配合度与表现力会更好。

长尾 KOL 位于金字塔的最底端，相对于头部 KOL 与腰部 KOL，他们的粉丝体量较小，但是长尾 KOL 更容易与粉丝建立起更深层次的联系，可作为辅助分发渠道。根据长尾理论，我们可以得知，长尾市场虽然较小，但胜在数量，所有的非流行市场累加起来的总市场可以形成比流行市场还大的市场。长尾 KOL 在非标品市场上价值巨大。

按综合营销价值来看，头部 KOL 引流价值更大，腰部 KOL 性价比更高，而长尾 KOL 在内容分发和扩散上具有不可忽视的价值。

标品与非标品

（二）按 KOL 特质分类

明星类 KOL 主要包含各类明星、知名博主、网络红人等，如"带货女王"杨幂等。明星 KOL 通过其他作品已经有一定的粉丝基础和影响力，其最重要的价值就是其本身所具有的核心粉丝群，且粉丝忠诚度高、黏性较强，知名度较高，是营销信息二次传播的主力军。明星 KOL 主要负责品牌的整体推广与话题引爆。明星类 KOL 在选择品牌方时会参考品牌是否与人设相符，因此在选择合作时需要从多方面进行匹配，筛选出最合适的明星类 KOL 进行联合营销。

垂直类 KOL 主要注重在某一专业领域深耕，侧重于传播深度，粉丝黏性较强。垂直类 KOL 主要以经验交流、专业答疑等方式为粉丝提供更可靠的指导意见，精确地触达目标消费者，并通过提供稳定优质的信息推荐来引导消费者。垂直类 KOL 在专业属性较强的产品方面，对于消费者的购买决策有很深的影响。此类 KOL 的选择需要从领域专业程度、创作内容质量、人设等方面进行综合分析。

泛娱乐是腾讯集团副总裁程武于 2011 年提出的，指基于互联网与移动互联网的多域共生，打造明星 IP 的粉丝经济，其核心是 IP，可以是一个故事或者其他任何大众所喜爱的事物。泛娱乐类 KOL 所处的领域更加广泛，任何细分的娱乐形态中，均可以产生相应的 KOL，吸引相应的目标消费者。但是泛娱乐类 KOL 的个体粉丝规模相对较小，容易被新事物所吸引，忠诚度不高，主要活跃在手机游戏、数字阅读、短视频、娱乐直播等行业；此类粉丝大部分因为兴趣关注 KOL，消费者总体黏性较低、转化率较低。泛娱乐类 KOL 的发展趋势为多元化 KOL。

一般来说，明星类 KOL 可以用于话题引爆，获取关注，提升品牌形象；垂直类 KOL 可以用于细分市场深入营销；泛娱乐类 KOL 可以用于辅助信息扩散与话题传播。

关于 KOL 营销分类及特征见表 4-3。

表 4-3　KOL 营销分类及特征

分类标准	类　型	优　势	劣　势
综合营销价值	头部 KOL	迅速提高品牌知名度	成本过高
	腰部 KOL	强针对性、高性价比	触达人群有限
	长尾 KOL	包含小众市场、总体基数大	粉丝基数小
KOL 特质分类	明星类 KOL	引爆话题，粉丝黏性强	成本过高
	垂直类 KOL	深度传播，精准触达	不容易出圈
	泛娱乐类 KOL	易于扩散信息	转化率低

三、KOL 营销的价值

理解 KOL 营销

除了传统的社交平台，短视频类平台、内容社区类平台、生活服务类等平台均有 KOL 的存在，存在形式也更加多元。根据 AdMaster 的调研数据来看，KOL 营销在社会化营销方式选择意向调查中，以 60% 的占比位列第一。有 KOL 入驻的平台更受品牌方青睐，甚至有的平台会主动邀请专业领域中的 KOL 入驻平台。整合多平台资源，构建营销矩阵，形成品牌的增幅效应，是目前 KOL 营销策略的趋势。KOL 营销正逐步影响消费者的消费习惯。

（一）提升品牌形象，扩大品牌影响力

优质的 KOL 在粉丝群体内拥有良好的口碑与信誉度。品牌方通过优质 KOL 进行营销信息传播，可以在消费者与广告宣传之间架起沟通的桥梁。通过 KOL 的鲜明个性，让消费者联想到品牌的个性；通过 KOL 的推荐，证明营销信息的可靠性与可行性，强化品牌效应。如果是头部 KOL 或明星类 KOL，具有高知名度与美誉度，可以让消费者认可 KOL 的观点，认可品牌，迅速引爆话题，促进营销信息的二次传播；如果是利用营销矩阵，多平台整合营销，则能够迅速打开市场，扩大影响力。

（二）提高营销转化率，促进销售增长

调研数据显示，KOL 凭借其强大的号召力直接影响消费者的购买行为。52% 的消费者在购物前会参考 KOL 种草帖，33% 的消费者在看到 KOL 种草帖后会发生消费行为。KOL 营销的价值在于直接促进销售的增长。目前海量的市场信息与各类广告充斥我们的生活，我们本能地会对粗放的广告营销产生抵触心理。消费者现在更愿意参考信任同伴的意见作出决策，信任同伴可以是家人、朋友，也可以是所信任的专业 KOL。总体而言，KOL 营销转化率远远高于粗放式广告，且营销费用相对较低。消费者所信任的 KOL 往往一句话就能够促使销售额飞速增长，凸显其高性价比。值得注意的是，盲目追求大牌 KOL 或者不做市场调查盲目投放，可能得不偿失。在 KOL 营销中，尤其要注重协同合作。

（三）降低决策路径，加快消费者"拔草"速度

传统消费者决策路径往往表现为，当消费者有了消费需求，然后去到线下商城或者打开电商平台进行选择，再判断意向商品是否值得购买，决策的结果可能是立即购买、直接离开或者收藏、犹豫不决。这一过程还伴随着品牌对比、价格对比等各方面考量。当消费者所关注的 KOL 有针对性地对目标消费者进行品牌营销时，消费者对 KOL 的信任是购买决策的重要因素；当消费者迅速被"种草"时，下一步可能就是回到电商平台搜索相关产品。如果 KOL 主页有相关购买链接，可能就直接促成成交。对于消费者而言，购买场景发生了变化，决策路径大大缩短。

（四）及时反馈，促进消费者二次传播

在日常粉丝运营与维护中，KOL 需要频繁地与粉丝群体互动来增加黏性。一方面在与粉丝群体的互动中，可以获取粉丝对于相关营销信息的反馈，包括产品质量、产品性能等。如果是正面反馈，则会受到目标消费者的广泛好评，对 KOL 更加信任，从而形成一个良性循环，还会促进消费者自发的二次传播，形成 KOL、品牌方、消费者三赢的局面。如果是负面反馈，消费者出于对 KOL 的信任也会及时反馈，这是品牌方进行市场调研、正视消费者需求、接纳消费者意见的好机会；KOL 和品牌方需要直面问题，迅速解决问题，维护与强化品牌形象。

四、定制旅行 KOL 营销的主要对象

（一）从需求而言，有潜在定制旅行需求的消费者

定制旅行企业最主要的营销对象是具有潜在定制旅行需求的旅游消费者，主要有以下三大类。一是退休老人、蜜月夫妻、高薪白领、亲子家庭等。我们应根据人群特征谨慎甄选 KOL，营销渠道也要进行精心设计。比如，老年人用即时社交软件较泛娱乐软件多，因此微信是一个较好的渠道；针对年轻人，短视频渠道更受青睐，如抖音应该是不错选择。二是公司团队的集体旅游或者奖励旅游。这类定制旅游的利润相对较高，KOL 营销需要针对公司决策者，在内容营销上需要突出团队建设与企业文化融合。三是积极参与旅行

产品个性化定制的消费者。哪怕只是需要帮助单订车、单订房、单订景区的门票，不跟团想要自由行的旅游消费者也是主要的营销对象。我们可以在抖音等短视频 APP、马蜂窝、穷游网等主打旅游攻略、游记的 APP 或网站利用 KOL 专业的旅行知识进行引流，最终达成营销目标。

（二）从用户特征而言，在旅行中追求个性化的旅游者

追求个性化既包括热爱新事物、热爱冒险的旅游者，又包括追求品质的旅游者，具体表现为追求与常规旅行不一样的特殊旅游体验。这类旅游者较为看重旅游的质量而不是走马观花的旅游数量，具有一定的经济能力。针对这类客户群体，需要根据旅游者的具体画像进行个性营销。对于高端定制旅行消费者，可以选择与定制旅行契合度高的 KOL，如旅游达人 KOL、旅游生活类 KOL，甚至明星 KOL 进行边走边拍。当这类用户认可其行程安排，感受到旅行的独特性时，则会触发其旅游需求、激发旅游购买，促进其选择定制旅行。另外，对于特别高端的行程，纯自由行几乎很难满足需求，定制旅行便是最好的选择。旅游企业可以不定期举办"拍旅行 Vlog"、分享旅游攻略等活动，一方面起到宣传品牌的作用，另一方面可以在潜在定制旅行需求的消费者中二次传播，同时也要选择性培养与搭建同配合默契、竞争力强的 KOL 长期合作的机制。

五、定制旅行 KOL 营销的主要适用产品

定制旅行产品本质上是属于非标品，需要最大限度地满足游客的多样化需求。因此，定制旅行企业在进行 KOL 营销时，要大力提高品牌的知名度与影响力，要让潜在旅游消费者在有了定制出行需求后第一时间选择本品牌。定制旅行产品范围较宽泛，不仅仅是定制旅行企业根据旅游消费者或消费群体的需求来定制旅游项目或旅游行程，实际上只要旅游消费者有需求，哪怕是单订车、单订房、单订景区门票，定制旅行企业都可以做个性化定制，这些都属于定制旅行企业的营销范围（详见表 4-4）。

表 4-4　定制旅行类型及产品特点

定制旅行划分方式	定制旅行类型	定制旅行产品特点
按服务群体的类型	大众定制旅行	普通资源的搭配与组合
	高端定制旅行	独特的资源与深度体验
按照渠道性质的类型	线下定制旅行	一对一服务制定专业方案
	线上定制旅行	自由组合旅游线路

模块四 定制旅行媒体营销实施

续表

定制旅行划分方式	定制旅行类型	定制旅行产品特点
按照产品的类型	单项组合定制旅行	单订项目的零售或组合售卖
	主题定制旅行	针对客户围绕主题定制产品
	私人定制旅行	根据消费者按需定制
按照定制程度的类型	半定制旅行	定制部分产品
	全定制旅行	完全定制产品
	泛定制旅行	根据客户需求定制产品
按照旅游者参与程度的类型	需方型定制旅行	旅游者主导产品
	平衡型定制旅行	柔性定制产品
	供方型定制旅行	定制旅行企业主导产品

综合来看，KOL 营销主要的适用产品如下。

（一）旅游单项标品

好的产品自带流量，旅游消费者无法抗拒高品低价的优质旅游产品，如景区门票、酒店住宿、热门餐厅、机票、旅游纪念品等让利标品，尤其是市场上较为稀缺的旅游单项产品，对于旅游消费者有较大的吸引力。由于旅游消费具有群体性特征，对于优质产品，消费者会主动转发与传播，进一步扩大流量与销量。因此，对于标品旅游产品，通过旅游 KOL 的进一步宣传营销，能够对品牌产生倍增效应。需要注意的是，旅游单项标品与普通商品还是存在一定的差异性，进行旅游单项标品的营销最终目的还是对品牌方进行宣传营销，提高品牌知名度与关注度。

（二）旅游消费场景

对于非标品类的定制旅行产品，重点在于旅游消费场景的营销，通过为潜在旅游消费者营造美好的旅游场景，从而引发向往与关注。对于定制旅游潜在旅游消费者较多的马蜂窝、穷游网等平台，旅游 KOL 可以通过将旅游营销信息植入旅游攻略、游记以及心得体会中，通过马蜂窝、穷游网等平台的集聚效应，有效地起到宣传引流作用。对于现在较为热门的"双微一抖一红"（微信、微博、抖音、小红书），可以选择与定制旅游理念相符合的 KOL，通过拍摄外出旅游的 Vlog，在庞大的粉丝群体集聚人气，对潜在旅游者给予关注，最终产生良好的协同效应。需要注意的是，在投放 KOL 时，不是简单地选择一个旅游目的地，赞助 KOL 出去旅游，然后 KOL 给企业简单的图片

或视频曝光或者流水账攻略，而应该选择大众心之向往之地。在旅行过程中，可以请 KOL 与旅游定制师共同游历，将定制旅游这一概念传达给旅游消费者，提高营销效率。

 知识链接 4-2

什么是 MCN？

　　MCN（Multi-Channel Network），即多频道网络，产生于美国的 YouTube 是 MCN 最初的模式起源。MCN 是指联合若干垂直领域具有影响力的互联网专业内容生产者，利用自身资源为其提供内容生产管理、内容运营、粉丝管理、商业变现等专业化服务和管理的机构。

　　中国 MCN 模式结合美国 MCN 运行思路以及经纪公司模式，在中国独特的互联网内容环境下成长起来，内容类型覆盖文字、图片、视频、直播等；分发渠道包括互联网社会化媒体、网络视频、内容资讯、电商导购等不同领域的众多平台；参与创作者内容制作过程，同时提供多渠道分发、内容运营、粉丝管理、供应链管理、商业变现等专业支持和服务；变现模式多元且有较强的变现能力，包括并不限于广告收益分成、电商销售分成、流量分成、IP 衍生品销售等。

　　目前短视频 MCN 处于高速增长过程中，是现阶段 MCN 市场增长的主要拉升力量。平台与短视频 MCN 的合作，将大大促进互联网内容市场的内容价值提升和内容升级，在助力更多原创内容和 IP 孵化运营的同时，产生更大的商业价值。

　　资料来源：https://www.analysys.cn/article/detail/1001185（内容有删减）

 **任务二　KOL 营销实施步骤**

　　结合前面所学，我们知道定制旅行企业选择合适的 KOL 营销，能够在相关群体内迅速扩大品牌方的影响力，提升定制旅行购买率。定制旅行行业实现 KOL 投放的高转化率，需要采取以下实施步骤（见图 4-7）。

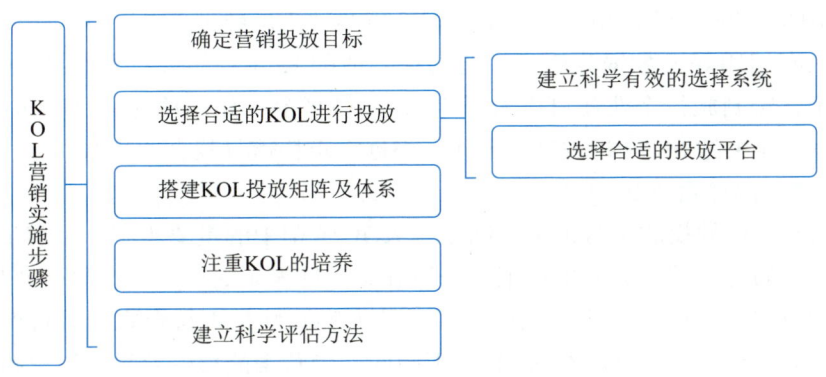

图 4-7　KOL 营销实施步骤

一、确定营销投放目标

定制旅行企业在进行 KOL 营销时，首先需要结合自身品牌发展阶段、定位与产品特色、旅游目标消费者需求，确定具体的营销目标，如曝光、引流、口碑、销售、推广等。不同的营销目标有不一样的 KOL 投放策略，在不确定目标的基础上，很容易急病乱投医，最终无法实现营销效果。在确定目标后，需要对 KOL 营销市场进行分析，帮助定制旅行企业发现更多的市场机会，协助定制旅行企业进行科学决策。

二、选择合适的 KOL 进行投放

（一）建立科学有效的选择体系

定制旅行企业选择 KOL，需要建立科学有效的评估体系，选择与品牌方产品定位以及旅游目标消费者相匹配的 KOL。需要从 KOL 账户的数据和内容风格层面进行科学筛选。例如，相关旅游类 KOL 账号、人设、内容风格、粉丝人口学特征、影响力、健康度、转化率、报价等。比如，某个定制旅行企业主打探险主题定制游，那么在选择旅行类 KOL，则需要选择户外冒险类 KOL。

在自主选择 KOL 这一过程中，定制旅行企业可以选择合适的数据平台进行辅助分析。例如，用于分析微信公众号和微博的"西瓜数据"，具有进行 KOL 的诊断、对比、阅读数监控、投放效果分析、竞品投放效果分析等功能。类似的数据分析平台还有：用于分析抖音账号评估的"星图"，用于 B 站数

据分析的"火烧云",用于小红书数据分析的"千瓜数据平台"等。定制旅行企业只有运用好大数据分析,才能选择合适的 KOL。如果自主选择 KOL 较为困难,定制旅行企业还可以选择 KOL 交易平台,如微播易、巨量星图等,还可以和相关的 MCN 机构进行合作,根据需求快速寻找合适的 KOL。

(二)选择合适的投放平台

选择合适的投放平台也是定制旅行 KOL 营销中的重要步骤。目前市面上大众熟知的与旅游相关的平台主要分为五类(见表 4-5)。在选择平台时,需要考虑投放平台的旅游用户基础特征以及内容调性是否符合定制旅行产品定位,也应注意到同一旅游类 KOL 在不同的平台营销能力的差异,以及粉丝群体不一致带来的 KOL 营销侧重点的不同。

表 4-5 主要的旅游平台

平台类型	主要平台
综合类	携程、去哪儿网、途牛、同程、艺龙旅行、飞猪传统旅行社公众号、小程序等
攻略类	马蜂窝、穷游网、大众点评、猫途鹰、驴妈妈等
细分类	美团、熊猫签证、爱彼迎、途家、各航空公司公众号/小程序等
社交类	微博、微信、抖音、快手、小红书等
导航类	高德地图、百度地图等

根据大数据分析,目前与品牌合作较多的 KOL 主要来自微博、微信、抖音、小红书。定制旅行企业需要辨析不同媒体平台特征,选择合适的投放媒体。综合表 4-6 来看,对于定制旅行企业而言,微博更适合选择明星类 KOL、头部 KOL 做曝光,引爆话题,带动流量增长;小红书、抖音、微信更适合垂直类、腰部 KOL 深耕领域做转化。

表 4-6 典型 KOL 营销媒体分析

平 台	平台特征分析	用户特征分析	KOL 营销重点
微 博	全内容营销	追求热点	头部 KOL 主导流量推广
微 信	熟人社交	强互动	口碑营销
抖 音	趣味性强	追求新潮	创意视频
小红书	垂直种草	强购买力	明星 KOL、深度种草

案例 4-8

以文化为骨，短视频为裳，舞文旅之魂

红衣雪山相映衬，骏马飞驰塞外风。新疆伊犁昭苏县副县长贺娇龙，利用当下最流行的短视频，发布家乡文旅宣传片，并获新华社短视频账号转发，获得了 5.2 亿点击量，让新疆小城——昭苏，成为新疆旅游打卡地。

短视频平台，是当下最流行的新媒体宣传途径之一，以其独特性，对消费者的消费习惯和产品的营销方式产生了深刻影响，催生网红产品、网红店、网红景区甚至网红城市。而年轻人作为短视频平台的主要使用者以及旅游的主要消费者，通过短视频平台对旅游产品"种草"，然后在追随流行趋势去旅游地"拔草"，已成为当前年轻人出游的新方式。

在这一流行趋势影响下，马蜂窝、携程、飞猪等旅行平台也纷纷开始注重短视频宣传，提高市场影响力。马蜂窝自 2019 年后，通过与目的地旅游局、景区、旅游配套服务部门持续合作，利用短视频宣传的春风，形成"线上 + 线下"相互借力的新型旅游发展模式；通过整合旅游资源提高目的地旅游吸引力，利用优质短视频宣传吸引旅游者，最后旅游者"拔草"实现景区盈利的闭环，与北京环球影城以及杭州、长沙等多个景区及目的地成功合作。

目前，受短视频特性的影响，几十秒的视频内容只能是管中窥豹，很难让受众对旅游产品整体以及其背后的文化内涵进行探索和思考。比如，永兴坊的"摔碗酒"，以"摔碗"作为宣传点，吸引了全国各地的游客前来猎奇，进行打卡摔碗，但深究其为何要摔碗时，很多游客都一头雾水。一直以来，平衡旅游产品的文化性和娱乐性都是旅游行业考虑的重要议题，但在现实中却很难做到。目前，旅游产品的短视频宣传普遍偏娱乐化，但事实上，能在短视频平台走红的景点，往往都依赖于文化独特性。

资料来源：http://finance.people.com.cn/n1/2021/0627/c1004-32141702.html（有删减）

【案例分析】

定制旅行企业如果要借助旅游 KOL 进行营销，一定要以内容为基础，更加专业、有深度的内容才是成功的关键。旅游 KOL 营销不是简单的"推销"，即便是旅游营销信息也要明确其背后的原生价值，有价值的信息才会被消费者所接纳。虚假流量无法带来真正的效益，走马观花的娱乐化短视频毫无记忆点，只有以内容取胜才能获得长足的发展，形成良性循环。

三、搭建 KOL 投放矩阵及体系

定制旅行企业在进行 KOL 营销时，需要深度洞察营销目标和旅游类 KOL 类型，根据不同的投放平台、不同类型的 KOL 构建投放矩阵及体系。

针对内容投放：定制旅行企业品牌方需要将推广核心需求发送给相关 KOL，KOL 需要根据粉丝群体兴趣点以及平台特征来撰写文案或者脚本，最后通过品牌方的最后确认再进行发布。如果一个 KOL 在多个平台均进行营销推广，那么需要根据不同平台进行内容制作与投放，不能一稿多用；需要在推广中既融入 KOL 自身特色，又让品牌/产品得以展现。

针对投放体系：定制旅行企业应该根据企业本身定位，科学评估，搭建 KOL 营销投放矩阵，整合不同类型、不同量级的 KOL 进行联合营销，最终实现营销目标。定制旅行产品属于非标品产品，KOL 营销的主要目标在于提升品牌知名度与影响力，深耕垂直领域，实现潜在定制旅游者的高转化。定制旅行企业可以在微博平台选择明星 KOL 或者头部旅行 KOL 进行营销推广，进行品牌引流与造势，再选择马蜂窝、小红书、微信等攻略类、细分类以及社交类中的头部、腰部、尾部的旅游垂直类 KOL 进行联合矩阵营销。需要注意的是，矩阵营销不是简单地多平台投放，而是根据本企业的定位与特征，结合营销目的进行有机联动矩阵营销。

四、注重 KOL 的培养

定制旅行企业在选择合适 KOL 的过程中，需要花费大量的精力与财力，因此定制旅行企业需要建立本企业的 KOL 资源库。KOL 资源库的构成主要有：之前合作过的，营销任务达成效果较好的 KOL；在日常生活中发现的与企业品牌定位相符合，但还未合作过的 KOL。针对资源库中的 KOL，定制旅行企业需要用数据给 KOL 划分等级，决定合作方式，究竟是采用付费的形式，还是礼品置换的形式等，在一定程度上可以更好地把握 KOL 营销市场，合理配置营销资金。如果是合作过的 KOL，需要根据营销大数据进行分析分类，以微博为例，有粉丝的阅读量、转发量、评论量、转化率等指标进行衡量，在企业确定营销目标后，可以快速选择契合的 KOL 进行精准营销，提高 KOL 营销效率。

除了对外部的 KOL 建立资源库外，定制旅行企业可以依托本企业的优势，在公司内部培养有潜力的 KOL 进行营销。相对外部 KOL 而言，本企业

模块四　定制旅行媒体营销实施

内部员工对于定制旅行产品优势、营销重点都更加熟悉，营销起来也会更接地气。例如，在飞猪工作数年的旅游 KOL 急速菜菜，由于他对旅游行业有着深刻的认识，能够洞悉消费者的心理，2019 年双 11，以 1.72 亿元的成交额一战成名。可见，具有行业从业基础的 KOL 更能够达成营销目标。

五、建立科学的评估方法

定制旅行企业在完成一阶段的 KOL 营销后，要搜集营销数据进行汇总和数据分析，建立一套适合本企业的科学评估方法。根据企业营销目的，可将 KOL 分为品牌导向和效果导向，类型不一致，评估指标侧重点也不一致。品牌导向 KOL 主要是通过点赞量、转发量、评论数量等各维度指标进行综合分析；效果导向 KOL 主要是通过转化率、转发量、互动性等多重指标进行效果的综合评估。

在进行 KOL 营销前，品牌方需要制定详细的营销方案，包括预估效果分析，作为 KOL 营销过程中的参考文件。在进行 KOL 营销时，定制旅行品牌方需要时时监控 KOL 活动数据，及时对 KOL 营销过程中的点赞、转发、互动等指标进行定性定量分析，发现异常需要随时跟 KOL 进行沟通以及调整与改进。在 KOL 营销阶段性结束后，定制旅行品牌方需要及时复盘总结，回顾目标，分析现状，取长补短，总结经验，优化方案，以求搭建更高效的 KOL 投放组合。

KOL 营销趋势

 任务三　典型案例分析

一、案例介绍

《侣行》的旅行

《侣行》（ON THE ROAD）是由中国视频网站优酷网联手"极限情侣"张昕宇、梁红打造的首档网络自制户外真人秀节目。张昕宇、梁红的足迹遍布全球近 200 个国家，走遍世界上最难抵达之地。系列节目播放量已超 50 亿，

收获了无数中国人的喜爱与追随。《侣行》节目无明星参与，呈现凡人梦想，累计观看人数超1亿，豆瓣评分高达9分，斩获无数大奖。全网核心粉丝超2000万，且引发了主流媒体如央视《对话》《新闻周刊》等的广泛关注和纷纷报道，也在美国、英国等地播出。

2018年8月，张昕宇和梁红与西瓜视频合作的探险真人秀微综艺《侣行·翻滚吧非洲》正式上线。这一次的节目不同以往，他们在短视频节目录制领域进行了首次尝试。尽管之前他们已经接触过短视频，比如在今日头条通过图文、视频、直播、问答等多种内容形式与粉丝互动。但是这次将节目录制与短视频相结合，即时互动、短平快的节目节奏，给张昕宇、梁红带来新的体验。目前《侣行》抖音官方账号粉丝数量高达1150万，获赞2943万，是当之无愧的旅游超级IP。

《侣行》系列总策划范承刚谈到与平台合作的契机时表示，今日头条和西瓜视频通过推荐机制加快了粉丝积淀，"（今日）头条的智能推荐迅速地找到了一批原来看《侣行》的受众，抖音账号大概23天时间后就获得了100万的粉丝"。也正是基于此，西瓜视频与侣行团队一拍即合，双方希望能联合起来，做一档节目。可以看出的是，在西瓜视频上，《侣行·翻滚吧非洲》牢牢地抓住了用户受众，用即时互动的模式和多样的内容方式，满足了粉丝需求。

"《侣行》其实是带大家一起看世界，不管是长视频或者短视频或者直播等，其实都是一种方式。"在范承刚看来，《侣行》系列不单单是一档节目，它更愿意传递的是一种看世界的角度，是没有脚本的探险纪实真人秀。张昕宇本人很注重粉丝意见，他时常会翻看视频下方的评论区，看看网友是如何评价内容的，并且筛选有效评论进行吸收。和粉丝互动也是张昕宇最爱做的事情之一，直到现在他的微博还是粉丝们的"树洞"。每天上千条留言，都是粉丝发来的问题或看节目的感悟。粉丝和《侣行》IP是紧紧相连在一起的，这种连接并不是通过一档节目。《侣行》既不是纪录片，也不是综艺，而是一种生活方式"，以这种生活方式和看世界的角度，张昕宇和梁红从中获得了黏性非常高的粉丝群体。

资料来源：https://baijiahao.baidu.com/s?id=1615978935949049458&wfr=spider&for=pc（有删减）

二、案例分析

（一）原因分析

《侣行》节目原本是一档网络自制户外真人秀节目，却在短视频领域获得了长足的发展，成为旅游头部 KOL，究其原因可以从以下三方面进行分析：

1. 从内容上分析

首先，《侣行》在旅游目的地的选择上，超出大众想象，比如，"火山正爆发，偏向火山行""一湖的浓硫酸，一起划船敢不敢？""南极冰海，紧急救援"等。他们所去的地方有别于我们的常规旅游景点，尤其是对一些惊险刺激区域的探索，是普通人、常规旅游行程难以触达的，充分满足了观众的猎奇心理，也吸引了大批粉丝。其次，与别的旅游 KOL 不同的是，《侣行》并不是对旅行目的地走马观花地介绍，而是经过精心设计，深挖要点，表达清晰，能够让观众有更好的观感，更能够产生共鸣。《侣行》正是通过输出优质的内容收获了大批粉丝的关注与喜爱。

2. 从运营上分析

除开有好的内容输出外，《侣行》IP 大获成功也与它的专业化运营分不开。《侣行》节目 PC 端主页上分类为地球之极·侣行Ⅴ、速度与侣行、侣行小知识、藏地易行、地球之极·侣行Ⅳ、地球之极·侣行Ⅱ、地球之极·侣行 17 个板块。每个板块下有不同的节目内容，将节目内容进行高层次区分，将被吸引进主页的观众进一步细致分流。《侣行》节目手机端类似于短视频，则是通过对视频进行剪辑，无铺垫，将最精华、最有吸引力的内容进行深度加工，再添加优质文案，爆点标题，从而达到快速吸粉的效果。这与其他旅游类 KOL 唯美景色加触人心弦文案的剪辑手法截然不同，从而快速出圈，在手机端领域也获得了巨大的流量。除此之外，主创团队特别重视粉丝的意见，积极与粉丝进行互动，获得了黏性非常高的粉丝群体。

3. 从渠道上分析

《侣行》进行的是全渠道运营。不管是在 PC 端还是手机端，均能搜索到《侣行》节目。《侣行》节目除了与各大视频网站均有合作外，还进行了网站自建，将《侣行》IP 具现化。该网站集合了《侣行》所有的节目、重点事迹介绍、所获荣誉，以及商务合作方式等，想要寻求合作的企业或个人则可以直接取得联系。《侣行》运营手机端一方面可以维护忠诚度高的老粉，避免流失，借助老粉进行引流；另一方面可以吸引常用新媒体的年轻一代的粉丝，进一步拓宽粉丝数量，最终目的还是为了获得更大的流量与关注。

（二）策略

《侣行》IP 与定制旅行内涵相契合，十分适合定制旅行企业的 KOL 营销。针对定制旅行企业的 KOL 营销，我们可以从以下几个方面进行考虑：

1. 品牌营销，扩大定制旅行企业知名度

非标品类的定制旅行产品很难通过 KOL 营销进行直接销售，原因在于定

制旅行产品需要根据旅游消费者需求进行个性化设计。因此，定制旅行企业在进行KOL营销时，主要还是进行品牌营销，扩大定制旅行企业知名度为目标。《侣行》IP的粉丝群体由热爱生活、热爱旅游，对世界充满好奇，不喜欢常规旅游行程，想要体验更多的旅游元素，追求诗和远方的人组成。这与定制旅行客户画像存在一定的相似性，《侣行》IP内容风格和定位与定制旅行企业的营销目标较匹配。定制旅行企业可以采取赞助、植入、邀请体验等各种方式进行合作营销。

2. 矩阵营销，构建流量体系

《侣行》IP作为头部KOL能够迅速提高品牌知名度，且深耕垂直领域，粉丝黏性强、号召力、影响力均能保证定制旅行企业相关信息触及更广的人群。同时，《侣行》KOL也会存在合作费用偏高的问题。定制旅行企业由于产品的特殊性，无法准确计算ROI（投入产出比）。因此，在合作时，在合作方式上要进行慎重选择，合理把控营销费用。另外，需要进行矩阵营销，构建流量体系。一方面借助《侣行》等头部KOL进行品牌营销，二次扩散，使品牌效益最大化；另一方面整合不同平台、不同类型、不同量级的KOL进行有机联动矩阵营销。

实训项目

（1）你认为哪些是社群？谈谈你的理由。
A. 在上海一起租房的几个年轻人
B. 一个微信红包福利群
C. 考研英语微信经验交流群
D. 周末坐飞机去参加上海的脱口秀俱乐部线下活动的人

（2）请将你微信中所有的群按照加入的目的做一下分类，概括一下，这些群主要分为哪几种类型。

（3）试通过对大学生群体的调研活动，以获取大学生消费群体对定制旅游的偏好，进一步结合某大型主题公园的宣传推广，帮此主题公园找到定制旅游事件营销策划的具体切入点。

（4）定制旅行企业中，哪些人是低免疫力群？针对此类人群，企业该如何维护自己的客户群并促使他们帮助自己推广公司相关营销信息？

（5）如果你是一家面向年轻人的定制旅行公司负责人，你将会如何开展KOL营销？以4~6名同学作为一个圈层营销行动小组，为小组成立的小众定制游品牌设计圈层营销方案并进行一场圈层营销活动策划。

模块四　定制旅行媒体营销实施

成员角色分配为：CEO/品牌战略官、产品经理/定制师、活动策划、活动执行。

提交方案需包含：①所选圈层的分析报告，需包含10位目标圈层用户的人物画像和需求分析；②针对圈层包装产品卖点，完成产品宣传海报和其他营销物料；③对于关键消费者的选择、营销场景和激励方式；④营销活动的实施方案，如时间、场地、内容、宣发海报/邀请函。

思考与练习

（1）谈谈定制旅行社群营销的要素。
（2）你认为定制旅行社群营销未来的发展如何？
（3）公益、聚焦和危机三者可控度与影响度的关系是什么？
（4）请阐述病毒营销的定义。
（5）病毒营销的特点有哪些？
（6）请阐述病毒营销实施步骤。
（7）请阐述KOL营销的定义。
（8）KOL营销的分类有哪些？
（9）请阐述KOL营销实施步骤。

专业词汇

（1）社群营销：是基于社群的一种新的营销模式，核心是"社群"，主要通过网络高强度的传播效应，利用受众对社群的需求和情绪，从而让受众对社群产生归属感和认可度，通过社群营销活动增加良性互动，增加群员之间的黏合度和归属感，从而达到让群员自发传播品牌，直接购买产品的目的。

（2）事件营销：是指企业通过策划、组织和利用具有名人效应、新闻价值以及社会影响的人物或事件，引起媒体、社会团体和消费者的兴趣与关注，以求提高企业或产品的知名度、美誉度，树立良好品牌形象，并最终促成产品或服务的销售目的的手段和方式。

（3）病毒营销：是指通过受众的积极性和人际关系网络将营销信息廉价复制，使得营销信息像病毒一样快速传播和扩散，将营销信息短时间内传递给更多的受众，从而达到营销目的的过程。

（4）POI：Point of Information（信息点），在地理信息系统中，POI包含

四方面信息——名称、类别、经度、纬度,全面、及时的POI兴趣点能提醒用户路况的分支及周边建筑的详尽信息。

(5)ROI:Return on Investment(投资回报率),是指企业从一项投资性商业活动的投资中得到的经济回报,是衡量一个企业盈利状况所使用的比率,也是衡量一个企业经营效果和效率的一项综合性的指标。投资回报率(ROI)=净利润/总成本×100%。

(6)KOL:英文Key Opinion Leader的缩写,中文译为"关键意见领袖",指在特定群体或特定领域中具有一定权威性,对于特定群体有较强号召力和影响力的人。该群体范畴没有绝对限定,可以大到一个行业、一个亚文化圈,也可以小到一个兴趣小组。

(7)KOL营销:品牌方借助各平台,利用KOL的号召力来传播品牌信息进行营销,最终形成品牌增幅效应。

(8)马太效应(Matthew Effect):是指强者愈强、弱者愈弱的现象,即两极分化现象。最常用于社会学和经济学,反映的社会现象是两极分化,即富的更富,穷的更穷。

(9)Z世代:是指20世纪90年代中叶至2010年前出生的人,即1995—2009年间出生的一代人。Z世代人群从小成长在互联网高速发展的时代背景下,因此,他们也被称为互联网世代、网络世代,是受到互联网、智能手机和平板电脑等网络科技产物影响很大的一代人。

(10)KOC:英文Key Opinion Consumer的缩写,即关键意见消费者,一般指能影响自己的朋友、粉丝产生消费行为的消费者。相较于KOL,KOC与其他消费者是平等的关系,本身即消费者中的一员。

参考文献

专著类：

[1] 余红，张雯．新媒体用户分析［M］．北京：高等教育出门社，2019.

[2] 王曼，白玉苓．消费者行为学［M］．北京：机械工业出版社，2018.

[3] 廖晓中．消费心理分析［M］．广州：暨南大学出版社，2009.

[4] 李晓霞，刘剑．消费心理学［M］．北京：清华大学出版社，2018.

[5] 钟旭东．消费者行为学［M］．北京：北京大学出版社，2020.

[6] 江林，丁瑛．消费者心理与行为［M］．北京：中国人民大学出版社，2019.

[7] 张溪梦，邢昊．用户行为分析［M］．北京：机械工业出版社，2021.

[8] 陈平．应用统计方法［M］．广州：中山大学出版社，2008.

[9] 贾俊平，何晓群，金勇进．统计学［M］．北京：中国人民大学出版社，2018.

[10] 蒋桦．电子商务背景下微信营销策划与运营管理［M］．西安：电子科技大学出版社，2018.

[11] 陈兵．媒体执政：媒体多样化背景下政府对新闻舆论的引导［M］．北京：中国广播电视出版社，2011.

[12] 司若，许婉钰，刘鸿彦．短视频产业研究［M］．北京：中国传媒大学出版社，2018.

[13] 范周．网络视听艺术批评［M］．北京：知识产权出版社，2019.

[14] 骏君．流量营销［M］．广州：广东旅游出版社，2018.

[15] 林颖．电子商务实战基础——新媒体营销实战［M］．北京：北京理工大学出版社，2019.

[16] 赵轶．新媒体营销与策划［M］．北京：人民邮电出版社，2020.

[17] 谭静．微信小程序营销与运营实战从入门到精通［M］．北京：人民邮电

出版社，2019.

［18］倪泽寒.微信小程序营销与运营实战［M］.北京：化学工业出版社，2019.

［19］肖凭.新媒体营销实务［M］.北京：中国人民大学出版社，2018.

［20］秋叶，刘勇.新媒体营销概论［M］.北京：人民邮电出版社，2017.

［21］李光斗.事件营销——引爆流行的行销艺术［M］.北京：清华大学出版社，2012.

［22］C.A. 普利司通.事件营销［M］.陈义家，郑晓蓉，译，2版.北京：电子工业出版社，2015.

［23］吴爱丽.病毒营销［M］.成都：西南财经大学出版社，2007.

［24］冯英健.网络营销基础与实践［M］.北京：清华大学出版社，2007.

［25］喻国明，曲慧.网络新媒体导论［M］.北京：人民邮电出版社，2021.

［26］叶小鱼，勾俊伟.新媒体文案创作与传播［M］.北京：人民邮电出版社，2017.

［27］周丽玲，刘明秀.新媒体营销［M］.重庆：西南师范大学出版社，2017.

［28］张向南，勾俊伟.新媒体运营实战技能［M］.北京：人民邮电出版社，2017.

［29］匡文波.新媒体概论［M］.2版.北京：中国人民大学出版社，2015.

［30］彭兰.网络传播概论［M］.4版.北京：中国人民大学出版社，2017.

［31］刘亚男，胡令.新媒体营销［M］.北京：人民邮电出版社，2021.

［32］曲春景，程波.影视艺术概论［M］.北京：高等教育出版社，2017.

［33］徐骏骅，陈郁青，宋文正.直播营销与运营［M］.北京：人民邮电出版社，2020.

［34］秋叶，秦阳.微信营销与运营［M］.2版.北京：人民邮电出版社，2019.

［35］勾俊伟，秋叶.新媒体运营：产品运营＋内容运营＋用户运营＋活动运营［M］.北京：人民邮电出版社，2018.

［36］孔伟.摄影基础与实践［M］.2版.北京：高等教育出版社，2014.

［37］李东进，秦勇，陈爽.网络营销：理论、工具与方法［M］.2版.北京：人民邮电出版社，2021.

［38］李朝辉.短视频营销与运营［M］.北京：人民邮电出版社，2021.

［39］隗静秋，廖晓文，肖丽辉.短视频与直播运营：策划　制作　营销　变现［M］.北京：人民邮电出版社，2020.

[40] 秋叶，秦阳.社群营销与运营［M］.北京：人民邮电出版社，2017.

[41] 张向南，勾俊伟.直播营销［M］.北京：人民邮电出版社，2017.

[42] 万剑敏，王健.旅游摄影［M］.北京：旅游教育出版社，2019.

[43] 潘锋.摄影技艺基础教程［M］.上海：上海人民美术出版社，2015.

[44] 尼古拉斯·克里斯塔基斯，詹姆斯·富勒.大连接［M］.简学，译.北京：北京联合出版公司，2017.

[45] 邓肯·沃茨.六度分隔：一个相互连接的时代的科学［M］.陈禹，译.北京：中国人民大学出版社，2011.

[46] 唐兴通.引爆社群　移动互联网时代的新4C法则［M］.北京：机械工业出版社，2017.

[47] 牛温佳．刘吉强.用户网络行为画像［M］.北京：电子工业出版社，2019.

[48]（美）阿黛尔·里弗拉.用户画像大数据时代的买家思维营销［M］.高宏，译.北京：机械工业出版社，2019.

论文类：

[1] 张鹏，任维浩，赵动员.病毒式营销述评［J］.合作经济与科技，2019（19）：84-85.

[2] 周懿瑾，陈嘉卉.社会化媒体时代的内容营销：概念初探与研究展望［J］.外国经济与管理，2013，35（6）：61-72.

[3] 李萍，董龙飞.网络时代的病毒营销探析［J］.科技创业月刊，2010，23（6）：62-64.

[4] 张紫琳.病毒营销实施策略研究［J］.全国商情（经济理论研究），2009（7）：39-40.

[5] 朱延平，文科.病毒性营销理论及其运用策略分析［J］.江苏商论，2007（4）：93-95.

[6] 袁宁，吴志军."病毒"营销在网络中的应用［J］.商场现代化，2005（28）：93-94.

[7] 李明娟.从马斯洛需求层次理论看旅游服务品质的提高［J］.中国外资，2011（20）：21-23.

[8] 王阿蒙.拓展创意思维　赋能视听语言——短视频创作若干问题探讨［J］.传媒评论，2019（10）.

[9] 邓良柳.社交媒体时代民族文化旅游品牌营销的新路径：KOL营销［J］.贵州民族研究，2019，40（1）：28-34.

[10] 常亮，曹玉婷，孙文平，等.旅游推荐系统研究综述[J].计算机科学，2017（10）：1-6.

[11] 单晓红，张晓月，刘晓燕.基于在线评论的用户画像研究——以携程酒店为例[J].情报理论与实践，2018（4）：99-104.

[12] 高广尚.用户画像构建方法研究综述[J].数据分析与知识发现，2019，3（3）：25-35.

[13] 刘海鸥，孙晶晶，苏妍嫄，张亚明.国内外用户画像研究综述[J].情报理论与实践，2018，41（11）：155-160.

[14] 宋美琦，陈烨，张瑞.用户画像研究述评[J].情报科学，2019，37（4）：171-177.

[15] 徐芳，应洁茹.国内外用户画像研究综述[J].图书馆学研究，2020（12）：7-16.

[16] Mehrbakhsh Nilashi, Othman bin Ibrahim, Norafida Ithnin, Nor Haniza Sarmin. A multi-criteria Collaborative Filtering Recommender System for the Tourism Domain Using Expectation Maximization（EM）and PCA-ANFIS[J]. Electronic Commerce Research and Applications，2015，14（6）：542-562.

[17] Ravi L, Vairavasundaram S. A Collaborative Location Based Travel Recommendation System through Enhanced Rating Prediction for the Group of Users[J]. Computational Intelligence and Neuroscience，2016：1-28.

报告及网络资料：

[1] 中国新媒体营销策略白皮书2020年[C].上海艾瑞市场咨询有限公司，2020：629-672.

[2] 中国KOL营销策略白皮书2019年[C].上海艾瑞市场咨询有限公司，2019：17-45.

[3] 小米和逻辑思维都做社群营销，谁才是赢家！http://www.sohu.com/a/67634547_397573.

[4] https://baijiahao.baidu.com/s?id=1649647495356019031&wfr=spider&for=pc

[5] https://www.analysys.cn/article/detail/1001185

[6] http://finance.people.com.cn/n1/2021/0627/c1004-32141702.html

[7] https://baijiahao.baidu.com/s?id=1615978935949049458&wfr=spider&for=pc

[8] https://www.zhihu.com/question/19853605/answer/144531154

[9] 产品之神张小龙：想要在私域流量时代生存，用户画像是必备技能！https://xw.qq.com/cmsid/20210817A0CO8100?pgv_ref=baidutw